Christine Magerski

Theorien der Avantgarde

Christine Magerski

Theorien der Avantgarde

Gehlen – Bürger –
Bourdieu – Luhmann

Bibliografische Information der Deutschen Nationalbibliothek
Die Deutsche Nationalbibliothek verzeichnet diese Publikation in der
Deutschen Nationalbibliografie; detaillierte bibliografische Daten sind im Internet über
<http://dnb.d-nb.de> abrufbar.

1. Auflage 2011

Alle Rechte vorbehalten
© VS Verlag für Sozialwissenschaften | Springer Fachmedien Wiesbaden GmbH 2011

Lektorat: Katrin Emmerich

VS Verlag für Sozialwissenschaften ist eine Marke von Springer Fachmedien.
Springer Fachmedien ist Teil der Fachverlagsgruppe Springer Science+Business Media.
www.vs-verlag.de

Das Werk einschließlich aller seiner Teile ist urheberrechtlich geschützt. Jede Verwertung außerhalb der engen Grenzen des Urheberrechtsgesetzes ist ohne Zustimmung des Verlags unzulässig und strafbar. Das gilt insbesondere für Vervielfältigungen, Übersetzungen, Mikroverfilmungen und die Einspeicherung und Verarbeitung in elektronischen Systemen.

Die Wiedergabe von Gebrauchsnamen, Handelsnamen, Warenbezeichnungen usw. in diesem Werk berechtigt auch ohne besondere Kennzeichnung nicht zu der Annahme, dass solche Namen im Sinne der Warenzeichen- und Markenschutz-Gesetzgebung als frei zu betrachten wären und daher von jedermann benutzt werden dürften.

Umschlaggestaltung: KünkelLopka Medienentwicklung, Heidelberg
Gedruckt auf säurefreiem und chlorfrei gebleichtem Papier
Printed in Germany

ISBN 978-3-531-17839-4

Inhalt

Einleitung: Avantgarde als theoretische Herausforderung oder wie die
Soziologie die Ästhetik beerbte 7

I. Auf dem Weg zu neuen Theorien

1. Bohème, Gesetz der Avantgarde und Evolutionstheorie 15

2. Grundbegriffe einer Theorie der Avantgarde bei Gehlen 25

II. Kunst als Institution ohne Regeln – Bürger

1. *Theorie der Avantgarde* – Traditionsbruch in bewegten Zeiten 45

2. Mit Dada zum Institutionsbegriff 51

3. Kritik, Selbstkritik und neue theoretische Bescheidenheit 57

III. Kunst als geregeltes Feld – Bourdieu

1. *Die Regeln der Kunst* als Beitrag zur kritischen Wissenschaft 67

2. Genesis autonomer Kunst als Institutionalisierung von Anomie 73

3. Kunst als symbolisches Gut oder das Feld als Hexenkessel 83

4. Die Geburt der Feldtheorie aus dem Diskurs der Avantgarde 89

IV. Kunst als System und Form – Luhmann

1. Kunst – ein von der Avantgarde gestelltes Sonderproblem 99

2. Evolution des Kunstsystems 102

3. Grundbausteine des Kunstsystems: Form, Wahrnehmung,
   Kommunikation 106

4. Kunsttheorie als radikaler Konstruktivismus 115

V. Neue Herausforderungen: Postavantgarde und Kunstindustrie

1. Kultur- und Medienindustrie als Autonomieverlust 123
2. Geborgen zwischen Kommerz und öffentlicher Hand – Kunst im „Zustand der Unaufhörlichkeit" (Gehlen) 138

Literaturverzeichnis 153

Einleitung: Avantgarde als theoretische Herausforderung oder wie die Soziologie die Ästhetik beerbte

„Es gilt, die ästhetische Theorie zu historisieren."
Bürger[1]

Nicht frei von Häme bemerkt Arnold Gehlen 1966, dass es einmal eine wissenschaftliche Kunstlehre als wesentlichen Bestandteil der Philosophie gegeben habe, die als Ästhetik für Phänomene wie das des Avantgardismus zuständig gewesen sei. Doch scheinen diese Bemühungen eingestellt, was Gehlen wiederum zum Anlass nimmt, die Avantgarde aus der Perspektive der Soziologie schärfer in den Blick zu nehmen.[2] Damit gibt er den Auftakt für eine neue, kultursoziologische Phase der Auseinandersetzung mit moderner Kunst und Literatur – eine Phase ambitionierter Theoriearbeit jenseits der Ästhetik, die von Gehlen über Bürger bis zu Bourdieu und Luhmann reicht und sich durch einen radikalen, vom komplexen Phänomen des Avantgardismus ausgehenden Umbau der wissenschaftlichen Kunstlehre auszeichnet.

Diese Phase kultursoziologischer Theoriebildung kritisch zu bilanzieren, ist das Ziel der vorliegenden Studie. Sie liest die kunsttheoretischen Schriften von Gehlen, Bürger, Bourdieu und Luhmann auf zweifache Weise; einerseits als eine Einlösung des von Bürger 1974 mit der *Theorie der Avantgarde* provokant formulierten Anspruchs, die ästhetische Theorie zu historisieren, und andererseits als Zeugnisse eines soziologischen Diskurses der kulturellen Moderne, dessen Geltungsdauer heute selbst zur Disposition steht. Wenn, wie Bürger ebenfalls formulierte, die Historisierung der Theorie auf der Einsicht in den Zusammenhang zwischen der Entfaltung des Gegenstandes und den Kategorien der Wissenschaft gründet, so stellt sich in Zeiten postavantgardistischer Kunst und einer sich neu formierenden Kulturwissenschaft die Frage, ob die von den Gesellschaftswissenschaften geprägten Konzepte wie Institution, Feld und System der Entwicklung der Kunst noch gerecht zu werden vermögen – oder ob nun nicht auch ihnen die Verabschiedung in die Theoriegeschichte droht.

Genauer: Gehlen gibt den Auftakt in den sechziger Jahren und damit während einer Zeit, in der die Neoavantgarde in Europa und Amerika noch einmal die

---

1 Peter Bürger, Theorie der Avantgarde, Frankfurt am Main: Suhrkamp 1974, S. 20.
2 Arnold Gehlen, Erörterung des Avantgardismus in der bildenden Kunst, in: Avantgarde. Geschichte und Krise einer Idee. 11. Folge des Jahrbuchs Gestalt und Gedanke, hrsg. v. der Bayrischen Akademie der Schönen Künste, Oldenbourg Verlag, 1966, S. 77-97, hier S. 77.

Möglichkeiten und Grenzen der Kunst auslotet und die Widersprüche der Institution Kunst zu erkennen gibt. Auf dieser, von der Kunst selbst provozierten Erkenntnis ihrer institutionellen Verfasstheit gründen die Theorien von Bürger, Bourdieu und Luhmann. Der mit dem Gestus des Protests unternommene Versuch einer neuen Funktionsbestimmung der Kunst und die ihn begleitenden stilistischen Experimente exponierten das Gemachtsein der Kunst und damit ihre Kontingenz in einer für die Kultursoziologie geradezu einladenden Weise. Es ist somit die von der Avantgarde seit jeher praktizierte und thematisierte Selbstkritik der Kunst, die das Interesse der Kultursoziologie auf sich lenkt und damit gleichsam die Spur legt, die hier in den Raum wissenschaftlicher Theoriebildung weiterverfolgt wird. Kurz: Mit der Avantgarde ist der Punkt erreicht, an dem die Ästhetik an ihre Grenze kommt und die kultursoziologische Theoriebildung ansetzt.

Doch erschöpft sich die Entfaltung der Kunst seit den sechziger Jahren nicht in der Wiederbelebung des avantgardistischen Moments. Folgt man Arthur C. Dantos *Das Fortleben der Kunst nach dem Ende der Moderne*, dann haben wir es spätestens seit Warhol mit einer Kunst zu tun, die ihre eigenen Grenzen über alle vorgängigen Traditionen hinaus in eine neue Kunstwelt erweitert; eine postmoderne, posthistorische und pluralistische Welt, in der Künstler die Kunst nur mehr als Handlangerin ganz bestimmter persönlicher und politischer Ziele benutzen. Und selbst wenn sie dabei zuweilen auch auf die Avantgarde zurückgreifen, so bedeutet dies doch nicht das Fortschreiben vergangener Programmatiken, ja verfügt die posthistorische Kunst weder über Manifeste noch über einen kunsthistorisch zu fassenden Stil.[3] Über Danto hinaus lässt sich das Ende der künstlerischen Moderne als ein Aufgehen der Neoavantgarde in der Kulturindustrie verstehen. Hatte sich die historische Avantgarde, nachgerade in ihrer futuristischen und dadaistischen Spielart, noch in Opposition zum Historizismus bzw. zur Musealisierung von Kunst konstituiert, so kommt es in den sechziger und siebziger Jahren zu einer Musealisierung der Avantgarde und damit zu einem Zusammengehen beider Schlüsselinstitutionen der Moderne. Nicht zufällig hat Daniel Bell diese Umschlagstelle zwei Jahre nach Bürgers *Theorie der Avantgarde* als einen Moment gelesen, in dem sich die künstlerische Moderne erschöpft und die kulturelle Moderne triumphiert.[4] Das kann dann wiederum sowohl als ein Scheitern der Avant-

---

[3] Arthur C. Danto, Das Fortleben der Kunst. München: Fink 2000, S. 37. Dabei zeigt sich bei Danto, nicht weniger als bei der von ihm zum Zeugen der eigenen Theorie aufgerufenen postmodernen Kunst, dass, wie Viktor Žmegač treffend formulierte, „die Ästhetik der Postmoderne nicht zuletzt eine mit ironischen Vorbehalten getroffene Entscheidung zugunsten des Überlebens der Literatur (ist)". Vgl. Viktor Žmegač, Zur Diagnose von Moderne und Postmoderne, in: Erika Fischer-Lichte u. Klaus Schwind (Hrsg.), Avantgarde und Postmoderne. Prozesse struktureller und funktioneller Veränderungen, Tübingen: Stauffenburg 1991, S. 17-27, hier S. 21.

[4] Daniel Bell, The Cultural Contradictions of Capitalism, New York: Basic Books 1976.

garde wie auch als eine Weiterführung des avantgardistischen Projekts einer Zusammenführung von Kunst und Leben mit anderen Mitteln gelesen werden.[5] Aus der hier eingenommenen theoriegeschichtlichen Perspektive ist entscheidend, dass die Verschmelzung von Avantgarde und Kulturindustrie eine generelle Krise autonomer Kunst anzeigt – und damit auch jene Theorien platziert und relativiert, deren Architekturen auf der Annahme einer autonomen Institution Kunst gründen.

Dies ist der Hintergrund, vor dem die vorliegende Studie den Anspruch Bürgers, die ästhetische Theorie zu historisieren, gegen die Theorien der Avantgarde selbst wendet und argumentiert, dass auch sie, trotz oder wegen ihrer kultursoziologischen Prägung, im eingeschränkten Geltungsbereich einer Kunsttheorie verbleiben, die den für die zeitgenössische Kunst und Gesellschaft symptomatischen Triumph des Kulturellen nicht einzufangen vermag. Wie David Roberts für Bürger nachgewiesen hat, lässt sich seine Theorie der Avantgarde als ein Epilog zur dialektischen Ästhetik und damit zu einer Tradition lesen, die vom Ende der Kunst und nicht von einem Paradigmenwechsel ausgeht. Trotz ihrer Historisierung der ästhetischen Theorie vermag sie sich nicht vom Paradigma der Entwicklung und des Fortschritts zu lösen, und dies, obwohl ihre Diskussion der Postavantgarde einen Paradigmenwechsel geradezu impliziert. Gleiches gilt, so wird ausführlicher zu zeigen sein, für Bourdieu und Luhmann. Indem sie die Perspektive eines drohenden Scheiterns einnehmen, übersehen sie, dass das Ende der Avantgarde nicht das Ende der Kunst markiert – sondern das Auslaufen einer bestimmten Tradition ihrer Konzeptionalisierung. „The end which was no end", so Roberts, „leaves history and theory in limbo."[6] Ein Punkt, an dem wir uns theoriegeschichtlich noch immer befinden.

Wenn dem aber so ist, wenn der Erkenntniswert womöglich abgegolten ist, warum dann überhaupt eine Revue kultursoziologischer Kunsttheorien? Drei Gründe sind hier zu nennen: Da ist zunächst die Faszination der Theorien selbst.

---

5   Walter Fähnders, Projekt Avantgarde und avantgardistischer Manifestantismus, in: Wolfgang Asholt u. Wolfgang Fähnders (Hrsg.), Der Blick vom Wolkenkratzer. Avantgarde – Avantgardekritik – Avantgardeforschung. Amsterdam-Atlanta: Rodopi 2000, S. 69-95. Fähnders entfaltet hier die These, dass sich das Projekt der Avantgarde umstandslos als vollendet setzt, weil es „bereits alle Möglichkeiten eines Zustandbringens, eines Zuendebringens ausgelotet, erprobt, vorgeführt hat, weil es einer teleologischen Vollendung im Habermas'schen Sinne nicht bedarf". Im Projekt, so Fähnders, habe man das Resultat, wobei insbesondere die sich dem Tango, der Küche, der Politik, dem Krieg oder der Liebe widmenden Manifeste als appellativer Versuch jener umfassenden Um- und Neuorganisation des Lebens verstanden werden, welche das Ziel des Projekts Avantgarde überhaupt war. Von daher sieht Fähnders, auf die im Internet sich zeigende gänzlich neue Weise des Manifestantismus verweisend, auch eher Kontinuität bzw. Fortsetzung des avantgardistischen Projekts als ein Scheitern.

6   David Roberts, Art and Enlightenment. Aesthetic Theory after Adorno, University of Nebraska Press 1991, S. 130-138.

Sie gehören nicht nur zu jenen großen Rahmenerzählungen, wie sie die Moderne begleiteten, sondern sind „Meistererzählungen" der Kunst als einem der wohl eigenwilligsten Gebilde der Gesellschaft.[7] Wer sich, gleich ob Wissenschaftler oder Laie, für das Zustandekommen und Funktionieren moderner Kunst interessiert, wird bei den Kultursoziologen auf erhellende, in sich schlüssige Modelle stoßen, die, selbst wenn sie von der Entwicklung der Kunst bereits überholt sein mögen, im Bereich der Kunstkritik und -theorie ihres Gleichen suchen.

Der zweite Grund liegt dann auch in der offen zutage liegenden Alternativlosigkeit. Die kulturwissenschaftliche Theoriebildung hat sich bislang der zeitgenössischen Kunst nicht zugewandt, ja die Vertreter der Kulturwissenschaften selbst attestieren der Disziplin bzw. dem Forschungsprogramm ein generelles Theoriedefizit.[8] Die Fragen, welche Prinzipien der Kunstkritik und welche Erzählstrukturen nach dem Ende der Moderne möglich sind, bleiben weiterhin offen. Auf der Suche nach Antworten aber können die kultursoziologischen Modelle helfen. Sie werden hier als ein Theorieangebot verstanden, dessen Potential bislang unzureichend genutzt wird. Dabei, so zeigt gerade die kritische Bestandsaufnahme, lassen sich mit ihnen alternative, womöglich komplementäre Wege hin zu jener brisanten Schnittstelle von sozialen und symbolischen Formen aufzeigen, an der die Komplexität arbiträrer Gebilde wie der Kunst überhaupt erst auftaucht. Nicht zufällig verstanden Gehlen, Bürger und Bourdieu ihre kunsttheoretischen Schriften ausdrücklich als Beiträge zu einer kritischen Kulturwissenschaft, und auch Luhmanns Schriften, insbesondere *Die Kunst der Gesellschaft*, operieren im Grenzbereich von Gesellschafts- und Kulturwissenschaften.[9]

Schließlich und zum dritten vermag eine kritische Bilanz jüngerer Theorien moderner Kunst den laufenden postmodernen Diskurs in zwei für Fragen zukünftiger Theoriebildung nicht unwesentlichen Punkten zu korrigieren. Die Rede ist von dem posthistorischen Charakter der Kunst und ihrer Theorie sowie der disziplinären Zuständigkeit. Am Punkt einer Theorie „in limbo" eröffnen sich verschiedene Möglichkeiten. Man kann, wie etwa Danto dies tut, im Fortleben der Kunst nach ihrem vermeintlichen Ende einen Beleg dafür sehen, dass die Verbindung zwischen Kunst und Theorie eine Frage historischer Zufälligkeit ist und versuchen, den philosophischen Diskurs auf der Grundlage eines essentialistischen Kunstbe-

---

7   Danto 2000, S. 12.
8   Siehe stellvertretend für den theorieinteressierten Teil der Kulturwissenschaft: Andreas Reckwitz, Die Transformation der Kulturtheorien. Zur Entwicklung eines Theorieprogramms, Weilerswist: Velbrück 2000.
9   Siehe: Luhmann und die Kulturtheorie. Hrsg. v. Günter Burkart und Günter Runkel, Frankfurt a.M.: Suhrkamp 2004.

Einleitung: Avantgarde als theoretische Herausforderung 11

griffs wiederzubeleben.[10] Zwingend ist das nicht. Eine andere Möglichkeit wäre, die historische Perspektive beizubehalten und den Versuch der philosophischen Rückeroberung der Kunst selbst zu kontextualisieren. Dann ergibt sich folgendes Bild: Die Avantgarden betrieben einen Kult der Innovation, der von den Neoavantgarden weitergeführt und zu einer regelrechten Explosion des Fortschritts gesteigert wird, die dann wiederum das kritische Nachdenken über den fortschrittlichen Geist der Moderne anregte und zu einer neuerlichen Revision nicht nur der Prinzipien der Kunst, sondern auch ihrer Kritik und Theorie ermunterte. So gesehen, wird auch die Historizität und mithin Relativität des postmodernen Theoriediskurses selbst kenntlich – und es wird, eben weil die Post-Semantik selbst wieder eine Geschichte hat, zumindest fraglich, ob mit der unter ihrem Vorzeichen laufenden Revision der Kunsttheorie die historisch-soziologische Perspektive vorschnell verabschiedet werden sollte. Mit anderen Worten: Inmitten der Konjunktur kulturalistischer und postmoderner Diskurse will der kritisch bilanzierende Blick auf die kultursoziologischen Theorien deren Potential hinsichtlich der Klärung noch heute relevanter Fragen moderner Kunst und ihrer Gesellschaft freilegen.

Dazu werden die kultursoziologischen Schriften im Folgenden als Antworten auf die von der Avantgarde in pointierter Form aufgeworfene Frage nach der Beschaffenheit und dem Funktionieren der Kunst in der modernen Gesellschaft gelesen. Mit Gehlen werden zunächst die Problemstellung und die sich aus ihr für die Soziologie eröffnende Chance auf wissenschaftlichen Terraingewinn aufgerissen, um anschließend die von Bürger, Bourdieu und Luhmann im so eröffneten Problemfeld in Theorieform vorgelegten Antworten bis hin zu jenem Moment zu verfolgen, an dem sie mit einem neuen Problem – der Verschmelzung von Avantgarde und Kulturindustrie – konfrontiert und an die eigene Grenze geführt werden. An diesem, die gegenwärtigen Kulturverhältnisse einholenden Punkt, macht die Studie eine Wende und kehrt mit der in den Bereich kulturbetrieblicher Planung und Organisation gerückten Kunst zu Gehlen zurück.

Argumentiert wird dabei wie folgt: Nachdem Gehlen das Phänomen des künstlerischen Avantgardismus als Herausforderung für die Gesellschaftswissenschaften reklamiert hat, nimmt Bürger sich diesem innerhalb der Geisteswissenschaften an und artikuliert die Dringlichkeit eines wissenschaftlichen Paradigmenwechsels. Der Kern und das bleibende Verdienst der *Theorie der Avantgarde* liegen in dem Nachweis, dass es eben jene künstlerische Avantgarde war, welche, indem sie zum offenen Angriff auf die der Kunst eigenen stilistischen wie institutionellen Formen ausholte, diese als solche überhaupt erst kenntlich gemacht und damit letztlich auch eine theoretische Konzeptionalisierung wie die der Kunst als Institution

---

10 Danto 2000, S. 196, 250 u. 50.

ermöglicht hat. Von daher erscheint Bürger in der vorliegenden Studie selbst als Avantgardist im Sinne eines kritischen Vorreiters, oder, mit den Worten Gehlens, als „Toröffner" im Bereich der Wissenschaft. Dabei sind es gleich zwei Tore, die Bürger der nachfolgenden Theorieentwicklung öffnet: das zur Institution und das zur Form. In Bezug auf ersteres hinterfragt Bürger selbstkritisch die Legitimation der Übertragung des Institutionsbegriffs auf die Kunst und macht in diesem Zusammenhang das Problem des Auffindens der Genese sowie der Regeln der Institution Kunst explizit. Bezüglich der Form insistiert Bürger auf die Formbestimmtheit des Kunstwerks und unterstreicht die Schwierigkeit ihrer Berücksichtigung in theoriegeleiteten Untersuchungen.

Beiden offenen Problemen nehmen sich die Soziologen in der Nachfolge Bürgers an; Bourdieu, indem er die Genese der modernen Kunst zum autonomen Feld als Institutionalisierung von Anomie beschreibt und, der Titel sagt es, *Die Regeln der Kunst* aufzeigt, und Luhmann, indem er in *Die Kunst der Gesellschaft* die Evolution der Kunst zum autonomen Teilsystem als Institutionalisierung von Paradoxie beschreibt und den Formbegriff ins Zentrum seiner Kommunikationstheorie stellt. Dabei zielen, wie detailliert ausgeführt wird, beide Theorien auf den Nachweis einer strukturellen Kopplung von sozialer und symbolischer Ebene, doch stellt Bourdieu mit dem Habitusbegriff die Relation von sozialem Raum und Akteur ins Zentrum, während Luhmann vom Kunstwerk und mithin vom Formbegriff ausgehend die Relation von Wahrnehmung und Kommunikation fokussiert. Richtet man, wie es der vorliegende Theorievergleich tut, das Augenmerk auf die Frage der Möglichkeiten der theoretischen Konzeptionalisierung moderner Kunst und ihrer Geschichte, so erscheinen beide Theorien gerade in ihrer Differenz als komplementär und setzen sich zu einem Spektrum der Beobachtung zusammen, das von der Gesamtgesellschaft über den Teilbereich der Kunst und der in ihm kommunikativ vernetzten Akteure bis zu den einzelnen Kunstwerken und zurück reicht.

Nicht weniger umfassend ist der sich durch die hier vorgeschlagene Lesart eröffnende historisch-thematische Rahmen. Bürger, Bourdieu und Luhmann sehen in der Kunst einen autonomen gesellschaftlichen Teilbereich, der seine eigene Geschichte vergessen hat. Mit der Genese oder auch Evolution der Kunst zur Institution, zum Feld und zum System tragen die Theoretiker der Kunst ihre eigene Geschichte hinterher, wobei sie sich jedoch jeweils auf unterschiedliche Abschnitte der Entwicklung konzentrieren. So rekonstruiert Bourdieu mit Naturalismus und Symbolismus jene Periode der Kunstentwicklung, in der die institutionellen, kommunikativen und symbolischen Konstellationen errichtet wurden, gegen die sich die von Bürger untersuchten Richtungen des Dadaismus und Surrealismus wenden. Der thematische Schwerpunkt liegt bei beiden auf der Entwicklung der Literatur. Mit Luhmann und Gehlen wird diese Perspektive um die Malerei erweitert und in die postavantgardistische Zeit verlängert.

Dabei nimmt Gehlen in der vorliegenden Studie eine zweifache Sonderstellung ein. Zum einen hat er keine geschlossene Theorie moderner Kunst vorgelegt, vielmehr war er es, der 1965 die „Epoche des Theorieehrgeizes" verabschiedete und festhielt, dass Theorien aus einem Guss nur noch um den Preis zu haben sind, dass man bewusst methodisch einseitige Fragestellungen an die Realität heranträgt.[11] Und doch hat Gehlen bereits in den fünfziger und sechziger Jahren wesentliche Momente der nachfolgenden Theorieentwicklung vorweggenommen – angefangen von der Eigenlogik der Kunst über ihre Kommentar- und Kommunikationsbedürftigkeit bis hin zum Zusammenhang von Revolution, Ritualisierung und Organisation. Inwiefern damit bereits die Grundzüge einer Theoriearchitektur entworfen wurden, wie sie insbesondere bei Luhmann, wenngleich in extrapolierter Form, wiederkehren, bedarf der Diskussion. Zum zweiten und darüber hinaus kam Gehlen trotz oder wegen dem Verzicht auf theoretische Ambitionen an das von den nachfolgenden Theoretikern vernachlässigte Problem der Relation von Avantgarde und Kulturindustrie näher heran. Seine bislang kaum rezipierten Ausführungen zu Pop-Art, Kunstgewerbe, Kunst- und Medienmarkt sowie zu neuen, kollektivistisch-medial geprägten oder öffentlich subventionierten Formen von Kunst führen in eine kulturelle Realität, die der Theorie noch immer voraus ist.

---

11 Arnold Gehlen, Seele im technischen Zeitalter und andere sozialpsychologische und kulturanalytische Schriften. Gesamtausgabe. Bd. 6, hrsg. v. Karl-Siegbert Rehberg. Frankfurt am Main: Vittorio Klostermann, 2004, S. 35f.

I. Auf dem Weg zu neuen Theorien

1. Bohème, Gesetz der Avantgarde und Evolutionstheorie

1962 veröffentlichte der italienische, in den USA lehrende Slawist Renato Poggioli seine *Teoria dell'arte d'avanguardia*. Eine Untersuchung zur frühen Rezeption dieser Theorie liegt meines Wissens nicht vor, doch kann wohl davon ausgegangen werden, dass die zentralen Thesen Poggiolis bereits vor dem Erscheinen der englischen Übersetzung 1968 zumindest unter Romanisten recht bald bekannt wurden. Im Rahmen der vorliegenden Studie ist die Theorie Poggiolis vor allem insofern von Interesse, als sie den Gegenstand, also die Avantgarde, als eines der für die kulturelle Moderne typischsten und wichtigsten Phänomene herausstreicht und die Richtung vorgibt, aus welcher man sich ihm in Zukunft zu nähern habe: der soziologischen.[12] Ungeachtet dessen, dass Poggioli den eigenen Vorgaben nur in Teilen folgte, benennt er in seiner Untersuchung der Avantgarde doch ganz wesentliche Momente der nachfolgenden Theorieentwicklung: Da ist zum ersten die historische Skizze einer mit der Romantik einsetzenden, jedoch erst im Paris des späten 19. Jahrhunderts, namentlich mit Symbolismus und Naturalismus, voll in Erscheinung tretenden Aufspaltung der Kunst in divergierende, sich zu theoretisch gestützten Positionen, ja Ideologien verhärtende Kunstauffassungen.[13] Zum zweiten stellt Poggioli die Bedeutung der Bohème für das Aufkommen der Avantgarde heraus und erklärt überzeugend, warum es sich beim Gruppencharakter der Avantgarde nicht um Schulen, sondern um dynamisch-romantische Bewegungen handelt, die von den Protagonisten – nicht nur den nachfolgenden Beobachtern – auch als eben solche, d.h. als aktivistische, von Antagonismen geprägte Konstellationen reflektiert wurden.[14] Drittens verweist die Theorie, wenn auch eher bei-

---

12 Ich beziehe mich hier auf die englische Ausgabe: Renato Poggioli, The Theory of the Avant-Garde, The Belknap Press of Harvard University Press 1968. In ihr heißt es: "To begin with, few thinkers, historians, or critics have deigned to study one of the most typical and important phenomena of modern culture: so-called avant-garde art." (Ebd., S. 1) Und an anderer Stelle: "In the case of a phenomenon belonging to the history of art, this means treating it not so much as an aesthetic fact but as a sociological one." (Ebd., S. 3)
13 Dabei zählt Poggioli den Naturalismus ausdrücklich zu den Avantgarden und sieht die Aufspaltung 1880 vollzogen. Vgl. hierzu Poggioli 1968, S. 11.
14 Ebd., S. 16-41.

läufig, auf den für ein Verständnis der Avantgarde unerlässlichen Zusammenhang zwischen historischem und sozialem Bewusstsein.[15] Alle Punkte werden uns in der Theoriegeschichte wieder begegnen, allerdings ohne Verweise auf Poggioli. Die schwache Rezeption der Theorie Poggiolis muss jedoch nicht heißen, dass hier bewusst Vordenker verschwiegen wurde. Der Grund scheint vielmehr darin zu liegen, dass ein kritisches Interesse an der Avantgarde zeitgleich an verschiedenen Orten erwachte, was wiederum darauf zurückgeführt werden kann, dass die Neoavantgarde etwa zur selben Zeit international in Erscheinung zu treten begann. Das von Poggioli noch 1962 beklagte Desinteresse am Phänomen der Avantgarde jedenfalls schwindet in der Folgezeit rasant. In der deutschen Kunstkritik legte Hans Magnus Enzensberger im selben Jahr unter dem Titel *Die Aporien der Avantgarde* eine aus dem theoriegeschichtlichen Rückblick aufschlussreiche Kritik vor.[16] Seine Kritik richtet sich ausdrücklich gegen eine Neoavantgarde, die sich durch Kommerzialisierung einerseits und staatliche Förderung andrerseits als eine „Gesellschaft mit beschränkter Haftung" im Kulturbetrieb einrichtet und damit nicht nur die historischen Avantgarden, sondern letztlich auch sich selbst betrügt.[17] Als „Paradigma" der Avantgarde gilt Enzensberger der Surrealismus; er ist „das vollkommene Modell", mit dem die Möglichkeiten und Grenzen aller avantgardistischen Bewegungen durchgespielt und ihre Aporien entfaltet wurden.[18] Eine Aporie ist dabei von zentraler Bedeutung: die „Entfaltung des historischen Bewusstseins".[19] Sie führt bei Enzensberger zu einer Aporie im wahrsten Sinne des Wortes, d.h. zu einer Ausweglosigkeit der Kunst, die wiederum, wie wir später sehen werden, zur Herausforderung an eine auf scheinbar unlösbare Problemstellungen spezialisierte Theorie wird.

Inwiefern aber hat die Avantgarde die Zeit-Problematik für die Kunst überhaupt erst entfaltet? Enzensberger argumentiert wie folgt: Die Avantgarde ist dem Selbstverständnis nach eine prozesshafte, eindeutig gerichtete Erscheinung. Allein die Bezeichnung setzt ein Verständnis der Differenz von Vorhut, Gros und Nachhut voraus. Die „Ungleichzeitigkeit des Gleichzeitigen" ist in der avantgardistischen Ausrichtung auf das Neue mitgedacht; Vorläufer und Nachzügler sind gleichzeitig anwesend. Mit der avantgardistischen Kunst verband sich eine Hoffnung auf die Zukunft; eine vom Erfolg zu Lebzeiten klar abzugrenzende Ahnung auf den Nachruhm. Indem die Avantgarde aber selbst mit der Zeitlichkeit operierte,

---

15 Ebd., S. 57.
16 Hans Magnus Enzensberger, Die Aporien der Avantgarde, in: ders., Einzelheiten II. Poesie und Politik, Frankfurt a.M.: Suhrkamp 1964, S. 50-80.
17 Ebd., S. 79f.
18 Ebd., S. 78.
19 Ebd., S. 59.

trug sie maßgeblich zur Entfaltung eines historischen Bewusstseins bei, das dann wiederum genau dieses Vertrauen in die Nachwelt schwinden ließ. Die Hoffnung auf die Zukunft des eigenen Neuen endet nicht in dessen nachträglicher Durchsetzung und damit Anerkennung – sondern in der Musealisierung. Statt in der Zukunft findet die Kunst ihren Schutz im Museum; eine Entwicklung, die aus Sicht der Avantgarde insofern aussichtslos ist, als damit eine unterschiedslose, alles konservierende Einebnung praktiziert wird. Aus der spannungsgeladenen Ungleichzeitigkeit des Gleichzeitigen wird ein harmonisches Nebeneinander, eine kritiklose Gleichzeitigkeit des Ungleichzeitigen.[20]

Der Stein, den die Avantgarde ins Rollen bringt, überrollt sie gewissermaßen selbst. „Das Gesetz der zunehmenden Reflexion", so Enzensberger, „ist unerbittlich".[21] Die historische Bewegung der Avantgarde wird „beobachtet, aufgefaßt und eskomptiert wie ein konjunktureller Trend".[22] Eine derart gesteigerte, an der Avantgarde geschulte Reflexion aber hat nicht nur die Musealisierung der Avantgarde zur Konsequenz, sondern auch deren kommerzielle Verwertung im Kunstmarkt. „Der geschichtliche Wettstreit um die Nachwelt wird zum kommerziellen Wettbewerb um die Mitwelt."[23] Während die Kunst der Avantgarde im Museum zu jedem anderen Kunstwerk in ein harmonisches Verhältnis gebracht wird, tritt sie auf dem Markt zu diesem in ein Verhältnis der Konkurrenz. Die Zukunftsbezogenheit der Avantgarde verkürzt sich hier zur Spekulation; eine Spekulation, an der sich Neoavantgarde und ein das Neue verlangende Publikum beteiligen. Nur so konnten nach Enzensberger die Namen der Neoavantgarden – vom Tachismus über *art informel,* monochrome Malerei, serielle und elektronische Musik bis hin zur konkreten Dichtung und der *beat generation* – in kurzer Zeit zu Schlagworten, ja „Warenzeichen" werden. Von vornherein als „gängige Münze" geprägt, machen sie die ökonomischen Konsequenzen einer Aporie sichtbar, die mit der Vorstellung einer Avantgarde der Künste selber gegeben ist.[24] Enzensbergers Auseinandersetzung mit der Avantgarde ist vor allem als Kritik an den aus seiner Sicht hinfälligen Ansprüchen neoavantgardistischer Gruppierungen zu sehen. „Jede heutige Avantgarde ist Wiederholung, Betrug oder Selbstbetrug."[25] Um diese Behauptung zu unterfüttern, analysiert er nicht nur den Begriff der Avantgarde, sondern erinnert auch an deren Voraussetzungen und Attitüden.

---

20 Ebd., S. 58f.
21 Ebd., S. 79.
22 Ebd., S. 60.
23 Ebd., S. 60.
24 Ebd., S. 68.
25 Ebd., S. 79.

Die so in der Kunstkritik begonnene Beschäftigung mit der Avantgarde findet ihre Fortsetzung im Bereich der Wissenschaft. Zwei Jahre nach Enzensberger und zehn Jahre vor der *Theorie der Avantgarde* definierte Helmut Kreuzer in der DVjS den Begriff der Bohème und setzte damit einen ersten Markstein der jüngeren kultursoziologischen Analyse der Voraussetzungen und Attitüden der Avantgarde. Zwar taucht Kreuzer weder im Literaturverzeichnis Bürgers noch in dem von Bourdieu auf, doch scheint es mir mit Sicht auf die weitere Theorieentwicklung unerlässlich, die von ihm herausgearbeiteten Momente des Phänomens in Erinnerung zu rufen. Zu ihnen zählt das Verständnis der Bohème als „Gesamtheit der intellektuellen Gruppen (literarischer oder künstlerischer Aktivität oder Ambition), die in diesem Sinne gewollt un- oder antibürgerlich existieren".[26] In Form offener Kreise treffen sich die Vertreter der Bohème nach Kreuzer zumeist in Cafes oder Wohnungen, konzentrieren sich oft um einzelne Persönlichkeiten mit besonderem Prestige und erhalten sich primär durch persönliche Bindungen. Charakteristisch sind dabei praktische Opposition gegen die Geldwirtschaft, geringe Zeitökonomie, starker Individualismus, der sich ungescheut von (wechselnden) Konventionen sittlicher, ästhetischer und politischer Art emanzipiert und Unkonventionalität der Lebensführung als hoher Wert. Die zumeist aus dem Kleinbürgertum, aber auch aus den gehobenen Schichten stammenden Vertreter leben vor allen in Großstädten und bevorzugen billige Wohngegenden. Kreuzer spricht von einer regelrechten Konzentrierung des künstlerischen Lebens auf die Großstadt, die einen Zustrom von Intellektuellen – zur Ausbildung oder zum beruflichen Start – in die Metropolen bewirkte, wo sie auf Gemeinschaftsbildung angewiesen waren. Die Majorität stellen unbemittelte jüngere Künstler und Schriftsteller, wobei Kreuzer zwischen Bohèmen unterschiedlicher Reichweite unterscheidet und auf fließende Grenzen verweist. Zu den Bedingungen der Bohème wird vor allem die stetige rapide Vergrößerung des Marktes für künstlerisch-literarische Produkte im 18. und in der ersten Hälfte des 19. Jahrhunderts gezählt. Am Ende der Restaurationszeit habe sich Paris ohne Widerspruch zur Kapitale einer ihrer selbst bewussten Bohème erklären können.[27]

Mitte der sechziger Jahre sind damit die entscheidenden sozialgeschichtlichen Parameter bereits genannt. Wenn Kreuzer 1964 dafür plädiert, diese Untersuchungen weiter zu vertiefen – nicht nur als Typologie und Geschichte des Künstlers, sondern auch als Beitrag zur Geschichte der neueren Literatur oder Kunst, so lässt sich heute sagen, dass dem in der Nachfolge durchaus Rechnung getragen wurde, und zwar nicht nur von Kreuzer selbst, sondern gerade auch von jüngeren Arbei-

---

26 Kreuzer 1964, S. 202.
27 Ebd., S. 202-205.

1. Bohème, Gesetz der Avantgarde und Evolutionstheorie

ten wie etwa der umfassenden, von Bourdieu vorlegten Studie der literarischen Entwicklung in Paris.[28] Darauf wird zurückzukommen sein. Doch verbleiben wir zunächst auf der Theorieebene der sogenannten Reformphase.

Hier geht Helmut Plessner 1965 der Frage nach, was es heißt, dass Kunst „ihren eigenen Gesetzen folgen darf".[29] Für die vorindustrielle Gesellschaft seien die Verhältnisse einfach und überschaubar gewesen: Die Kirche, das Kloster, der weltliche Herr, der reiche Mann waren die Partner des Künstlers. Heute ist es der Kunsthändler, und ein erfahrenes Managertum, das mit den Abnehmern, d.h. den Museen und den Privatsammlern in Verbindung steht, für die Ware sorgt und ihre Preise macht. Dem Antiquitätengeschäft hat sich ein „Modernitätengeschäft"[30] an die Seite gestellt, dessen Einfluss auf den schaffenden Künstler im Laufe des 20. Jahrhunderts nachweisbar gewachsen ist. Die Fortentwicklung von der sich industrialisierenden zur industrialisierten Gesellschaft habe seit etwa Mitte des 19. Jahrhunderts den Kunstmarkt wie jeden anderen Markt, die Produktion seiner Güter wie die aller anderen Güter dem Gesetz des raschen Verschleißes und des beschleunigten Konsums unterworfen. Der Markt müsse nun in zunehmendem Tempo Neues anbieten; ein Markt, in dem sich das Neue aus der steigenden Flut des Angebots nur nach dem Maß seiner überraschenden und schockierenden Wirkung heraushebe.[31] Eine Art Kristallisationspunkt dieser Entwicklung ist nach Plessner die „Erfindung der Ästhetik"; eine Erfindung, mit welcher „ein langer Emanzipationsprozess des Kunstwerks aus seinen anfänglichen Bindungen an magische und sakrale Instrumente zum Abschluß gekommen" ist.[32] Dabei steht die Erfindung der Ästhetik in unmittelbarem Zusammenhang mit der Pluralisierung der Gesellschaft; die Gesellschaft musste Plessner zufolge im Prozess ihrer Industrialisierung pluralistisch werden und erzwang so „die Emanzipation des Künstlers, der damit auf die ästhetische Region eingeschränkt wird: *l'art pour l'art*".[33]

Zwei Momente der Plessnerschen Ausführungen gilt es beim Nachgang der Theorieentwicklung besonders im Auge zu behalten: Zum einen „das Gesetz der Avantgarde" bzw. die „Praktizierung des Gesetzes des Avantgardismus", d.h. die „zum Prinzip erhobene, die Erschöpfbarkeit der Möglichkeiten des eignen Metiers und die Entdeckung immer neuer Möglichkeiten einkalkulierende Kunstform

---

28 Kreuzer, S. 207.
29 Helmut Plessner, Über die gesellschaftlichen Bedingungen der modernen Malerei, in: DVjS Heft 1/1965, S. 1-15, hier S. 1. Plessner bezieht sich hier u.a. auf Art and Anarchy (1963) von Edgar Winds, einem Schüler von Cassirer und Panowsky.
30 An dieser Stelle bei Plessner eine Fußnote mit Verweis auf Herbert Frank, Die das „Neue" nicht fürchten. Manager der Kunst, Düsseldorf-Wien 1964.
31 Plessner 1965, S. 2.
32 Ebd., S. 12.
33 Ebd.

der vollendeten Traditionslosigkeit".[34] Nach Plessner geriet in der zweiten Hälfte des 19. Jahrhunderts mit dem Einsetzen verstärkter Industrialisierung und den Anfängen des Impressionismus die Frontenbildung zwischen Alt und Jung unter dieses Gesetz der Avantgarde. Die immer wieder mit dem Neuen gemachte Erfahrung, dass es zum klassischen Bestand von morgen gehört, habe sich zu einer Maxime künstlerischer Produktion verdichtet.[35] Der Zusammenhang von Schule und Atelier wird bereits im 19. Jahrhundert „zu einer historischen Attitüde und macht einem anderen Zusammenhang Platz, dem der Richtungen, der Ismen".[36] Das Kunstwerk wird nun nicht länger für sich, sondern als Beispiel eines Verfahrens, als Dokument einer Richtung gesehen und bewertet. Das zweite wesentliche Moment der Überlegungen Plessners schließt daran an und betrifft das Verhältnis von moderner Kunst und Wissenschaft. Plessner geht davon aus, dass erst der von der Moderne bewusst vollzogene Bruch mit der Tradition jenes geschichtliche Bewusstsein freisetzt, dem sich auch die historischen Geisteswissenschaften verdanken. Indem nun aber die Geisteswissenschaften historisch werden, werden sie selbst wiederum zu den „Wegbereitern der modernen Literatur, Musik und Bildenden Kunst".[37] Mit anderen Worten: Die theoretische Erfassung des Traditionsbruchs fördert überhaupt erst jenes Zeitbewusstsein innerhalb der Kunst, dem sich das Gesetz des Avantgardismus verdankt. Plessner spricht in diesem Zusammenhang auch von der „ursprünglich nicht beabsichtigten Wirkung" der ästhetischen Theorie auf die künstlerische Praxis des ausgehenden 19. Jahrhunderts und von der sich mit ihr zeigenden „Unabtrennbarkeit, in die Kunst und Wissenschaft voneinander gerieten" – angefangen beim Fin de siècle bis hin zur Pop Art als einer „Spätform des Ästhetizismus".[38]

Drei Jahre darauf, 1968, erinnert Francois Bondy am Beispiel des ‚Nouveau Roman' und des Theater des Absurden an die Avantgarde als literatursoziologische Herausforderung.[39] Beide ständen sowohl in Nachfolge als auch im Widerspruch zur historischen Tradition und seien daher nicht nur der Reflex auf Strukturen der Gesellschaft von heute. Eben darum stoße jede Literatursoziologie mit der Avantgarde an ihre Grenzen. „In Kontinuität und Antithese", so Bondy, „gehört die ‚Avantgarde' zu einer soziologisch nicht eindeutig und nicht zulänglich bestimmbaren Ausdruckswelt".[40] Sich auf den Surrealismus berufend, hält Karl

---

34 Ebd., S. 15.
35 Ebd., S. 4.
36 Ebd.
37 Ebd., S. 2f.
38 Ebd., S. 12.
39 François Bondy, Der Surrealismus und die späteren Pariser ‚Avantgarden', in: Neue Rundschau, 79. Jg., 1968, 1. Heft S. 121-131.
40 Ebd., S. 130f.

1. Bohème, Gesetz der Avantgarde und Evolutionstheorie 21

Heinz Bohrer ein Jahr später fest, dass dieser die einzige bisher bedeutende Literaturtheorie sei, in der das Verhältnis zwischen Realität und Kunst, von schönem Schein und Wahrheit als Herausforderung wirklich angenommen wird.[41] Surrealismus wird dabei verstanden als ein unwiederholbares, aber herausforderndes Wagnis; eine Anleitung zur literarischen Methode. Während sich die Literatur der sechziger Jahre diesem Wagnis stelle, beherrsche in der Literaturwissenschaft die akademische Strukturanalyse, das zähe literaturimmanente Verhalten weiterhin das Feld.[42] Dabei übt Bohrer auch scharfe Kritik an den Adepten der Frankfurter Schule; eine Kritik, die Anfang der siebziger Jahre lauter wird, so wenn Kurt Oppens behauptet, dass sich Adorno in der Ästhetik als „Kulturkonservativer" erweise, der dem abendländischen, spezifisch dem romantischen Geisteserbe verhaftet sei.[43] Hier gilt es zu erinnern, dass die 1970 erschienene *Ästhetische Theorie* Adornos, mit der sich wenige Jahre später auch Bürger kritisch auseinandersetzen wird, das zunächst letzte Wort in Sachen ästhetischer Theorie war.

Die Suche nach einem über die *Ästhetische Theorie* hinausgehenden kategorialen Rahmen zur Bestimmung des Verhältnisses von Kunst und Gesellschaft aber hielt an und verzeichnete in den darauf folgenden Jahren eine wachsende Intensität. Hatte Wolfgang Iser noch 1969 bemängelt, dass die Literaturwissenschaft noch immer keine den verwandten Wissenschaften vergleichbare Theorie besitze, so wurde in der Folge vor allem nach einer, wie Harald Weinrich es nannte, „(post)marxistischen Überbau-Theorie" gesucht.[44] Der von ihr erwarteten Verbindung marxistischer und strukturalistischer Elemente ging eine Methodendiskussion voraus, die sich am Beginn der siebziger Jahre mit der u.a. von Kreuzer herausgegebenen Zeitschrift für Literaturwissenschaft und Linguistik gar ein eigenes Austragungsmedium schuf. Die Pluralität verschiedener Methoden und Ansätze ausdrücklich bejahend, trug sie nach Aussage der Herausgeber jenem Wandel innerhalb der Literaturwissenschaft Rechnung, der die Methodenreflexion gleichberechtigt neben die Diskussion der Sachprobleme stellte und die neuartige, methodenbezogene Analyse traditioneller Probleme neben die methodische Erschließung neuer Gegenstände und Aufgaben treten ließ. Zu den neuen Gegenständen zählte auch und gerade die literarische Moderne. Nicht zufällig werden in der ersten Ausgabe unter dem thematischen Schwerpunkt „Methodische Perspektiven" erstmals Proble-

---

41 Karl Heinz Bohrer, Surrealismus und Terror, in: Merkur, Heft 10, 23. Jg., Oktober 1969, S. 921-940, hier S. 923.
42 Ebd., S. 931f.
43 Kurt Oppens, Adornos Kunstphilosophie, in: Merkur, Heft 8, 25. Jg., August 1971, S. 802-805, hier S. 803.
44 Wolfgang Iser, Überlegungen zu einem literaturwissenschaftlichen Studienmodell, in: Linguistische Berichte, Heft 2, 1969, S. 77-87, hier S. 83 und Harald Weinrich, Abgrenzungen des Strukturalismus, in: Merkur, Heft 8, 25. Jg., August 1971, S. 1119-1122, hier S. 1121.

me wie das der strukturellen Behandlung des Wandels von Literatur thematisiert. Um ihnen gerecht zu werden, plädierte beispielsweise Götz Wienold für eine strukturelle Literaturgeschichte aus spieltheoretischer Perspektive.[45] Eine solche hätte nicht nur nach den Spielern und deren Gewinn, sondern gerade auch nach den „‚Regeln' des Spiels" und den sich daraus ableitenden „‚Strategien'" zu fragen.[46] Noch aber fehle es an der Entwicklung einer Analytik, die eine systematische Behandlung von Wandel erlaubt. Um hier weiter zu kommen, war nach Wienold die Einbettung in eine soziologische Theoriebildung unabdingbar. Vorgestellt wurde diese Einbettung als eine Art Begegnung in der Mitte, bei der die spieltheoretisch orientierte Literaturwissenschaft den um Literatur bemühten Soziologen mit dem Angebot einer besseren Erschließung des Objektbestandes entgegen kommt, während die Soziologie den entsprechenden theoretischen Rahmen liefert, um so letztlich die „Aufhebung der grundsätzlichen Trennung von Literaturwissenschaft und Literatursoziologie" zu ermöglichen.[47] Der Vorschlag Wienolds ist nur einer unter vielen. Doch lässt sich ihm anschaulich entnehmen, wie eng die Suche nach einer Theorie der Literatur in den siebziger Jahren einerseits mit der Öffnung des Gegenstandsbereiches und andererseits mit der Annäherung der Literaturwissenschaft an eine theoretisch interessierte Soziologie verbunden war.

Hinzuzufügen bleibt, dass die Gründe für die forcierte Theoriesuche innerhalb der Literaturwissenschaft mitreflektiert wurden. So hält Kreuzer 1973 fest, dass die wissenschaftstheoretische Diskussion seit einiger Zeit in den Philologien eine besondere Intensität erreicht habe, und zwar weil die „Interpretationsschule" seit den sechziger Jahren in der Defensive sei – „in die Zange genommen von zwei konträren Richtungen": den Theoretikern der ‚Neuen Linken' auf der einen Seite, welche die mangelnde gesellschaftliche Relevanz interpretierender Literaturwissenschaft beklagen, und den Vertretern der analytisch-szientistischen Richtung auf der anderen Seite, welche der Literaturwissenschaft unter Hinweis auf die fehlende Möglichkeit generalisierender Theoriebildung und methodisch gesicherter Vergleichbarkeit ihrer Objekte mangelnde Wissenschaftlichkeit attestieren.[48] An beide Kritikpunkte wird Bürger anschließen; an die Forderung nach gesellschaftlicher Relevanz durch sein Verständnis von kritischer Wissenschaft als Teil gesellschaftlicher Praxis und an das Desiderat generalisierender Theoriebildung mit der

---

45 Götz Wienold, Textverarbeitung. Überlegungen zur Kategorienbildung in einer strukturellen Literaturgeschichte, in: LiLi. Zeitschrift für Literaturwissenschaft und Linguistik, Heft 1, 1971, S. 60-89, hier S. 63.
46 Ebd., S. 76.
47 Ebd., S. 89.
48 Helmut Kreuzer, Einleitung, in: Interpretation – Theorie und reflektierte Praxis, LiLi, Jahrgang 2, Heft 12, 1973, S. 3.

1. Bohème, Gesetz der Avantgarde und Evolutionstheorie 23

Vorlage einer soziologisch geprägten Theorie der modernen Kunst. Dass dies in einer „sich gesellschaftlicher Prozesse bewusster werdenden Zeit" und während einer seit langem andauernden methodologischen Unsicherheit der Literaturwissenschaft geschah, erscheint aus heutiger Sicht nur folgerichtig.[49] Tatsächlich wurde der rasche Richtungswechsel, wie man ihn bislang nur aus der Kunst kannte, in den siebziger Jahren auch in der Literaturwissenschaft geradezu etabliert, andernfalls wäre eine Werbung für die Reihe „Deutsche Texte" wie die folgende undenkbar:

> Die Reihe DEUTSCHE TEXTE ist neu konzipiert worden. Die sich gegenwärtig innerhalb der Literaturwissenschaft immer stärker abzeichnende Tendenz zu theoretischer Auseinandersetzung lässt es besonders wichtig erscheinen, diese Diskussion mit ihren bisherigen Grundlagen zu vermitteln. Von Band 21 an wird die Reihe vorrangig theoretische Texte im weitesten Sinne bringen: neben primär poetologischen, komparatistischen und interdisziplinär orientierten Texten sind insbesondere auch Literaturkritik, Manifeste- und Pamphletliteratur, sowie Texte zur Wissenschafts- und Rezeptionsgeschichte vorgesehen.[50]

Die Neukonzeption der Reihe steht symptomatisch für die Neukonzeption der Literaturwissenschaft während der Reformära. Mit Literaturkritik und Manifesten geriet die theoretisch geprägte Literatur der Moderne verstärkt ins Blickfeld der Literaturwissenschaft und machte die Thematisierung der Geschichte des eigenen Fachs nahezu unausweichlich. Es lässt sich an dieser Stelle sogar noch weiter gehen, scheint es doch, als sei mit der Öffnung der Literaturwissenschaft für die Moderne die Literaturwissenschaft in diesen Jahren selbst unter das Gesetz der Avantgarde geraten. Auf den Punkt gebracht wurde diese Entwicklung bereits 1974 von Thomas Rothschild, wenn er festhält, dass die „verschleißenden Zwänge der Akzeleration" nun auch die Wissenschaften beherrschen.[51] Noch sei es nicht lange her, da habe die Literaturwissenschaft den Strukturalismus als neueste Methode, Erkenntnis, Weltanschauung gepriesen, bis er vor allem von Marxisten bekämpft wurde und es nun wieder erstaunlich still um ihn geworden sei. Die Beschleunigung jedoch, mit der sich der Methodenwechsel vollzog, versuchte man in den siebziger Jahren auf der Theorieebene noch durch eine Synthese aufzuhalten. So bleibt nach Rothschild das zentrale Problem, ob sich die von den Formalisten entwickelten Thesen zur Evolution der Literatur mit einer literatursoziologischen Interpretation verbinden lassen. „In der Tat ist", so Rothschild, „diese

---

49 Edmund Nierlich, Pragmatik in die Literaturwissenschaft?, in: LiLi, Jahrgang 2, Heft 12, 1973, S. 9-32, S. 9.
50 Werbung für „Deutsche Texte" (dt Niemeyer, hrsg.v. Gotthart Wunberg) in: LiLi, Jahrgang 3, Heft 9/10, 1973, S. 186.
51 Thomas Rothschild, Einleitung, in: Strukturale Literaturwissenschaft und Linguistik, LiLi, Jahrgang 4, Heft 14, 1974, S. 7.

anzustrebende Synthese eine der interessantesten Herausforderungen der gegenwärtigen Literaturtheorie".[52]

In welcher Weise Bürger diese Herausforderung annehmen wird, gilt es im Folgenden genauer zu prüfen. Vorab aber sei noch ein anderer Aspekt der Theorieentwicklung angesprochen: die belebende Konkurrenz der Disziplinen. Anhand der Suche nach der Evolutionstheorie lässt sie sich illustrieren. Im Jahr des Erscheinens der *Theorie der Avantgarde* betonte Helmut Nobis, dass „die erklärende Darstellung literarischer Prozesse sowohl einer Theorie *literarischer* wie auch *gesellschaftlicher Evolution*" bedürfe und unterstreicht in diesem Zusammenhang die Bedeutung des Funktionsbegriffs.[53] Dem strukturalistisch arbeitenden, historisch orientierten Literaturwissenschaftler werde nun aber „sein genuines Objekt – die Literatur – und mit ihr die Evolutionstheorie von benachbarten Wissenschaften streitig gemacht – so etwa von der philosophischen Ästhetik, der Soziologie oder der Ethnologie".[54] Um den unweigerlich auftretenden Kompetenzstreitigkeiten entgegenzutreten und das Entstehen einer neuen Binde-Wissenschaft zu verhindern, bedarf es „der konsequenten Ausarbeitung einer umfassenden, der Komplexität der Problematik adäquaten Theorie literarischer Evolution [...] sowie einer intensiven praktischen Überprüfung der theoretischen gewonnenen Ergebnisse".[55] Ein solches Postulat sperre sich nicht gegen notwendige interdisziplinäre Bestrebungen, doch müsse, um die literarische Evolution zum Gegenstand übergreifender, die Grenzen einzelwissenschaftlicher Disziplinen sprengender Betrachtungen zu machen, zunächst ein methodisches Instrumentarium zur Analyse bereitgestellt werden, über das die Literaturwissenschaft noch nicht verfüge. An genau dieser Stelle wird Bürgers *Theorie der Avantgarde* einsetzen.

Fassen wir zusammen: Gesucht wird Mitte der siebziger Jahre eine sowohl strukturalistisch als auch sozialwissenschaftlich informierte Theorie literarischer Evolution. Von ihr erhofft man sich die Bereitstellung eines methodischen Instrumentariums, mit dessen Hilfe sich einerseits die Entwicklung der modernen Literatur und Kunst als Teil der modernen Gesellschaft erfassen und andererseits die Dynamik der konkurrierenden Methodenentwicklung selbst synthetisieren und entschleunigen lässt. Angestoßen wurde diese Suche durch die Erschließung neuer literarischer Gegenstände und die damit auftauchende Frage nach den Grenzen und Möglichkeiten ihrer methodisch kontrollierten Bestimmung; Faktoren, die selbst

---

52 Ebd.
53 Helmut Nobis, Literarische Evolution, Historizität und Geschichte. Wissenschafts- und erkenntnistheoretische Aspekte zur ‚strukturalistischen Tätigkeit', in: LiLi, 14/1974, S. 91-110, hier S. 104.
54 Ebd., S. 106.
55 Ebd., S. 109.

wiederum vor dem Hintergrund reformtypischer Tendenzen wie der Artikulation eines kritischen Gesellschaftsbewusstseins, dem Auftauchen des Neoavantgardismus in der Kunst und einer allgemeinen Verwissenschaftlichung verstanden werden müssen. Insofern zeigt sich die Methodendiskussion, welche den Kontext der Bürgerschen Theorie abgibt, als eine in der Tat kulturwissenschaftliche, das Feld der Literaturwissenschaft überschreitende. Als Kristallisationspunkt dieses sich neu formierenden kulturwissenschaftlichen Diskurses und gleichzeitig als dessen leitende Herausforderung erweist sich wiederum das für die künstlerische wie gesellschaftliche Moderne spezifische Phänomen der Avantgarde. Ihr hatte man sich mit Kreuzer und Plessner bereits aus sozialgeschichtlicher und systematischer Richtung genähert und zur Vertiefung der eingeschlagenen Wege aufgerufen. Bürger kommt dem nach und liefert das Gesuchte in Form einer kritischen Theorie der Evolution moderner Kunst. Zunächst aber zu Arnold Gehlen und damit zu einem Kultursoziologen, an dem man bei der Rekonstruktion der Wege jüngerer Kunst- und Kulturtheorien schon deshalb nicht vorbeigehen sollte, weil er, selbst der Leistungsfähigkeit strenger Theorie gegenüber eher skeptisch, nichtsdestoweniger die kultursoziologische Theoriebildung nachhaltig geprägt hat.

2. Grundbegriffe einer Theorie der Avantgarde bei Gehlen

Wenn im vorangegangenen Abschnitt gesagt wurde, dass in den sechziger und siebziger Jahren verstärkt nach einer Theorie zur Erfassung des künstlerischen Wandels gesucht wurde, so sei hier vorweggenommen, dass Arnold Gehlen eine solche nicht bieten kann. Gehlen, der nie eine geschlossene Theorie vorgelegt hat, brachte bereits 1965 seine Überzeugung zum Ausdruck, dass die Epoche des Theorieehrgeizes hinter uns liegt. „Gerade in der Emanzipation von theoretischen Ambitionen", so Gehlen, „sehe ich einen Zug zur Modernität".[56] Eine Theorie aus einem Guss, wie sie später Luhmann oder, in Frankreich, Bourdieu vorlegen werden, scheint Gehlen Mitte der sechziger Jahre nicht mehr möglich – es sei denn, man trage „bewusst methodisch einseitige Fragestellungen an die Realität" heran.[57] Diese Haltung und ihre Konsequenz, der eher essayistische Charakter der Gehlenschen Schriften, dürften nicht unwesentlich dazu beigetragen haben, dass sie, wie Karlheinz Messelken festgestellt hat, in ein „erstaunliche(s) Rezeptionsloch" gefallen sind. Den eigentlichen Grund dafür aber, dass seine Anthropologie insgesamt in

---

56 Arnold Gehlen, Die Seele im technischen Zeitalter und andere sozialpsychologische und kulturanalytische Schriften. Gesamtausgabe. Bd. 6, hrsg. v. Karl-Siegbert Rehberg. Frankfurt a.M.: Vittorio Klostermann, 2004, S. 35.
57 Ebd., S. 33 u. 36.

Deutschland „weithin als desavouiert" gilt, sieht Messelken in der Tatsache, dass Gehlen sie in den Dienst des Nationalsozialismus gestellt und dies nie bedauert hat.[58] Sicher ist nicht zu bezweifeln, dass es eine Verbindung zwischen Gehlens nationalsozialistischem Engagement und seiner anthropologischen Grundüberzeugung gibt, dass der Mensch der Ordnungen bedarf und diese darum, obgleich vom Menschen gemacht, seinem Zugriff und seiner Kritik entzogen werden müssen. Einen „Extremisten der Ordnung" hat Karl-Siegbert Rehberg ihn daher genannt und seinen „ahistorischen und institutionalistischen Kurzschluß" kritisiert.[59]

Und doch: Für Gehlens Beschäftigung mit der Kunst trifft dies so nicht zu. Vielmehr liefern seine ästhetischen Schriften zusammengenommen eine empirisch gesättigte Geschichte der Institutionalisierung moderner Kunst, in der sich der Aufbau und der Fortbestand der Institution Kunst gerade nicht durch das respektvolle Fügen unter die Autorität der Ordnung vollziehen, sondern sich die Ordnung überhaupt erst durch den auf Dauer gestellten Angriff auf eben diese konstituiert. Was Gehlen an der Kunst illustriert, ließe sich, soviel sei vorweggenommen, auf die Formel der Ritualisierung und Institutionalisierung der Revolution bringen, was man dann wiederum als institutionalistisch lesen kann – oder als einen Versuch der kultursoziologischen Erklärung der Kunst, verstanden als ein faszinierendes, weil gänzlich arbiträres, von Spaltungen und Spannungen zusammengehaltenes Phänomen. Auf keinen Fall aber handelt es sich bei den ästhetischen Schriften Gehlens um den Ausdruck eines reaktionären und autoritären Denkens, dass die Kunst auf „Aussensteuerung" festlegt, ihr jede Freiheit und Autonomie verwehrt und „die schlimmsten Anwürfe" gegen die künstlerische Moderne erhebt.[60] Wie die folgenden Ausführungen zeigen werden, begegnet Gehlen gerade der künstlerischen Moderne mit großer Aufmerksamkeit und Kenntnisreichtum und nicht mit Aggressivität, was nicht ausschließt, dass er die beobachtete Geschichte der Autonomwerdung der Kunst für problematisch hält. Ob Gehlens Denken eine Auf-

---

58 Zum Rezeptionsloch siehe Karlheinz Messelken, Der Reiz des Schönen. Zu Gehlens ästhetischer Theorie, in: Zur geisteswissenschaftlichen Bedeutung Arnold Gehlens, hrsg. v. Helmut Klages u. Helmut Quaritsch, Berlin: Duncker & Humblot 1994, S.639-663, hier S. 639. Zu Gehlens nationalsozialistischem Engagement siehe Ortmann 2004, S. 22.
59 Karl-Siegbert Rehberg u.a. (Hrsg.), Zwischenbericht des DFG-Projektes Theorie und Analyse institutioneller Mechanismen. Aachen 1991, S. 5 f. und Karl-Siegbert Rehberg, Ein postmodernes Ende der Geschichte? – Anmerkungen zum Verhältnis zweier Diskurse, in: Michael Th. Greven u. Peter Kühler/Manfred Schmitz (Hrsg.), Politikwissenschaft als Kritische Theorie. Festschrift für Kurt Lenk, Wiesbaden: Nomos 1994, S. 257-285.
60 Michael Lüthy, Die innere Galeere der Freiheit. Zu einigen Motiven in Arnold Gehlens „Zeit-Bildern", in: Neue Zürcher Zeitung, 12./13. Juli 1997, Nr. 159, S. 66.

2. Grundbegriffe einer Theorie der Avantgarde bei Gehlen 27

nahme seiner Schriften in den „Kanon moderner Ästhetik und Kunstwissenschaft" verbietet, scheint mir jedenfalls nicht ausgemacht.^{61}

Im Folgenden aber geht es ohnehin nicht um einen Kanon, sondern um Ausschnitte aus der bewegten Theoriegeschichte moderner Kunst, und zwar konkret um jenes Kapitel, in dem die Soziologie dazu anhebt, das Funktionieren der Kunst als Gegenstand für sich zu reklamieren. In ihm, das sollen die vorliegenden Ausführungen deutlich machen, darf Gehlen nicht fehlen. Er war es, der, in unmittelbarer Berufung auf Akteure aus dem Raum der Kunst wie Daniel-Henry Kahnweiler, das Phänomen des künstlerischen Avantgardismus zu einem Schlüssel des Verständnisses moderner Kunst erklärte und an diesem Konzepte erarbeitete, welche für die nachfolgende Theorieentwicklung von nicht zu unterschätzender Bedeutung sind. Wie Dana Giesecke in ihrer Diskussion der *Zeit-Bilder* festgehalten hat, zählt Gehlen zu den „wenigen soziologischen Denkern, die sich systematisch dem Wandel der Kunst als einem gesellschaftlichen Seins- und Produktionsbereich zuwenden – ohne dabei den ästhetischen Eigenwert und die innere Struktur der Kunstwerke zu vernachlässigen". Erst durch seine Analyse wurde Giesecke zufolge der Soziologie ein „Gegenstandbereich sui generis (eröffnet), der wiederum Rückschlüsse auf die Spannungen, Brüche und Zumutungen innerhalb einer Gesellschaft erlaubt".^{62} Genau das ist der Punkt. Der Wandel der Kunst als einem gesellschaftlichen Bereich bzw. als einem „Kulturgebilde" – Gehlen spricht von der Kunst als einem „Kleinsymbol" der Gesellschaft – lässt sich wiederum an keinem Gegenstand so symptomatisch erfassen wie an einem Avantgardismus, der per definitionem den Wandel zum Selbstzweck erhebt.^{63} Von daher durchzieht die Beschäftigung mit der Avantgarde nicht nur die mit dem Untertitel *Zur Soziologie und Ästhetik der modernen Malerei* versehene und damit den Doppelanspruch Gehlens deutlich markierenden *Zeit-Bilder*, sondern alle kultursoziologischen Schriften Gehlens, auch wenn es sich, wie Joachim Fischer bemerkt hat, bei den

---

61 Zu der vernichtenden Kritik an den Zeit-Bildern siehe Michael Lüthy, Die innere Galerie der Freiheit. Zu einigen Motiven in Arnold Gehlens „Zeit-Bildern", in: Neue Zürcher Zeitung, 12./13. Juli 1997, Nr. 159, S. 66. Der Beitrag des Basler Kunsthistorikers Lüthy erschien unter Mitarbeit von Hartmut Binder, Micha Brumlik, Antonio Fian, Norbert Frei, Joachim Günther, Klaus-Markus Gauss und Franz Haas. Zur anderen Position, zu Gehlens Sachverstand hinsichtlich der Avantgarde, siehe auch Klaus von Beyme, Das Zeitalter der Avantgarden. Kunst und Gesellschaft 1905-1955, München: Beck 2005, S. 391f.
62 Dana Giesecke, Arnold Gehlen. Zur Soziologie und Ästhetik der modernen Malerei. http://www.kulturwissenschaften.de/home/8Gehlen.html (Abruf: 2/14/2010), S. 4.
63 Zur Kunst „als Kleinsymbol" der Gesellschaft siehe Gehlen, Zeit-Bilder. Zur Soziologie und Ästhetik der modernen Malerei. (3. Auflage) Hrsg. v. Karl-Siegberg Rehberg, Frankfurt a.M.: Vittorio Klostermann 1986, S. 192, zur Kunst als „Kulturgebilde" Gehlen, Kritik zu Roger Caillois Die Spiele und die Menschen (Stuttgart: Schwabe 1960), in: Merkur 1961, Heft 1, S. 87-91, hier S. 90.

Zeit-Bildern wohl um Gehlens eigentlichen „kunstsoziologischen Treffer zwischen Kunstgeschichte und Soziologie der Moderne" handelt.[64] Von ihrem „ungewohnten und umwälzenden Inhalt" sprach man übrigens gleich nach dem Erscheinen.[65] Dann gerieten sie nahezu in Vergessenheit bzw. galten, wie Gehlens Arbeiten insgesamt, als weithin desavouiert, bis man in jüngerer Zeit wieder entdeckte, dass sie trotz aller Vorbehalte gegenüber der Theorie „glänzende Einsichten und große theoretische Umsicht" bieten.[66]

Gehen wir also in die Texte und versuchen, die Gehlensche Auseinandersetzung mit moderner Kunst seit 1956 so zu rekonstruieren, dass die Umrisse bzw. Grundelemente einer Theorie der Avantgarde erkennbar werden. Wir verfahren dabei eher systematisch als chronologisch und konzentrieren uns auf diejenigen Schriften, in denen Gehlen seine Sicht auf die Kulturverhältnisse der fünfziger Jahre schildert und zentrale Begriffe wie kulturelle Evolution, Kristallisation, Ritualisierung und Institutionalisierung, aber auch den Begriff des Avantgardismus selbst näher erläutert. Um den Stellenwert des letzteren für die Kultursoziologie Gehlens kenntlich zu machen, empfiehlt es sich, mit dem Vortrag *Erörterung des Avantgardismus* aus dem Jahr 1966 zu beginnen. Er wird hier als explizite Eröffnung des Gegenstandbereichs für die Soziologie gelesen, da Gehlen in ihm die Versammelten, unter ihnen auch Künstler, direkt anspricht und sich zunächst genötigt sieht zu rechtfertigen, dass er sich als Soziologe zu Themen dieser Art überhaupt äußert. „Kompetent", so Gehlen, „wäre auch ein Philosoph, ein Ästhetiker, es gab einmal eine solche wissenschaftliche Kunstlehre als wesentlichen Bestandteil der Philosophie, doch wäre es heute nicht leicht, eine zu finden, die Bemühungen scheinen eingestellt zu sein".[67] Damit ist die Leerstelle markiert, welche die Vertreter des kunst- und kulturinteressierten Flügels der Soziologie in den Folgejahren auszufüllen versuchen. Da, zumindest aus Gehlens Perspektive, „die Frage der Kompetenz selbst ein Problem der Ästhetik ist, und zwar ein noch ungelöstes", kann sich die Soziologie der modernen Kunst annehmen und damit auch die Kompetenzfrage neu beantworten.[68] Indem Gehlen genau dazu ansetzt, gibt er den Auftakt für die Überführung der wissenschaftlichen Kunstlehre von der Philosophie

---

64 Joachim Fischer, Eine Reaktion zu "008 Arnold Gehlen: Zeit-Bilder". http://www.kulturwissenschaften.de/101fragen/?p=15 (Abruf: 2/14/2010), S. 1.
65 Carl Linfert, Bilder haben ihre Zeit (Kritik zu Arnold Gehlens Zur Soziologie und Ästhetik der modernen Malerei. Athenäum-Verlag, Frankfurt a.M./Bonn 1960), in: Merkur, 1961, Heft 9 (September), S. 872-882, hier S. 872.
66 Günther Ortmann, Als Ob. Fiktionen und Organisationen. Wiesbaden: VS 2004, S. 22.
67 Gehlen, Erörterung des Avantgardismus in der bildenden Kunst, in: Avantgarde. Geschichte und Krise einer Idee. 11. Folge des Jahrbuchs Gestalt und Gedanke, hrsg. v. der Bayrischen Akademie der Schönen Künste, Oldenbourg Verlag, 1966, S. 77-97, hier S. 77f.
68 Gehlen 1966, S. 78.

2. Grundbegriffe einer Theorie der Avantgarde bei Gehlen

in die Gesellschaftswissenschaften und macht die Besonderheiten einer kultursoziologischen Annäherung an die Kunst in geradezu beispielhafter Weise deutlich. Worin bestehen diese Besonderheiten und ihre Relation zum Phänomen der Avantgarde? Da ist zunächst das mit Giesecke bereits festgehaltene Interesse am Wandel der Kunst und an der Frage, wie sich dieser zum soziokulturellen Wandel insgesamt verhält. Um eine Antwort zu finden, versteht die Kultursoziologie die Kunst, wie Gehlen die Malerei, in erster Linie als ein „Kulturgebiet".[69] Damit ist gesagt, dass es sich bei der Kunst und ihrer Analyse um ein Gebiet bzw. eine Möglichkeit der Kulturanalyse neben anderen handelt. Man könnte also auch, wie etwa Georg Simmel, ein Pionier der Kultursoziologie, dies getan hat, statt oder neben der Kunst das Geld näher untersuchen. Für die Kultursoziologie ist entscheidend, dass es sich um symbolische Formen handelt, d.h. um Gebilde, die allein aufgrund anhaltender sozialer Interaktion existieren und ihren Wert verlieren, sobald nicht mindestens zwei Augenpaare ihren Blick darauf richten. Symbolische Formen muss es nicht geben; sie könnten verschwinden und sind hochgradig arbiträr. Dass es sie trotzdem gibt, macht ihre Faszination für jene Wissenschaft aus, die sich ganz auf die Wirkungsmacht des Sozialen stützt und in den symbolischen Formen die Konstituierung von Gesellschaft überhaupt und das Funktionieren ihrer Gebilde zu erkennen sucht. Dabei ist es wichtig zu betonen, dass sich erst die moderne Kunst in Gänze als symbolische Form und damit als privilegierter Untersuchungsgegenstand der Kultursoziologie anbietet.

Um zu verstehen, warum das so ist, warum also erst die Kunst der Avantgarde sich der Kultursoziologie als ein besonders aufschlussreicher Gegenstand zeigt, empfiehlt es sich, der Geschichte der Kunst mit Gehlen nachzugehen. Gehlen, der sich bei seinen Ausführungen vor allem auf die Malerei beruft, unterscheidet in *Zeit-Bilder* grundsätzlich drei Epochen der Kunst: zum ersten die ideelle, sich auf sekundäre Motive wie biblische Themen oder historische Ereignisse beziehende und durch übergeordnete Institutionen wie die Kirche vermittelte Kunst der Feudalgesellschaft, zum zweiten die realistische Kunst, welche sich das Diesseits erobert, auf moralische Konnotationen verzichtet und sich selbst als Repräsentanz der bürgerlichen Gesellschaft versteht, und schließlich, zum dritten, die für uns entscheidende Phase der abstrakten Kunst der nachbürgerlichen Industriegesellschaft.[70] Die dritte Phase präzisiert Gehlen 1967 in seinem Modell einer dreifachen Kristallisation des Gebietes der Kunst. Folgt man diesem Modell, so erreicht

---

69 Arnold Gehlen, Kritik zu Roger Caillois Die Spiele und die Menschen (Stuttgart: Schwabe 1960), in: Merkur 1961, Heft 1, S. 87-91, hier S. 90.
70 Zu den drei aufeinander folgenden Typen von Bildrationalitäten siehe das erste Kapitel in Gehlens Zeit-Bildern.

die Kunst mit den Avantgarden eine Phase der Abstraktion und der experimentellen Reflexion, die bis die späten sechziger Jahre anhält.[71]
Gehen wir also an den Beginn dieser Phase – ins Paris des späten 19. Jahrhunderts. Für die Jahre zwischen 1880 und 1910 spricht Gehlen von einer Zeit der „Neuerfindungen", in der „wirklich eine neue Kunst, eben die moderne, begründet und etabliert" wurde. Die „Kunstübung" habe sich am Anfang des Jahrhunderts völlig neu definiert. Doch erst zwischen 1905 und 1925 kam es zu den „großen Durchbrüche(n)". Erst jetzt wurde mit der alten realistischen Tradition gebrochen und bewusst und gewollt nach neuen Wegen gesucht, was zu einer Besinnung auf elementare Kunstmittel wie Farbe, Fläche, Linie führte. „Überall", so Gehlen, findet sich in dieser Zeit „ein *gewolltes* Neuansetzen auf Wegen, die das Denken, das Experimentieren, das Aufsuchen unbetretener Gebiete finden ließ".[72] Verstanden wird dieser gewollte Neuanfang von Gehlen als eine „Kunstrevolution".[73] Als solche befreit sie die Kunst von ihrer eigenen Geschichte und entlässt sie in eine offene Zukunft. Zumeist angestoßen durch einzelne Personen, vollzieht sie den Bruch mit allem Bisherigen und befreit so die Kunst einerseits von der Last des Erbes, stellt sie andererseits aber vor die Herausforderung der permanenten Neuerfindung:

> Ich nenne die führenden Männer gerne Toreöffner, Toreöffner in ein unbetretenes Gebiet, sie hatten die Überzeugung, die Kunstübung *aller* von morgen einzuleiten, gerade weil sie sich ins Vergleichslose begaben. So etwas nennt man auch Revolution, mit Recht sofern, als es sich um eine Umwälzung zu Lasten des bisher Gültigen handelt. Ist der Prozeß erfolgreich, so entsteht nach einiger Zeit die bange Frage, was aus einer Revolution wird, wenn sie gesiegt hat. [...] Der Weg nach rückwärts ist abgeschnitten, der Weg nach vorwärts verbaut, weil die Sollvorstellung sagt, das, was jetzt geschehe, sei immer noch die Revolution und daher die Zukunft – man darf folglich nicht abweichen.[74]

Bei Bourdieu wird uns der von Gehlen als problematisch wahrgenommene Zwang zur permanenten Revolution als der eigentliche Motor und das Gesetz modernen Kunst wieder begegnen. Gehlen ist in dieser Hinsicht skeptischer, ja spricht in den *Zeit-Bildern* von einer regelrechten Gefahr, die, wie in jeder Revolution, so auch in der Kunstrevolution liege, da es, weil man nicht vorhersehen könne, was dabei „über Bord geht", eben keine Kleinigkeit sei, die Tradition zu vernichten. Schließlich, so Gehlen, „kann eine Revolution sehr leicht auf das Verschwinden der Sache selbst herauskommen".[75]

---

71 Gehlen, Die gesellschaftliche Kristallisation und die Möglichkeiten des Fortschritts (1967), in: Gehlen 2004, S. 334.
72 Ebd., S. 79-82.
73 Ebd., S. 85.
74 Ebd., S. 82f.
75 Gehlen 1986, S. 126-129.

2. Grundbegriffe einer Theorie der Avantgarde bei Gehlen 31

Warum aber ist die Kunst dann nicht verschwunden? Warum war die Kunstrevolution der Avantgarde erfolglos, oder, mit Sicht auf die kommende Theorie Bürgers gefragt, warum ist der Angriff der Avantgarde auf die Institution Kunst gescheitert? Die Antwort des Kultursoziologen Gehlen lautet: Weil sich selbst die Revolution ritualisiert und institutionalisiert. Kristallisation, Ritualisierung und Institutionalisierung heißen dann auch die Schlüsselbegriffe des Gehlenschen Zugangs zur Geschichte der modernen Kunst. Um das Wirken der hinter den Begriffen stehenden Prozesse zu erfassen, muss zunächst die Kunstrevolution, wie Gehlen sie versteht, noch ein wenig genauer betrachtet werden. Nehmen wir dazu den Expressionismus in der Malerei. Verstanden wird er von Gehlen als eine „neue Generation", die sich als Jugendbewegung zugleich kollektivistisch und individualistisch ausformte und mit „Zeitschriften von zielunbestimmter Bewegtheit" wie *Der Sturm, Die Aktion* oder *Der Ruf* von sich Reden machte. Die Mitglieder dieser Bewegung teilten den Hang zur Gruppenbildung, das Sendungsbewusstsein und das Bemühen um „Sichabsetzen". Da ein Teil dieser Gruppe aus dem industriebürgerlichen Milieu stammte, fiel der Durchbruch um so lauter aus. Auch stellten sich die Erfolge recht früh ein, da man in der Zeit des Expressionismus auf „neue Formeln" geradezu gierig wartete. Dabei galten die modernen Richtungen des Expressionismus, aber auch des Kubismus bei ihrem Erscheinen nicht bloß künstlerisch, sondern auch politisch als revolutionär. Doch mit der Ächtung der abstrakten Kunst durch die Sowjets sei die moderne westliche Malerei „entpolitisiert" worden. Von nun an ließen sich die jeweils neuesten Richtungen „nach links" nicht mehr glaubhaft verbinden.[76] Die Folgen dieser gewissermaßen von der Politik vollzogenen Entpolitisierung der Kunst sind nach Gehlen gar nicht zu überschätzen:

> Damit wurde die Kunstrevolution von den politischen Nebengeräuschen befreit, d.h. in die bloße *Kunstimmanenz hineingezwungen.* Wir glauben, dass sich die Folgen dieses Ereignisses gar nicht abschätzen lassen, der Malerei wurde geradezu die L'art-pour-l'art-Rolle aufgenötigt, sie wurde in den Netzhaut-Optizismus abgedrängt. [...] Sofern also der Künstler im Sinne der industriegesellschaftlichen Mentalität Instinkte der Aggressivität und Beunruhigung ausleben will, ist diese Aggression entpolitisiert, sie kann sich nur noch gegen andere Kunst ihrer eigenen Gattung wenden, so wie die informellen Abstrakten die geometrisierende Richtung getötet haben. Die dauernde immanente Kunstrevolution hat doch wohl hier ihre wesentlichen Ursachen.[77]

Man muss dieser Version der Autonomwerdung der Kunst nicht zustimmen, doch ist sie in unserem Zusammenhang allein von daher bemerkenswert, weil in ihr eine andere Sicht auf die Genese autonomer Kunst zum Ausdruck kommt, als wir sie später bei Bourdieu vorfinden werden. Ohne zu weit vorgreifen zu wollen, sei an

---

76 Ebd., S. 133f.
77 Ebd., S. 150f.

dieser Stelle doch unterstrichen, dass es nach Gehlen eben nicht die Kunst selbst war, welche sich von allen externen Fesseln einschließlich der politischen Bindungen befreite, sondern es sich vielmehr um eine Freiheit handelt, die der Kunst durch die Politik regelrecht aufgenötigt wurde. Erst die von der Politik erzwungene Entpolitisierung lässt die Künstler nach Gehlen ihren Kampfgeist ganz auf den eigenen Wirkungskreis richten und ihn zur Stätte fortwährender Auseinandersetzungen werden. Ihren Höhepunkt erreichen diese internen Auseinandersetzungen mit dem gescheiterten Versuch der Dadaisten, die „Idee Malerei" zu vernichten.
[78] Mit dem Scheitern der Abschaffung der Kunst durch die Kunst können wir zu den drei zentralen Konzepten der Kristallisation, Ritualisierung und Institutionalisierung zurückkehren und uns vor dem Hintergrund der Kunstgeschichte ansehen, wie Gehlen mit ihrer Hilfe versucht, das Funktionieren moderner Kunst systematisch zu erklären.

Beginnen wir mit dem Begriff der kulturellen Kristallisation. Erstmals formuliert wurde er im Zeitalter der Avantgarde, im Jahr 1916, von dem italienischen Soziologen Vilfredo Pareto. Gehlen führt ihn 1961 mit seinen Ausführungen *Über kulturelle Kristallisation* ein und versteht darunter einen Zustand, der in einem kulturellen Gebiet immer dann eintritt, „wenn die darin angelegten Möglichkeiten in ihren grundsätzlichen Beständen alle entwickelt sind".[79] Für das Gebiet der Kunst trifft dies seit den Avantgarden zu. Folgt man Gehlen, so sind seit den 1920er Jahren „weitere Grundlagenveränderungen im System" sehr unwahrscheinlich. Von daher klingt der Begriff der Avantgardismus in den sechziger Jahren für Gehlen eigentlich eher komisch, zumindest aber überholt. „Die Bewegung", so Gehlen, „geht ja gar nicht nach vorwärts, sondern es handelt sich um Anreicherungen und um Ausbau auf der Stelle, wer heute von Avantgardismus spricht, der meint nur

---

[78] Dies aber ist nicht etwa so zu verstehen, dass die moderne Kunst vor dem erzwungenen Bruch nach Gehlen hochgradig politisiert gewesen sei. Im Gegenteil, Gehlen spricht streng genommen überhaupt nur dem Surrealismus einen von vornherein politischen Gehalt zu. Zwar müsse man die Herkunft dieser Richtung aus dem Dadaismus und dessen Herkunft wiederum aus dem italienischen Futurismus in Rechnung stellen, doch erst die surrealistische Technik des Einblendens von Phantasmen in Wirklichkeitsfragmente folgte einer politischen Vorgabe, nämlich der marxistischen Widerspruchslehre. Der Dadaismus stelle dagegen eine Art Grenzbereich dar: Seine Neuerungen folgten keinen künstlerischen Absichten, sondern der Absicht „hemmungsloser Provokation, die unter dem Eindruck des Krieges mit einer Mischung von Verzweiflung und Hohn betrieben wurde". Daher haben die Dadaisten dem Verhalten und den Handlungen mehr Wichtigkeit beigelegt als den Werken oder dem Stil. Mit seinem „Geist der systematischen Negation und des puren Skandals" richtete sich der Dadaismus Gehlen zufolge nicht nur gegen die neuesten Richtungen der Malerei wie den Kubismus, sondern zielte, nachgerade mit den großen öffentlichen Demonstrationen in Leipzig 1920 und 1921, auf die Vernichtung der Idee „Malerei" als solche. Gehlen 1986, S. 152f.
[79] Gehlen 2004, S. 307.

2. Grundbegriffe einer Theorie der Avantgarde bei Gehlen 33

Bewegungsfreiheit als Programm, aber die ist ja längst zugestanden".[80] Auf die in den Worten Gehlens mitschwingende Kritik an der Neoavantgarde wird am Ende der Studie genauer einzugehen sein. Hier ist entscheidend, dass für Gehlen mit der Avantgarde der Zustand der Kristallisation für das Gebiet der Kunst erreicht ist und damit, so muss über Gehlen hinaus gesagt werden, die Kunst überhaupt erst in den Gegenstandsbereich der Soziologie rückt. Das Ergebnis der Kunstrevolution ist nach Gehlen eine Freiheit, in die die Kunst regelrecht verstrickt ist, und zwar insofern, als sie eben durch diese Freiheit in neue Abhängigkeiten gerät, allen voran die Abhängigkeit von der eigenen Logik.

Wie ist das zu verstehen? Für die Kunst der dritten Phase, also die Kunst seit der Avantgarde ist bezeichnend, dass, so hatte Gehlen bereits 1956 festgehalten, auch der Kunstbetrieb „eine Eigenlogik" und „eine höhere Differenzierung" entwickelt, die in eine „Selbstbewegung" übergehen, welche wiederum die Handelnden immer schneller dazu zwingt, nach dem zu „Haschen", „was als Möglichkeit auftaucht, um es einzufangen".[81] Die so beschriebene Eigenlogik der Kunst fördert dreierlei: die Ansätze zur Betriebsförmigkeit, die „einzigartige Bewusstheit und Hellwachheit der Kultur" und die Verschiebung des Interesses von den Inhalten zur Form. Definiert wird dieses neue Interesse von Gehlen als „ein methodisches, technisches: *wie* das gemacht ist".[82] In *Zeit-Bilder* nimmt Gehlen diese Gedanken wieder auf und ergänzt sie dahingehend, dass die Kunst selbst „die innere Logik der Entwicklung von einer Epoche zur nächsten klargemacht" und sich dem historischen Bewusstsein des Menschen eingeprägt hat.[83] Erst mit dem Wissen um diese innere Entwicklungslogik der Kunst treffen die Künstler die Auswahl der Mittel und Effekte gezielt im Sinne des Gegensatzes zum Bestehenden. Gehlen skizziert in diesem Zusammenhang das Bild einer regelrechten „prozessrationalen Verlaufsneigung: Impressionismus/Expressionismus, Expressionismus/neue Sachlichkeit, gegenständlich/ungegenständlich, geometrisch abstrakt/informelle abstrakt". Immer, so Gehlen, geschehe das Wahrscheinliche, nämlich der Umschlag in eine Antithese, die Frage aber ist: wie lange?[84] Und noch einmal: Bis zur Avantgarde. Mit ihr ist „ein Maximum an Bewegungsfreiheit und Experimental-

---

80 Ebd., S. 308.
81 Gehlen, Über die gegenwärtigen Kulturverhältnisse (1956), in: Gehlen 2004, S. 290f.
82 Martin Seel zählt die Einsicht, dass Kunstwerke Zeichen sind, deren Bedeutung darin besteht, „zu zeigen, wie sie zeigen, was sie zeigen", 1991 zu den Gemeinplätzen der modernen Ästhetik. Vgl. hierzu: Martin Seel, Kunst, Wahrheit, Welterschließung, in: Franz Koppe (Hrsg.), Perspektiven der Kulturphilosophie, Frankfurt a.M.: Suhrkamp 1991, S. 36-80, hier S. 61.
83 Gehlen 1986, S. 157.
84 Ebd., S. 157.

chance" und mithin jener Punkt der Kristallisation erreicht, an dem die Geschichte der Kunst zum Stillstand kommt.[85] Jetzt musste es kippen:

> Und daraus folgt eine bedeutende Neuigkeit: Von jetzt an gibt es *keine kunstimmanente Entwicklung mehr!* Mit einer irgendwie sinnlogischen Kunstgeschichte ist es vorbei, selbst mit der Konsequenz der Absurdität vorbei, die Entwicklung ist abgewickelt, und was nun kommt, ist bereits vorhanden: Der Synkretismus des Durcheinanders aller Stile und Möglichkeiten, das Posthistoire.[86]

Anders formuliert, die dauernde kunstimmanente Revolution, die forcierte Beschleunigung der Geschichte, bewirkt letztlich das Ende der kunstimmanenten Entwicklung. Mit der Kunst nach der Abwicklung der Kunstentwicklung aber sind wir bei dem Gegenstand angelangt, für den sich Gehlen eigentlich interessiert: Die moderne Kunst als „ein Aliud", d.h. als eine Entsprechung der Kunst und doch als etwas gänzlich Anderes gegenüber jeder früheren. Erst mit ihr bekommt es die Wissenschaft mit einer besonderen Herausforderung zu tun, weil „die an der *Geschichte der Kunst* entwickelten Maßstäbe und Kategorien" hier nicht mehr sicher anwendbar sind.[87] Und genau darum können wir mit ihr, also mit der Kunst als Aliud, von der Kunstgeschichte hinüber zur Kultursoziologie wechseln und versuchen zu zeigen, inwiefern Gehlens „Diagnose der Spätkultur – Beweglichkeit auf stationärer Basis" – auch und gerade von der Beobachtung moderner Kunst, und zwar insbesondere von der Beobachtung des Phänomens des Avantgardismus abgeleitet ist.[88]

Der Wechsel zur Kultursoziologie manifestiert sich an den Begriffen der Ritualisierung und der Institutionalisierung. Ritualisierung und Institutionalisierung sind es, die Gehlen zufolge den Fortbestand der Kunst nach dem Ende der kunstimmanenten Entwicklung garantieren. Sie fangen die Kunst gewissermaßen auf, nachdem sie den Schutzraum der eigenen Geschichte verlassen und sich in eine Freiheit begeben hat, die auch ihr Ende hätte bedeuten können. In diesem Sinne spricht Gehlen 1964 unter der bezeichnenden Überschrift *Über kulturelle Evolution* hinsichtlich der modernen Kunst von einem „Zwang des Nichtaufhörendürfens und der Dauerwachheit"; ein Zwang, der die Kunst dauernd den Existenzbeweis ihrer selbst führen lässt, denn das historische Bewusstsein, so Gehlen, wisse um die Gefahr des Verstummens, ja die historischen Gesetzlichkeiten liegen schon so klar zutage, dass sie in den Bereich der Planung gerückt sind und somit auch abgewickelt werden können. „Kunst kann aufhören", so Gehlen, „aber sie soll nicht aufhören, und glauben Sie nicht, dass diese Problematik an den Haaren herbeige-

---

85 Ebd., S. 206.
86 Ebd., S. 206.
87 Gehlen 1966, S. 78.
88 Johannes Weiß, Kulturelle Kristallisation, Post-Histoire und Postmoderne, in: Zur geisteswissenschaftlichen Bedeutung Arnold Gehlens, hrsg. v. Helmut Klages u. Helmut Quaritsch, Berlin: Duncker & Humblot 1994, S. 853-864, hier S. 859.

2. Grundbegriffe einer Theorie der Avantgarde bei Gehlen 35

zogen ist".[89] Weil das so ist, weil Kunst aufhören könnte, es aber nicht soll, beginnt mit jenem Moment, in dem das Ende der Kunst in Sichtweite rückt, die Ritualisierung und Institutionalisierung der Kunst als Kunst. Mit der Kristallisation der Kunst, also dem, was Gehlen den „Ausbau auf der Stelle" nennt – „die Ausfaltung, die Besetzung des abgesteckten Terrains, das Ausspielen des nunmehr Sichtbar-zu-Machenden, das Entwickeln und Spezialisieren" – verbindet sich eine Konzentration auf das eigene Metier, die überhaupt erst die Voraussetzung stellt, um die Kunst als Kunst zu ritualisieren und zu institutionalisieren.[90]

Bei der Einführung des Begriffs der Ritualisierung beruft sich Gehlen auf den rumänischen Literaturwissenschaftler Petru Dumitriu, der den Begriff bereits „aus der Soziologie herübergeholt" und wie folgt definiert hatte:

> Die ursprünglich anarchistische Phase der Avantgarde besaß tatsächlich jenen theoretischen und praktischen Ernst, der die wütende Reaktion der Gesellschaft hervorrief. Andererseits ist es ebenso wahr, dass die zweite und dritte Generation arriviert sind und von der Gesellschaft aufgenommen und integriert wurden, indem ihre Thesen und ihre Praxis einen Ritualisierungsprozeß durchmachten.[91]

Gehlen übernimmt diese Definition und bestätigt, dass die avantgardistischen Stilrichtungen oder Bildbaupläne ihrerseits klassisch, nämlich normativ geworden sind bzw. dass auch sie „der Gefahr nicht entgangen sind, allzuselbstverständlich, allzuverbreitet und zu leicht zugänglich zu werden".[92] Die griffige Formel, auf die Gehlen die Ritualisierung des avantgardistischen Erneuerungsimpulses bringt, lautet dann auch: „Avantgardismus gleich Establishment".[93] Die Kunst, „so eingeregelt", verliert zwar ihren revolutionären Gehalt, bleibt aber auf Revolution eingestellt und unterliegt somit auch weiterhin jener Selbstverpflichtung zur weiterlaufenden Neuerung, welche die Kunst unweigerlich in Schwierigkeiten bringen muss.[94] Mit Dumitriu warnt Gehlen dann auch in diesem Zusammenhang regelrecht davor, dass sich die Kunst in der Serie der Abschaffungen unvermerkt selbst abgeschafft, oder aber ihren Begriff soweit überdehnt, dass schließlich keine Maßstäbe für Gut und Schlecht mehr übrig bleiben.[95]

Und doch geht es Gehlen bei seiner Diskussion des Begriffs der Ritualisierung weniger um Kritik als vielmehr um die begriffliche Erfassung jenes Prozesses, dem es gelingt, selbst noch die regelwidrigste Aktion einzuregeln. Über Dumitriu

---

89 Gehlen 1966, S. 83f.
90 Ebd.
91 Zitiert nach Gehlen 1966, S. 86.
92 Ebd., S. 85f.
93 Ebd., S. 86.
94 Ebd., S. 87f.
95 Ebd., S. 88.

hinausgehend präzisiert und erweitert er den Begriff der Ritualisierung, indem er die Normierung auch der normwidrigsten künstlerischen Stile ausdrücklich mit der Normierung künstlerischen Denkens und Handelns in Verbindung setzt. Ritualisierung meint bei Gehlen mehr als nur die Wiederholung einer bestimmten Praxis. Sie wird definiert als „Verhaltensweisen", die, wie „z.b. religiöse oder hier künstlerische", selbst wieder „zugleich stereotypisiert *und* selbstwertgesättigt" und somit „stabilisiert *und* einwandsimmun" werden.[96] Der Expressionismus zeige, wie Erlebnisse sich „zur Haltung verfestigen" können. In dieser Verfestigung von Erfahrungen und Erlebnissen zur Haltung sieht Gehlen „so etwas wie eine Innen-Institutionalisierung".[97] Dieses Konzept der Inneninstitutionalisierung gilt es mit Sicht auf die noch zu diskutierenden Begriffe der Disposition und des Habitus bei Bourdieu im Kopf zu behalten. Insbesondere die Selbstwertsättigung und die durch fortlaufende Praxis erreichte Einwandsimmunität werden uns bei Bourdieu als konstitutive Elemente eines Glaubensuniversums wieder begegnen, das, stabilisiert durch den kollektiven Glauben an den Wert der Kunst, seine Rituale durch den Aufbau einer regelrechten Infrastruktur befestigt und nach Außen trägt.

Gehlen bezeichnet den Aufbau dieser Infrastruktur in den *Zeit-Bildern* als eine „*sekundäre Institutionalisierung*".[98] Darunter ist eine Institutionalisierung zu verstehen, die mit der Innen-Institutionalisierung korrespondiert, jedoch über die einzelnen Köpfe hinaus geht und ein sichtbares Netzwerk der Kunst hinterlässt. Erst die sekundäre Institutionalisierung gibt der Kunst den nötigen Halt, da die einzelnen Künstler, insbesondere die Avantgardisten, die prekäre Lage, in die sie durch ihre Isolierung gerieten, auf Dauer nicht hätten durchhalten können, ohne dass die Institutionalisierung „den ganzen luftigen, gefährdeten Kunstorganismus durch ein stabiles Gerüst von internationalen Dimensionen versteifte".[99] Den Kern dieses Gerüsts bildet bei Gehlen der Kunsthandel einschließlich der Museumsdirektoren und des gesamten Kunst-Publikationswesens. Diese „marktbezogene Großorganisation" sei an die Stelle des gesellschaftlichen Auftrags getreten und habe die Künstler und die Kunst am Leben erhalten. Dabei betont Gehlen, dass nicht alle Elemente dieser Institution „direkt marktinteressiert" seien, doch sprächen alle dasselbe, an Kunst interessierte Publikum an. Auch wird unterstrichen, dass niemand, der die Existenzbedingungen in der modernen Gesellschaft kenne, diese „großartige Institutionalisierung" grundsätzlich verwerfen könne, denn zu den Merkmalen der modernen Kunst gehöre nun einmal die Paradoxie, dass sie als Neuigkeit nur ge-

---

96 Ebd., S. 86. Zur Transformation der performativ intendierten Aktionen der Avantgarde in Rituale siehe in jüngerer Zeit auch: Asholt 2000, S. 103.
97 Gehlen 1986, S. 134.
98 Ebd., S. 207.
99 Ebd., S. 207f.

2. Grundbegriffe einer Theorie der Avantgarde bei Gehlen 37

kauft werde, wenn diese Neuigkeit bereit anerkannt ist. In diesem Sinne vermitteln, steuern und inspirieren die „Kunsthändler hohen Ranges". Ihnen, insbesondere ihrer Presse, ist es zu verdanken, dass das Publikum nun „auf Unerhörtes und noch nicht Dagewesenes geradezu wartet", während der Künstler „innerhalb der festgelegten Richtungen seine Sonderformel" finden muss.[100] Das Funktionieren dieser sekundären Institution beschreibt Gehlen wie folgt:

> Kunst ist demnach das, was die Interessenten als solche erklären, der Künstler hat sich innerlich längst von der Gesellschaft entfernt und sucht nur noch die Anerkennung der Kunsthändler, der Kritiker, der Museumsdirektoren, Aussteller und Sammler. Diese, man könnte sagen, Loge bildet ein ‚augenzwinkerndes Meinungskartell', und ohne Zweifel ist insbesondere der Kunsthandel an der Auswahl dessen, was gelten und kursieren soll, maßgeblich beteiligt.[101]

Als Markt der symbolischen Güter taucht diese Charakteristik der Kunst als Geheimloge beinahe im Wortlaut bei Bourdieu wieder auf. Trotzdem aber handelt es sich um zwei unterschiedliche Perspektiven auf dasselbe Phänomen. Greifen wir kurz vor: Auch Gehlen betont, dass die Institution Kunst den „Kunstglauben" unterstützt, doch wird die „Selbsterhaltung des institutionellen Gefüges" hier zum Selbstzweck und zwar insofern, als schließlich der Sinn der Produktion darin liegt, den Kunstapparat zu erhalten.[102] Der Behandlung der symbolischen Formen etwa bei Simmel vergleichbar, stellt Gehlen der „Kunstillusion" die „Geldillusion" zur Seite und fragt, was mit dieser passiert, wenn sich, wie im Falle des Geldes, eine Zersetzung der Illusion vollzieht. Da der Kunstapparat in einer „sonst nicht mehr offenliegenden, nackt spekulativ-kapitalistischen Weise" arbeitet, braucht er laufend Innovationen und muss, „wie bei der Damenmode", ständig ausprobieren, an welcher Grenze man den Käufer noch erreichen kann.[103] Das klingt kritisch, bleibt aber weit hinter dem zurück, was Bourdieu gegen die Kunst als Institution vorbringen wird. Tatsächlich handelt es sich nach Gehlen weder beim Kunstglauben noch bei der ohnehin offen marktwirtschaftlich operierenden Institution Kunst um aufklärungsbedürftige Phänomene. Wie Günther Ortmann überzeugend dargelegt hat, bedarf die Gesellschaft Gehlen zufolge geradezu der institutionellen Fiktionen, weil erst die Institutionen für jene „Kontinuität, Erwartbarkeit, Wiederholbarkeit, Verlässlichkeit" sorgen, ohne die das nicht festgestellte „Mängelwesen Mensch" in und mit der Welt nicht zurechtkommen könnte. Von daher fokussieren Gehlen und Bourdieu zwar das gleiche Phänomen, nämlich die institutionelle Verfestigung bis ins Innere der Person, doch zählt Gehlen den Glauben,

---
100 Ebd., S. 208.
101 Ebd., S. 230.
102 Ebd., S. 230.
103 Ebd., S. 231.

das Künstliche und das Fiktionale eben nicht zu den Täuschungen oder Selbsttäuschungen, sondern zur Natur des Menschen. Wie Ortmann es so schön formulierte, handelt es sich um „ein Fingieren im Sinne der Etablierung einer Sollgeltung, im Sinne eines Enactment und nicht im Sinne eines Betrugs", der, wie Bourdieu annimmt, der Aufklärung bedarf.[104]

Dieser gewichtige Unterschied aber ändert nichts daran, dass Gehlen mit den Konzepten der fortlaufenden immanenten Kunstrevolution, der Kristallisation, der Ritualisierung und der Institutionalisierung wesentliche Bausteine der Bourdieuschen Kunsttheorie vorwegnimmt. Zwar bietet Bourdieu statt einer Reihe locker verknüpfter Konzepte ein engmaschiges, komplexes Modell ineinander verschränkter Räume, doch sind beide Theoretiker von ein und derselben Problemstellung geleitet: Wie konstituiert und erhält sich ein arbiträres Gebilde wie die moderne Kunst? Um eine Antwort zu finden, fokussiert Gehlen die Kunstrevolution der Avantgarde und die Kräfte, die sie „in die Kolonne" zurücktauchen lassen.[105] Der scheinbar grenzen- und regellose Raum der Kunst, so die Antwort der Kultursoziologen, erweist sich bei näherer Betrachtung als durchaus geregelt und somit anderen sozialen Institutionen bzw. Feldern vergleichbar. Von daher antwortet Gehlen, den von Bourdieu als Quelle von Innovationen definierten Raum des Möglichen vorzeichnend:

> Es sind gesellschaftliche Bedürfnisse außerkünstlerischer Art, die hier eingreifen, die Kunst aber mittragen, auch die neueste ist institutionalisiert […], so dass der unkonventionelle Neuerer sich innerhalb eines Erwartungsspielraumes bewegen muss, der weit ist, aber nicht unbegrenzt. Sehr viele innere Möglichkeiten der abstrakten Malerei würden sich in anderen Formen als in dem rechteckigen Bild, das aufgehängt wird, zutreffender ausdrücken können, nur die außerordentliche Schubkraft der Konvention drückt sie an die Wand.[106]

Mit dem begrenzten, wenngleich weiten Erwartungsspielraum kommen wir zum letzten für die nachfolgende Theorieentwicklung gewichtigen Bestandteil der Gehlenschen Konzeption moderner Kunst: der Kommentarbedürftigkeit. Verstehen lässt sie sich als ein konstitutives Moment der Ritualisierung und Institutionalisierung, d.h. der allmählichen Sinn- und Bedeutungsstiftung einer seit der Kunstrevolution autonomen, in die eigene Freiheit verstrickten Kunst. Ebenso wie die Revolution und ihre Institutionalisierung, verweist die Kommentarbedürftigkeit bei Gehlen unmittelbar zurück auf die Avantgarde. Inwiefern? Moderne, insbesondere avant-

---

104 Günther Ortmann, Als Ob. Fiktionen und Organisationen. Wiesbaden: VS 2004, S. 23-25. Zur Anthropologie Gehlens und ihres Kerngedankens, dass die Institutionen das Mangelwesen Mensch entlasten, siehe auch Karl-Siegbert Rehberg, Arnold Gehlens Beitrag zur „Philosophischen Anthropologie". Einleitung zur Studienausgabe seiner Hauptwerke, Wiesbaden 1986.
105 Gehlen 1986, S. 11.
106 Ebd., S. 11.

2. Grundbegriffe einer Theorie der Avantgarde bei Gehlen 39

gardistische Kunst, ist, wir erinnern uns, Gehlen zufolge „Reflexionskunst". Ihre Bilder sind „Rätselbilder", und so bedarf es des Kommentars bzw. der Kommunikation, um das jeweilige Rätsel zu lösen. Wie Joachim Fischer festgehalten hat, verdichten sich diese Kommentare bei Gehlen durch die Kunstkritik, aber auch durch das Publikum, zu einem endlosen geselligen Gespräch über Bildbedeutungen, das von der Kunst selbst nicht mehr zu trennen ist. Fischer sieht diesen Gedanken bei Luhmann, dem Gehlen- und Schelsky-Schüler, wiederkehren, und zwar im Konzept einer Gesellschaft, die verbindlicher Bedeutungsvorgaben ermangelt und daher auf „Legitimation durch Verfahren" angewiesen ist.[107] Und in der Tat lässt sich das „Kommentarproblem" mit Gehlen als Antwort auf „eine strukturelle Krise" der modernen Malerei lesen, die wiederum ins Innere der modernen Kunst und ihrer Gesellschaft führt.[108]

Sehen wir uns das genauer an: Folgt man Gehlen, so handelt es sich bei der Kommentarbedürftigkeit der modernen Kunst um „eine höchst merkwürdige Erscheinung". Dass die dem Bild nicht mehr eindeutig ablesbare Bedeutung sich „*neben dem Bild als Kommentar,* als Kunstliteratur und, wie jedermann weiß, auch als Kunstgerede" etablierte, muss als Besonderheit einer Kunst verstanden werden, die überhaupt erst mit der Avantgarde zu beobachten ist.[109] Nicht zufällig ist es Kandinsky, an dem Gehlen seine Überlegungen illustriert. Die Kommentarbedürftigkeit ergibt sich dabei aus dem Rückzug Kandinskys in die Subjektivität und dem gewissermaßen doch notwendig verbleibenden kommunikativen Moment einer Malerei, die qua Bild in die Öffentlichkeit tritt und so die Sinn- und Bedeutungssuche generiert:

> Jemand erfindet eine Sprache, allein für sich, die ihm so logisch und klar vorkommt, dass er anfängt, in ihr Mitteilungen zu machen: Die anderen verstehen kein Wort, aber manche fühlen sich aufs tiefste ergriffen, weil sie hoffen, das Mysterium möge endlich sinnlich wahrnehmbar werden; profan, und doch in der Aura; privat, und doch von öffentlicher Geltung. Sie verstehen jene Sprache auf ihre Weise. Die zwei Reihen von Monologen, die alle Beteiligten für einen Dialog halten, laufen über Jahrzehnte.[110]

Luhmann wird diese besondere Form der Kunstkommunikation mithilfe des Formbegriffs zu einer die moderne Kunst regelrecht konstituierenden Paradoxie ausbauen. Das institutionelle Moment des Kunstkommentators, also des selbsternannten Vermittlers zwischen den Monologen, tritt dann, wie im vierten Kapitel der Studie noch ausführlicher zu zeigen ist, zugunsten einer Stabilität zurück, die allein

---
107 Joachim Fischer, Eine Reaktion zu "008 Arnold Gehlen: Zeit-Bilder". http://www.kulturwissenschaften.de/101fragen/?p=15 (Abruf: 2/14/2010), S. 2.
108 Gehlen 1986, S. 169.
109 Ebd., S. 54.
110 Ebd., S. 121.

dadurch erreicht wird, dass sich die Monologe, obgleich durch den Wunsch nach Verstehen überhaupt erst in Gange gebracht, eben nicht begegnen können – eine Art ewiger Aufschub, der die spezifische Attraktivität des Kunstwerks ausmacht. In Gehlens Konzept der Kommentarbedürftigkeit ist dieser Gedanke eines unerreichbaren, und gerade darum die Kunst mittels Kommunikation am Laufen haltenden Verstehens bereits angelegt. Das Bild des Rahmens, von Georg Simmel in seiner Bedeutung für die moderne Kunst nahezu zeitgleich zu den frühen Avantgarden herausgehoben, wird von Gehlen aufgenommen und dahingehend erweitert, dass es nun nicht mehr nur der Bilderrahmen ist, welcher das Bild als solches markiert. Vielmehr tritt mit dem Kommentar eine neue, zweite und ebenfalls unerlässliche Form der Rahmung hinzu. Kommentare, so Gehlen, „legen sich wie ein zweiter Rahmen um die Bilder herum".[111] Mehr noch, sie werden selbst „wortreich und dichterisch, weil sie versuchen müssen, die Unmittelbarkeit des Bildes in der Unmittelbarkeit der Sprache zu erreichen, sie konkurrieren lyrisch mit dem Bild, eine eindeutige Identifizierbarkeit wird niemals erreicht".[112] Die Stichhaltigkeit der Kommentare ist dabei nicht mehr zu überprüfen.

Das war nicht immer so. Folgt man Gehlen, so lassen sich die Kommentare zur peinture conceptuelle, weil diese ihre eigene Theorie mitliefert, noch als wahr oder falsch bewerten. In ihr sieht Gehlen dann auch die „eigentlichen Höhe- und Wendepunkte der modernen Malerei". Der Kubismus, Klee, Kandinsky, Mondrian und der Surrealismus – sie alle hatten ein explizites Konzept von Kunst, an dem sich dann wiederum ihre Werke messen ließen. Für die nachfolgende Entwicklung trifft dies nach Gehlen nicht mehr zu, weshalb die Kommentare nun „ins Schwimmen" gerieten und anfingen, „nach allen Seiten um sich" zu greifen.[113] Denken wir zurück an die eingangs zitierten Vorwürfe, Gehlen habe gegen die künstlerische Moderne die schlimmsten Vorwürfe erhoben, so scheint mir dies doch gerade angesichts der Gehlenschen Diskussion der konzeptionellen Malerei mehr als fragwürdig. Vielmehr fließen Gehlens eigene künstlerische Vorlieben hier in einer Weise in die theoretischen Überlegungen ein, die diese als Versuch erscheinen lassen, die Entwicklung der Kunst mittels der Theorie an dem Punkt zum Halten zu bringen und mit normativer Wirkung einzufrieren, an dem die moderne Kunst mit den Avantgarde ihren Höhepunkt erreicht. Und auch wenn Gehlen die nachfolgende, sich scheinbar ganz im Willkürlichen verlierende Kunst kritisch betrachtet, so geht es ihm primär doch nicht um eine Bewertung, sondern um die Markierung des Problems, oder vielmehr des Risikos, dem sich eine seit den Avantgarden mit

---

111 Ebd., S. 163.
112 Ebd., S. 9.
113 Ebd., S. 169.

2. Grundbegriffe einer Theorie der Avantgarde bei Gehlen 41

der eigenen Begründbarkeit spielende Kunst aussetzt. Gehlen spricht in diesem Zusammenhang von einer „sehr sublime(n) Problemstellung", weil man nun sehr leicht „plötzlich bei der Farce, der Spielerei oder einfach beim Plunder" anlange. Die Wege jedenfalls sind „breit ausgetreten", und was anfangs noch „erheblichen Scharfsinns" bedurfte, um Lösungen zu finden, schleift sich ab. Waren die Kryptogramme Klees noch darauf angelegt, den Lesesinn anzuregen, um ihn dann „in Leerlauf" zu stellen und so die „Spur" der Grenzlinie zwischen Bild und Nichtbild an unerwarteter Stelle zu legen, so gibt die nachfolgende Kunst keinerlei Spuren mehr vor. Das mag man bedauern, und Gehlen tut dies wohl auch, im Grunde aber, so sei nochmals unterstrichen, geht es ihm darum zu zeigen, dass moderne, von vornherein „auf Sonderbarkeit" angelegte Kunst – eine Reflexionskunst, die im „Medium der Zweideutigkeit" lebt – diese Entwicklung selbst provoziert. Keineswegs naiv, sondern bewusst, d.h. im Wissen um den Charakter der eigenen Kunst als Reflexionskunst, haben die Vertreter der Avantgarde wie etwa Klee mit der Zweideutigkeit spekuliert, wohl wissend, dass die radikalste Form der Zweideutigkeit darin besteht, dass Kunstwerk selbst den Zweifel erwecken zu lassen, ob es überhaupt eines ist.[114]

Genau an dieser Stelle nun wird nach Gehlen der Kommentar unerlässlich und – eben aufgrund dieser „chronischen Reflexion" – die moderne Kunst „auch auf der Affektseite autonom".[115] In *Zeit-Bilder* führt Gehlen unter der Überschrift „Das Rätsel des Kubismus" näher aus, dass bei allen großen Ereignissen der modernen Malerei wie dem Kubismus, der Bilder Klees oder Kandinskys „die systematische theoretische Reflexion unmittelbar in den Prozeß der Bildentstehung" hineingehört und keine nachträgliche Zutat ist.[116] Gleiches gilt für die Literatur. In seinen Ausführungen *Über kulturelle Evolution* illustriert Gehlen anhand der Stücke Becketts, dass es sich bei modernster Literatur um „Aussagen nicht über die Welt, sondern über die Literatur" handelt. In den Stücken Becketts sieht Gehlen „Selbstkommentare zu der von dieser Literatur gefundenen Form, in der sie endlos wird".[117] Luhmann wird dies später als Aufbau von Komplexität im System beschreiben und mit dem Begriff der Beobachtung zweiter Ordnung fassen. Gehlen nimmt diesen Gedanken, wenn auch unschärfer, bereits 1956 vorweg, wenn er die modernste Kultur als eine „zweiten Grades" beschreibt, weil sie „immer zugleich eine Auseinandersetzung mit aufgedröselten, rein dargestellten Seiten der Wirklichkeit und mit ihrer eigenen Geschichte" sei. Genau darum aber, weil es sich um eine Kultur zweiten Grades und damit um einen komplexen Gegenstand handelt,

---
114 Ebd., S. 217.
115 Ebd., S. 224.
116 Ebd., S. 74.
117 Gehlen 1964, S. 322.

ist die moderne Kunst für Gehlen, und später für Luhmann, so attraktiv. Die sich für Kunst und Wissenschaft in einer Kultur zweiten Grades stellenden Probleme sind Gehlen zufolge „von ungeheurem Anspruch".[118] Von daher richtet er seinen Blick konsequent auf die Kommentare der Kunst als einer Ebene, in der die eigentliche Auseinandersetzung mit diesen Problemen, und das wiederum heißt die eigentliche Legitimation der modernen Kunst als Kunst stattfindet:

> Die Kommentare, die sich in unübersehbar gewordenen Manifesten, Kritiken, Büchern, Broschüren, Ausstellungstexten, Vorträgen usw. darstellen, sind als wesentlicher *Bestandteil der modernen Kunst selbst* aufzufassen, die sich sozusagen in zwei Strömen weiterbewegt: einem optischen und einem rhetorischen, ein einzigartiges Phänomen. Natürlich gab es immer Kunstliteratur, als Philosophie über Kunst, als Ästhetik, Didaktik oder Kanon, als Kunstgeschichte usw., aber noch nie im heutigen Sinne, als verbale Erläuterung des Sinnes von Malerei überhaupt, als Legitimation des Daseins und Soseins des Bildes, das darüber von sich nichts aussagt.[119]

Bleibt die Frage, wie es zu einem derart einzigartigen Phänomen kommen konnte und wie es sich aufrechterhält. Nach Gehlen wirken hier zwei Momente zusammen: Zum einen das der Kunstrevolution folgende Moment der Kristallisation auf Seiten der Produktion, d.h. die Ausfaltung aller formalen Möglichkeiten bis hin zu eben jenen „Rätselbildern", denen sich der Kommentar zur Seite stellt, und zum anderen das auf der Rezeptionsseite zu verortende Moment eines Publikums, welches an der Lösung der Rätsel und damit letztlich auch an den Kommentaren überhaupt interessiert ist. Ein solches Interesse ist keineswegs selbstverständlich und lässt sich nur verstehen, wenn man die Kunst als eine Art Rückzugsgebiet innerhalb einer durchrationalisierten Welt begreift. Gehlen spricht von einem „Heimweh nach dem Mysterium aus der reichlich durchsichtig gewordenen Realität". Dieses Heimweh zu stillen übernimmt die Kunst, indem sie Rätsel aufgibt, die letztlich nicht zu lösen sind. Die Idee einer sich seit der Romantik mit der Kunst verbindenden Sehnsucht aufnehmend, welche geradezu notwendig ins Unendliche zielen muss, sieht Gehlen die Funktion der Kommentare darin, wahrscheinlich zu machen, dass es in den Künsten noch „ums Ganze" geht. Und nur weil dies so ist, weil das Publikum und die Kommentatoren an der Überzeugung festhalten, die Bilder – auch die gegenstandslosen – hätten eine „Aussage" bzw. eine „Bot-

---

118 Gehlen 1966, S. 83 u. Gehlen 2004, S. 296f. u. 321f. 1967 wurde übrigens ein ganz ähnlicher Gedanke von Leonard Meyer mit folgenden Worten formuliert: „a period of stylistic stasis, a period characterized not by the linear, cumulative development of a single fundamental style, but the coexistence of a multiplicity of quite different styles in a fluctuating and dynamic steady-state". Vgl. Meyer 1967, S. 98. Zu modernen Kunstwerken mit Inhalten „erster und zweiter Ordnung" siehe auch Arthur C. Danto, Die Verklärung des Gewöhnlichen. Eine Philosophie der Kunst, Frankfurt a.M.: Suhrkamp 1984, S. 227.
119 Gehlen 1986, S. 54.

2. Grundbegriffe einer Theorie der Avantgarde bei Gehlen

schaft", kann moderne Kunst funktionieren.[120] Von daher spricht Gehlen in *Zeit-Bilder* von der Kunst auch als „Faszination und Sehnsuchtstraum, Freizügigkeit und Atemholen", ja als ein „Halt für Bewusstseinsexkursionen, denen der Platz sonst überall zugestellt ist".[121]

Auch dieser Entlastungsgedanke, verbunden mit der Vorstellung einer Art produktiven Missverständnisses zwischen Produzenten und Rezipienten, wird uns später wieder begegnen, allerdings kommunikationstheoretisch erweitert und ungleich spielerischer. Auch sei hinsichtlich der vortheoretischen Arbeiten aus den sechziger Jahren abschließend zumindest erwähnt, dass man Kunst in jener Zeit auch anders sehen konnte und, wie beispielsweise mit der Funktionsbestimmung über das Moment der Transgression, regelrechte Gegenentwürfe zu einem Modell vorlegte, wie Gehlen es in Umrissen entwarf.[122] Auch darauf, wie Gehlen selbst wiederum auf die postmodernen Theorien der Kunst reagierte, werden wir später zu sprechen kommen. An dieser Stelle aber gilt es festzuhalten, dass Gehlen mit den Begriffen der Kunstrevolution, der Kristallisation, der Ritualisierung, der Institutionalisierung und der Kommentarbedürftigkeit wesentliche Elemente der nachfolgenden Konzeptionen moderner Kunst und ihrer Gesellschaft benannt hat. Sie alle kreisen um das Phänomen des Avantgardismus; ein Phänomen, in dem Gehlen mehr sah als eine rein künstlerische Angelegenheit. Avantgardismus, dies sollte deutlich geworden sein, ist für Gehlen der symptomatische Untersuchungsgegenstand für Fragen des soziokulturellen Wandels insgesamt. Es ist dann auch kein Zufall, dass die Beschäftigung mit diesem Phänomen in der Phase des kulturellen Konflikts anhob, in der die Grenzen von Kunst und Gesellschaft abermals erprobt wurden.[123] Wie die nun folgende Auseinandersetzung mit Bürgers *Theorie der Avantgarde* noch deutlicher zeigen wird, avancierte die künstlerische Avantgarde inmitten der Protest- und Reformbewegung an die Spitze eines Theoriediskurses, dessen Anspruch darin bestand, eben solche Institutionalisierungsprozesse zu erhellen. David Roberts spricht in diesem Zusammenhang von einer „Institutionalisierung des Geistes der kritischen Auseinandersetzung und des

---

120 Ebd., S. 164f. u. 218.
121 Ebd., S. 222.
122 So hat Andreas Hetzel zufolge George Bataille 1961 mit *Die Tränen des Eros* eine „Art feindliche(n) Bruder der Zeit-Bilder" vorgelegt. Siehe hierzu Hetzel, 2006, S. 17. Aufgenommen wurde die von Gehlen erarbeitete Charakteristik der Avantgarde vor allem von Georg Bollenbeck. Siehe zu den jüngeren Arbeiten Bollenbecks insbesondere: Der negative Resonanzboden. Avantgardismus und Antiavantgardismus in Deutschland, in: Ashott/Fähnders 2000, S. 467-504.
123 Zur Phase des kulturellen Konflikts vgl. Gerhard Schulze, Die Erlebnisgesellschaft. Kultursoziologie der Gegenwart, Frankfurt a.M.: Suhrkamp 1992. Schulze unterscheidet hier drei Phasen: 1945-1955: Restauration der Industriegesellschaft; 1965-1975: Kultureller Konflikt; ab 1980: Die Erlebnisgesellschaft.

Konflikts". Die Idee der Kulturrevolution verkörperte danach „als radikalster Ausdruck der Avantgarde das letzte häretische Manifest des bürgerlich/antibürgerlichen Traums einer ästhetischen Utopie".[124] Mit dem Ende des Traums mutiert die Kulturrevolution gleichsam zur Kulturwissenschaft. Genau zu diesem Punkt bewegen wir uns nun mit Bürger.

---

124 Vgl. hier David Roberts, Erzählungen der Modernisierung. Die Studentenbewegung und der gesellschaftliche Wandel in Deutschland, in: Rainer Rosenberg, Inge Münz-Koenen, Petra Boden (Hrsg.), Der Geist der Unruhe. 1968 im Vergleich. Wissenschaft – Literatur – Medien. Berlin: Akademie Verlag 2000, S. 61-82, hier S. 75 u. 77f.

II. Kunst als Institution ohne Regeln – Bürger

1. Theorie der Avantgarde – Traditionsbruch in bewegten Zeiten

> „Das Problem wird klar, wenn man die Institution Kunst der Institution Recht gegenüberstellt; letztere ist uns gegeben als geschriebenes Recht, d.h. als Corpus von Texten, die unmittelbar das Funktionieren der Institution regeln. Für die Institution Kunst gibt es nichts Vergleichbares [...]."
>
> Bürger[125]

In einem fingierten Gespräch zwischen drei Studenten legt Peter Bürger im Jahr 2000 dem eher konservativen Georg die Worte in den Mund, dass bereits die *Theorie der Avantgarde* ein „melancholisches Buch" sei, in dem der Autor einer Hoffnung nachtrauert, die er nur als verlorene kennt. „Aber er trauert", lässt Bürger den linken Fritz antworten, „und indem er das tut, setzt er seine Zeit mit den historischen Avantgardebewegungen in Beziehung; die *Theorie der Avantgarde* lebt von der Korrespondenz zwischen dem Surrealismus und Mai 68".[126] Tatsächlich war es eine surreale Zeit, in der Bürger seine Beschäftigung mit den historischen Avantgarden begann und aus der diese ihre Legitimation bezog. Zur Aktualität seines Forschungsgegenstandes äußerte sich Bürger 1971 wie folgt:

Spätestens seit den Maiereignissen 1968 liegt die Aktualität des Surrealismus offen zutage. Nicht weil Aussprüche von Surrealisten während dieser Zeit an den Mauern öffentlicher Gebäude standen, sondern weil hier Aspirationen, die der Surrealismus seit den 20er Jahren verkündet, massenhaft Ausdruck gefunden haben: Revolte gegen eine als Zwang empfundene Gesellschaftsordnung, Wille zur totalen Umgestaltung der zwischenmenschlichen Beziehungen und Streben nach einer Vereinigung von Kunst und Leben. Ohne in den Fehler zu verfallen, ein kausales Abhängigkeitsverhältnis zwischen Maibewegung und Surrealismus anzunehmen, wird man doch sagen können, dass beide Ereignisse sich gegenseitig erhellen. Einmal werfen die Maiereignisse ein neues Licht auf den Surrealismus, dessen politische Implikationen erst jetzt ganz sichtbar geworden sind, zum anderen dürfte das Studium des Surrealismus dazu beitragen, die Aspirationen und Aporien der Maibewegung als eines Stücks unbewältigter Gegenwart besser zu erfassen.[127]

---

125 Peter Bürger, Theorie der Avantgarde, Frankfurt a.M.: Suhrkamp 1974, S. 15.
126 Peter Bürger, Das Denken der Unmittelbarkeit und die Krise der Moderne. Zum Verhältnis von Avantgarde und Postmoderne, in: Asholt 2000, S. 31-50, hier S. 34f.
127 Peter Bürger, Der französische Surrealismus. Studien zum Problem der avantgardistischen Literatur. Frankfurt a. M.: Suhrkamp 1971, S. 7f. Zur kritischen Energie der *Theorie der Avantgarde* aus

Auch fanden die Aspirationen der Surrealisten, wie auch anderer Avantgardebewegungen, in dieser Zeit nicht nur auf der Straße ihren Ausdruck, sondern ebenfalls auf dem Papier. In Deutschland kam es in den sechziger Jahren zu einer regelrechten Flut von avantgardistischen Druckerzeugnissen: Selbstdarstellungen und Erinnerungen, Neuauflagen von Manifesten und Dokumenten mit Werkreproduktionen, aber auch erste systematische und historische Darstellungen trugen zur Aktualisierung der avantgardistischen Programmatik bei und dürften eine weiterführende wissenschaftliche Auseinandersetzung mit dem Problem der avantgardistischen Literatur beflügelt haben. Hatte der in Zürich ansässige Arche-Verlag bereits seit den fünfziger Jahren die Erinnerungen und Zeugnisse von Dadaisten wie Hans Arp, Walter Mehring oder Hans Richter herausgegeben, so öffnete sich in Deutschland der Kölner DuMont Verlag seit den sechziger Jahren der Avantgarde-Thematik. In kurzer Folge erschienen Bände wie *Dada – Kunst und Antikunst* (1964), *Der Surrealismus* (1965), *Piet Mondrian und De Stijl* (1967), *Der Merzkünstler Kurt Schwitters* (1971) oder *Der Futurismus. Manifeste und Dokumente einer künstlerischen Revolution 1909-1918* (1972).[128] Der erstgenannte, von Hans Richter nicht zufällig im zeitlichen Umkreis des so genannten Neodadaismus herausgegebene Band erfuhr allein zwischen 1964 und 1978 vier Auflagen. Auch wurde die Verbindung der heute als historische Avantgarde gefassten Kunst durch die Neoavantgarde im Feuilleton der siebziger Jahre zunehmend thematisiert, so wenn die Schwitters gewidmete Monographie kurz nach ihrem Erscheinen in der Süddeutschen Zeitung als „wichtiges und umfangreiches Buch über den großen Lautdichter und Dadaisten, den Ahnvater von Collage, Pop-Art und deutscher Nonsense-Poesie" beworben wurde.[129] Das Interesse einer breiten Öffentlichkeit an der Avantgarde konnte Bürger also voraussetzen.

Und im Wissenschaftsbereich? Hier waren die siebziger Jahre zunächst eine Zeit voller neuer Möglichkeiten. Folgt man Oliver Sill, so handelt es sich bei dem Zeitraum zwischen 1965 und 1975 um eine Phase institutioneller, methodischer

---

dem Scheitern der 68er Revolte in Paris und dem Zusammenbruch der Studentenbewegung in der Bundesrepublik zu Beginn der siebziger Jahre siehe auch: David Roberts, Marat/Sade oder die Geburt der Postmoderne aus dem Geist der Avantgarde, in: Christa u. Peter Bürger (Hrsg.), Alltag, Allegorie und Avantgarde, Frankfurt a. M.: Suhrkamp 1987, S. 170-195, hier S. 170.

128 Vgl. Hans Richter, Dada – Kunst und Antikunst (1964), Patrick Waldberg, Der Surrealismus (1965), Hans L.C. Jaffé, Mondrian und De Stijl (1967), Friedhelm Lach, Der Merzkünstler Kurt Schwitters (1971) und Umbro Appollonio (Hrsg.), Der Futurismus. Manifeste und Dokumente einer künstlerischen Revolution 1909-1918 (1972).

129 Hier zitiert nach den Werbeseiten des DuMont-Verlags im Anhang von: Hans Richter, Begegnungen von Dada bis heute. Briefe, Dokumente, Erinnerungen, Köln: DuMont 1973, S. 222. Siehe hierzu auch die Ausführungen zu Enzensbergers „Die Aporien der Avantgarde" im ersten Teil der vorliegenden Arbeit.

1. Theorie der Avantgarde – Traditionsbruch in bewegten Zeiten

und gegenstandsbezogener Reformen.[130] Für diese Reformära unterscheidet Sill noch einmal zwischen drei Ebenen: einer bildungspolitisch institutionellen, auf der es zu einem erfolgreichen Ausbau kam, einer theoriegeschichtlichen, die eher als Abschluss eines Vergangenen und nicht als Beginn eines Zukünftigen erscheint, und einer sozialgeschichtlichen, auf der sich der bis in die achtziger Jahre reichende Abstieg und Niedergang des deutschen Bildungsbürgertums beobachten lässt.[131] Auf der theoriegeschichtlichen Ebene stieg in jenen Jahren die Soziologie zur „primäre(n) Bezugsdisziplin" auf.[132] Dies gilt auch und gerade für die Literaturwissenschaft und hier wiederum insbesondere für die jüngeren Vertreter des Fachs. Unter ihnen kommt Bürger ein besonderer Stellenwert zu, beginnt mit ihm doch eine „allmähliche Abkehr von den starren Vorgaben normativer Ästhetik".[133] Wenn die Reformierung der Inhalte und Methoden trotzdem im Rückblick eher als ein Abschied denn als ein Aufbruch bewertet werden muss, so ist dies nach Sill auf das „eigentümliche Phänomen" zurückzuführen, „dass die Modernisierung der schicht- oder klassenförmig strukturierten Industriegesellschaft gerade in jenen Jahren konkrete Züge gewann, in denen marxistische Varianten der Gesellschaftsanalyse die inneruniversitären Diskussionsprozesse beherrschten".[134] Darauf wird zurückzukommen sein. Doch schauen wir uns Bürgers Abkehr von der normativen Ästhetik zunächst genauer an.

Der Autor der *Theorie der Avantgarde* (1974) ist zum Zeitpunkt ihrer Veröffentlichung im renommierten Suhrkamp Verlag 38 Jahre alt – ein junger Romanist, der sich 34-jährig an der Universität Erlangen-Nürnberg habilitiert hatte und ein Jahr darauf eine Professur für Literaturwissenschaft an der gerade erst gegründeten Reformuniversität Bremen antrat. Einschlägige Arbeiten zu den historischen Avantgardebewegungen und zur Literaturtheorie hatte Bürger da bereits vorgelegt. Insbesondere die 1971 erschienene Studie *Der französische Surrealismus* befasste sich explizit mit dem Problem avantgardistischer Literatur. Ihm widmete sich auch das von 1973 bis 1974 an der auf Interdisziplinarität setzenden Bremer Universität unter der Leitung Bürgers durchgeführte Projekt „Avantgarde und bürgerliche Gesellschaft", aus dem die *Theorie der Avantgarde* hervorging. Verstanden wird diese von Bürger ausdrücklich als Beitrag zu einer kritischen Wissenschaft, d.h. zu einer Wissenschaft, die „die gesellschaftliche Bedeutung ihres eigenen Tuns

---

130 Oliver Sill, Kein Ende und ein Anfang. Germanistische Literaturwissenschaft der sechziger und siebziger Jahre, Bielefeld: Aisthesis 2003, S. 11f.
131 Sill 2003, S. 72-74.
132 Ebd., S. 14.
133 Ebd., 68.
134 Ebd., S. 19.

reflektiert" und sich somit selbst „als Teil gesellschaftlicher Praxis" versteht.[135] Dadurch unterscheidet sie sich von traditioneller Wissenschaft und wird, so muss über Bürger hinaus festgehalten werden, selbst zu einem avantgardistischen Entwurf innerhalb der Theorieentwicklung im Bereich der Wissenschaft. Für diesen ist bezeichnend, dass er die Wahl seines Gegenstands und seiner Problemstellung begründet und sich explizit als „interessegeleitet" begreift.[136]

Das jeweilige Interesse kommt dabei nach Bürger nicht unmittelbar, sondern vermittelt durch die Kategorien zum Tragen, welcher sich die Wissenschaft zur Erfassung literarischer Objektivationen bedient. Eine kritische Wissenschaft, wie Bürger sie vertritt, will dabei keine neuen Kategorien „erdenken", sondern vielmehr die Kategorien traditioneller Wissenschaft daraufhin untersuchen, „welche Fragen mit ihnen gestellt werden können und welche anderen Fragen bereits auf der Ebene der Theorie (eben durch die Wahl der Kategorien) ausgeschlossen sind".[137] Die Bürgers Ansatz bestimmende Frage ist die nach dem „Zusammenhang von literarischen Objektivationen und gesellschaftlichen Verhältnissen"; ihn muss die Literaturwissenschaft erhellen, was sie wiederum nur mit Hilfe eines kategorialen Rahmens kann, der so beschaffen ist, dass er diesen Zusammenhang erforschbar macht.[138] Die Frage nach dem Verhältnis von Literatur und Gesellschaft markiert den Ausgangspunkt, von dem aus die traditionelle Ästhetik der Kritik unterzogen wird.

Wie geht Bürger vor? Seine kritische Untersuchung der Kategorien traditioneller Wissenschaft setzt bei der Hermeneutik und somit bei jener „Interpretationsschule" ein, die, wie wir gesehen haben, nach Kreuzer bereits in den sechziger Jahren von Ideologie- und Wissenschaftskritik in die Zange genommen wurde. Zwar spricht Bürger bezüglich der Hermeneutik und hier insbesondere Gadamers *Wahrheit und Methode* von der „avanciertesten" Konzeption, doch übernimmt er deren Kategorien nicht, sondern unterzieht vielmehr die beiden zentralen hermeneutischen Begriffe ‚Vorurteil' und ‚Applikation' einer grundsätzlichen, an Habermas geschulten Kritik.[139] Im Kern besagt diese, dass zwar, ganz wie Gadamer herausstellt, der Vorgang des Verstehens fremder Texte auf Seiten des Interpreten bestimmte Vorstellungen voraussetzt und die Deutung des Textes einem bestimmten Gegenwartsinteresse entspringt, doch sei dieses Interesse eben keineswegs einheitlich. Indem Gadamer die Gegenwart als „monolithische Einheit" setzt, könne er zwar Verstehen mit dem Einrücken in ein Überlieferungsgeschehen gleichset-

---

135 Bürger 1974, S. 8.
136 Ebd.
137 Ebd., S. 8f.
138 Ebd., S. 9.
139 Ebd., S. 9.

1. Theorie der Avantgarde – Traditionsbruch in bewegten Zeiten 49

zen, verkenne jedoch die divergierenden Geltungsansprüche und damit auch seinen eigenen historisch-gesellschaftlichen Standort. Neben „den konservativen Gadamer", für den das Verstehen letztlich mit der Unterwerfung unter die Autorität der Tradition zusammenfalle, stellt Bürger dann auch den Sozialphilosophen Habermas und dessen Anspruch, mittels der Kraft der Reflexion die Vorurteilsstruktur des Verstehens transparent zu machen und damit die Wirkungsmacht der Tradition zu brechen.[140]

Der Bruch mit der Tradition aber, wie er von Bürger mit der Abkehr von einer „verselbstständigten Hermeneutik" vollzogen wird, entbindet nicht von der Frage nach dem Verhältnis von Text und Realität.[141] Vielmehr wird deren Komplexität nun überhaupt erst ersichtlich. Wenn die Gegenwartsgesellschaft nicht länger als monolithische Einheit, sondern als eine von divergierenden Interessen geprägte verstanden wird, so ist zu fragen, wie „das *widersprüchliche* Verhältnis von geistigen Objektivationen und gesellschaftlicher Realität zu denken" sei.[142] Bürger antwortet darauf mit dem vom jungen Marx in seiner Religionskritik entwickelten Ideologiebegriff. „Aus der Marxschen Religionskritik", so Bürger, „lässt sich ein Modell abstrahieren, das auf literarische Gegenstände anwendbar ist".[143]

Wie hat man sich das vorzustellen? Religion ist nach Marx sowohl Illusion als auch Wahrheit. Ihr Doppelcharakter besteht darin, dass sie einerseits als Lehre eine Projektion und damit Täuschung ist, andererseits jedoch eben als solche über ihren ideellen Gehalt mit der realen Situation der Träger verbunden ist. Über den Doppelcharakter des Ideologiebegriffs wird so von Marx jener Bezug zwischen ideeller und sozialer Ebene hergestellt, auf den es Bürger ankommt und den er in seinem Modell als „gesellschaftliche *Funktion* des ideellen Gehalts" bezeichnet.[144] Die Vorteile des aus der Marxschen Religionskritik abgezogenen Modells bestehen dann darin, dass es erlaubt, den Zusammenhang von Einzelwerk und gesellschaftlicher Wirklichkeit, der dieses sein Entstehen verdankt, als dialektische Beziehung zu fassen.[145] Die so vollzogene kritische Wende der hermeneutischen Tradition bedeutet den Abschied von bloßer Legitimation der Tradition und den Übergang zur Ideologiekritik. Ebenso wie die Avantgarde das Einrücken in das Überlieferungsgeschehen unterbrach, unterbricht Bürger mit der Berufung auf die Ideologiekritik das Fortschreiben normativer Ästhetik. Das zentrale Moment der Marxschen Religionskritik auf die Literatur übertragend, stellt Bürger deren Doppelcharak-

---

140 Ebd., S. 10.
141 Ebd., S. 10.
142 Ebd., S. 11.
143 Ebd., S. 11.
144 Ebd., S. 11.
145 Ebd., S. 13.

ter, d.h. die Verschränkung von Illusion (auf der Textebene) und gesellschaftlicher Wirklichkeit (auf der Ebene der realen Träger) heraus. Das damit behauptete Zusammenwirken dessen, was ich zum besseren Verständnis des Fortgangs der Argumentation als symbolische und soziale Ebene bezeichnen möchte, bedarf jedoch einer vermittelnden Kategorie.

Um hier weiterzukommen, beruft sich Bürger auf Marcuse. Marcuse hatte darauf verwiesen, dass die Funktion der Kunst nicht nur von den beiden Faktoren des ideellen Gehalts und der Träger desselben abhängt, sondern noch von einem dritten, „nämlich dem Status, den die Kunst als von der Lebenspraxis abgehobene in der bürgerlichen Gesellschaft einnimmt".[146] Diesen Status nun und mit ihm die Vermittlungsebene von symbolischen und sozialen Momenten fasst Bürger mit dem Begriff „der *Institution Kunst* (bzw. Kultur)".[147] Mit ihm folgt er der Einsicht Marcuses, „daß die Aufnahme eines einzelnen Kunstwerks immer unter schon vorgegebenen quasi institutionellen Rahmenbedingungen stattfindet, die die reale Wirkung entscheidend bestimmen".[148] Bürger hält diese Einsicht der „Fiktion" entgegen, „das Einzelwerk wirke als einzelnes".[149] Vielmehr, so die zentrale These der *Theorie der Avantgarde,* stellt der Status der modernen Kunst eben als Institution Kunst die Rahmenbedingungen dar, innerhalb derer die Einzelwerke produziert und rezipiert werden.[150]

Im Modell einer kritischen Literaturwissenschaft, wie sie Bürger zu konstituieren beabsichtigt, nimmt das institutionelle Moment somit eine Schlüsselstellung ein. Der Begriff der Institution Kunst wird definiert als Vermittlungsebene zwischen der Funktion des Einzelwerks und der Gesellschaft oder auch als geschichtliche Variable, deren Veränderungen viel langsamer stattfinden als die Abfolge der einzelnen Werke.[151] Mit ihm soll die starre Gegenüberstellung von Kunst und Gesellschaft, in der erstere als etwas Außergesellschaftliches hypostasiert wird, aufgehoben und, „wie immer unzulänglich", der Einsicht Rechnung getragen werden, dass das Kunstwerk selbst ein Teil der Gesellschaft ist.[152]

Zu fragen aber ist dann nicht nur nach den von Bürger selbst eingeräumten Unzulänglichkeiten, sondern auch nach der Plausibilität des Institutionsbegriffs. Inwiefern handelt es sich bei der von Bürger ins Zentrum der Kunsttheorie gesetzten Kategorie der Institution um die Lösung des von der modernen Kunst selbst,

---

146 Ebd., S. 15.
147 Ebd., S. 15.
148 Ebd., S. 15.
149 Ebd., S. 13.
150 Ebd., S. 15.
151 Ebd., S. 17.
152 Ebd., S. 17.

nachgerade der Avantgarde, aufgeworfenen Problems? An der Beantwortung dieser Frage muss Bürger gemessen werden, besteht doch für ihn kein Zweifel, dass „ästhetische Theorie nur in dem Maße gehaltvoll ist, wie sie die historische Entwicklung ihres Gegenstands reflektiert".[153] An eben dieser Reflexion mangele es den vorgängigen Ästhetiken. Mit den Avantgarden hat die Geschichte der Kunst einen Stand erreicht, den die Ästhetik, einschließlich der ästhetischen Theorie Adornos, nicht mehr einholt. Ihre Kategorien, so zeigt die von Bürger unternommene, von Schiller und Kant über Hegel bis hin zu Lukács und der Kritischen Theorie reichende Historisierung der ästhetischen Theorie, werden der Entfaltung des Gegenstands nicht mehr gerecht. Von daher konfrontiert Bürger seine Bilanz der Ästhetik mit der Geschichte einer Kunst, die seit dem 18. Jahrhundert durch zunehmende Autonomisierung und wachsende Reflexivität gekennzeichnet ist. Schauen wir uns also diese Geschichte mit Bürger näher an.

2. Mit Dada zum Institutionsbegriff

Mit Sicht auf die „schwierige Frage der geschichtlichen Herausbildung der Institution Kunst" verweist Bürger auf das 18. Jahrhundert und damit auf jene Zeit, in der sich ein neuer Begriff von autonomer Kunst und eine systematische Ästhetik als philosophische Disziplin entwickelten, betont jedoch, dass sich damit noch nicht die Selbstkritik der Kunst vollzog.[154] Erst seit der Mitte des 19. Jahrhunderts habe „die Form-Inhalt-Dialektik künstlerischer Gebilde sich immer mehr zugunsten der Form verschoben". Mit der „Kunst seit Baudelaire" und dem Ästhetizismus kommt es am Ende des 19. Jahrhunderts zu dem „Augenblick", in dem Kunst nur noch Kunst sein will und „die Selbstkritik des gesellschaftlichen Teilsystems Kunst möglich" wird.[155] Mit dem Ästhetizismus ist die volle Ausdifferenzierung des Phänomens Kunst in der bürgerlichen Gesellschaft erreicht und es ist dieser Entwicklungsstand, auf den einerseits kunstintern die historischen Avantgardebewegungen antworten und auf den sich andererseits kunstextern überhaupt erst „die Bedingung der Möglichkeit einer adäquaten Gegenstandserkenntnis" gründet.[156]

Die radikalste Bewegung innerhalb der europäischen Avantgarde, der Dadaismus, übt nach Bürger nicht mehr Kritik an den ihm vorausgegangenen Kunstrichtungen, sondern an der Institution Kunst, wie sie sich in der bürgerlichen Gesell-

---
153 Ebd., S. 7.
154 Ebd., S. 34.
155 Ebd., S. 26 u. 34.
156 Ebd., S. 22.

schaft herausgebildet hat.[157] Erst durch den Versuch der Negation der Autonomie der Kunst durch die Avantgarde bzw. durch ihren gescheiterten Angriff auf den Status der Kunst in der bürgerlichen Gesellschaft wird die Institution Kunst überhaupt als solche erkennbar. Entscheidend ist dabei, dass, nachdem die historischen Avantgardebewegungen „die Institution Kunst als die Lösung des Rätsels der Wirkung bzw. Wirkungslosigkeit von Kunst enthüllt haben", in der Folge „*keine* Form mehr den Anspruch – sei es ewiger, sei es zeitbedingter Geltung – *allein* für sich beanspruchen" kann[158]:

> Durch die Avantgardebewegungen ist die historische Abfolge von Verfahrensweisen und Stilen in eine Gleichzeitigkeit des radikal Verschiedenen transformiert worden. Das hat zur Folge, dass heute keine künstlerische Bewegung mehr legitimerweise den Anspruch erheben kann, *als Kunst* historisch fortgeschrittener zu sein als andere Bewegungen.[159]

Ein solcher Anspruch ist Bürger zufolge durch die historischen Avantgarden liquidiert worden. Indem selbst Lukács und Adorno ihn noch einmal erheben, bleiben sie „einer voravantgardistischen Kunstperiode verpflichtet, die einen geschichtlich bedingten Stilwandel kannte".[160] Insbesondere Adorno gehört, wenn er sich in seiner Ablehnung realistischer Kunst normativ auf den mit den Avantgarden erreichten Stand künstlerischer Techniken beruft, „selbst als Theoretiker der Epoche der historischen Avantgardebewegungen an".[161] Das Ende der Geschichte aber, die Gleichzeitigkeit des radikal Verschiedenen, stellt nach Bürger nicht nur die ästhetische Theorie Adornos, sondern die Möglichkeit ästhetischer Theoriebildung insgesamt in Frage:

> Ob dieser Zustand der Verfügbarkeit aller Traditionen überhaupt noch ästhetische Theorie zulässt, in dem Sinne, wie es von Kant bis Adorno ästhetische Theorie gab, ist fraglich, und zwar deshalb, weil nur die Strukturiertheit des Gegenstandsbereichs dessen wissenschaftliche Erfassung ermöglicht.[162]

---

157 Ebd., S. 28f. Die Fokussierung Bürgers auf den Dadaismus und den Surrealismus ist in der Folge häufig kritisiert worden, insbesondere im Zusammenhang mit der Postmoderne-Debatte. So zählt Richard Murphy auch den Expressionismus zu den historischen Avantgarden und wirft Bürger vor, dass dieser, eben weil er Bewegungen wie den Expressionismus außen vor lässt, die Ambiguität und Heteronomie des avantgardistischen Phänomens verkennt. Um diese herauszuarbeiten, liest Murphy den Expressionismus mit Hilfe der Bürgerschen Theorie und unterzieht sie so der Kritik. Siehe hierzu: Richard Murphy, Theorizing the Avant-Garde, Cambridge: University Press 1998, insb. S. 2-5.
158 Ebd., S. 121.
159 Ebd., S. 86.
160 Ebd., S. 121.
161 Ebd., S. 86.
162 Ebd., S. 131.

2. Mit Dada zum Institutionsbegriff

Deutlicher könnte der Abschied von der Theorietradition nicht ausfallen. Erinnern wir uns, Sill sprach bezüglich der Reformära und hier wiederum der theoriegeschichtlichen Ebene eher von einem Abschluss des Vergangenen als vom Beginn eines Zukünftigen. Mit dem Vergangenen scheint Bürgers *Theorie der Avantgarde* abzuschließen. Wie aber sieht es mit dem Beginn eines Zukünftigen aus? Wenn der Gegenstandbereich seine alte Strukturiertheit verloren hat und damit die überkommene wissenschaftliche Erfassung an ihre Grenzen stößt, dann stellt sich die Frage der Alternative.

Tatsächlich eröffnet Bürger an diesem theoriegeschichtlich kritischen Punkt zwei in die Zukunft weisende Wege: den zum Verständnis der Kunst als eines autonomen gesellschaftlichen Teilbereichs und den zum Verständnis des Kunstwerks als Form. Beide nehmen ihren Ausgang von der Beobachtung der Avantgarde. Beginnen wir mit der Kunst als einem autonomen gesellschaftlichen Teilbereich. *Als Theorie* historisch fortgeschritten zu sein, bedeutet für Bürger vor allem, den Versuch der Negation der Autonomie der Kunst durch die Avantgarde als Markierung dessen zu begreifen, was moderne Kunst eigentlich ist: eine Institution (neben anderen). Die Institution als Enthüllung des Rätsels der Wirkung von Kunst – dies ist das ebenso revolutionäre wie ernüchternde Fazit der von Bürger vorgelegten Reflexion der historischen Entwicklung der Kunst. Mit dem Begriff der Institution findet die moderne Kunst selbst ihren Eintrag in die Theorie, und dies nicht zufällig in einer Zeit, in der laut Bürger die Kunst selbst längst in eine postavantgardische Phase eingetreten ist.[163] Auf die damit verbundenen Implikationen werden wir später zurückkommen. Zunächst jedoch muss unterstrichen werden, dass der Institutionsbegriff bei Bürger auf dem „Gedanken der relativen Selbstständigkeit der gesellschaftlichen Teilsysteme gegenüber der gesamtgesellschaftlichen Entwicklung" beruht.[164] Entgegen der Annahme, dass die Geschichte der Gesamtgesellschaft „gleichsam als Sinn der Geschichte der Teilsysteme" begriffen werden kann, insistiert Bürger auf der Autonomie der Kunst und damit auch „der Ungleichzeitigkeit der Entwicklung der einzelnen Teilsysteme".[165] Diesen Gedanken ernst zu nehmen, bedeutet, dass Gesellschaftsgeschichte nicht mehr zur Grundlage der Erfassung der Kunstgeschichte gemacht werden kann. Stattdessen muss die Geschichte der Kunst so rekonstruiert werden, dass „die Bedingungen der Möglichkeit der Selbstkritik des Teilsystems Kunst" erfasst werden können.[166]

Die Selbstkritik der Kunst aber wird bei Bürger zum Ausgangspunkt nicht nur der Rekonstruktion der Institution, sondern auch der Konstruktion eines neuen

---

163 Ebd., S. 78.
164 Ebd., S. 30.
165 Ebd., S. 31.
166 Ebd., S. 30.

Werkbegriffs. Damit kommen wir zum zweiten zukunftsweisenden Moment der *Theorie der Avantgarde*, dem konstruktivistischen Werkbegriff. Bürger argumentiert wie folgt: War die Fiktion wie etwa im realistischen Roman des 19. Jahrhunderts noch Medium einer Reflexion über das Verhältnis des Individuums zur Gesellschaft und diente dem Selbstverständnis der Bürger, so verliert diese Thematik mit dem Ästhetizismus an Bedeutung.[167] Es kommt zu einer immer größeren Konzentration der Kunstproduzenten auf das Medium selbst, d.h. zu einer immer stärkeren Aussonderung alles Kunstfremden, was letztlich, wie bei Mallarmé, Valéry oder Hofmannsthal, zu einer regelrechten Produktionskrise führt.[168] An diesem Punkt enthüllt sich nach Bürger die gesellschaftliche Funktionslosigkeit der Kunst:

> Die mit dem *L'art pour l'art* einsetzende, im Ästhetizismus zur Vollendung kommende volle Ausdifferenzierung des Teilsystems Kunst ist im Zusammenhang zu sehen mit der die bürgerliche Gesellschaft charakterisierenden Tendenz zur fortschreitenden Arbeitsteilung. Das voll ausdifferenzierte Teilsystem Kunst ist zugleich eines, dessen einzelne Hervorbringungen tendenziell keine gesellschaftliche Funktion mehr übernehmen.[169]

Für Bürger, der die Kunst vom Standpunkt ihrer Selbstkritik aus beobachtet, wird diese Sackgasse, in die sich eine ganz auf Selbstreferenz abstellende Kunst gebracht hat, einerseits zum Zündfunken einer Kritik, die aus der Kunst selbst heraus deren Grenzen thematisiert und damit überhaupt erst kenntlich macht. Diese Selbstkritik praktisch geleistet zu haben ist nach Bürger das Verdienst der historischen Avantgardebewegungen.[170] Andererseits wird die Autonomwerdung, begleitet von der wachsenden Konzentration der Akteure auf das Medium selbst, zur Initialzündung eines ganz auf den willkürlichen Akt der Formgebung setzenden Werkbegriffs – mit weitreichenden Folgen sowohl für die Produktion als auch für die Rezeption von Kunst.

Wie hat man sich das vorzustellen? Folgt man Bürger, so negieren die Avantgarden zwar die Werkkategorie, bleiben ihr aber in der Negation verhaftet. Mit dem Signieren von Serienprodukten wie den Readymades wird die Vorstellung des Werks als individuelles und unwiederholbares unterlaufen, doch enthält die Signatur als solche eben auch den deutlichen Hinweis auf die Kategorie des Kunstwerks. Zudem sei nicht zu bezweifeln, dass auch nach den Avantgardebewegungen Kunstwerke produziert worden sind, ja dass die gesellschaftliche Institution Kunst sich gegenüber dem avantgardistischen Angriff als resistent erwiesen hat. Die postavantgardistische Phase der Kunst ist nach Bürger sogar dadurch charak-

---

167 Ebd., S. 35.
168 Ebd., S. 35.
169 Ebd., S. 42.
170 Ebd., S. 35.

2. Mit Dada zum Institutionsbegriff

terisiert, dass die Werkkategorie „restauriert" und die in antikünstlerischer Absicht ersonnenen Verfahrensweisen selbst wieder zu künstlerischen Zwecken gebraucht werden.[171] Und doch hat sich der Charakter des Kunstwerks durch den Angriff der Avantgarde unwiederbringlich verändert. Von daher plädiert Bürger für die Entwicklung eines „Begriffs des nicht-organischen Kunstwerks" und erklärt diese zu einer zentralen Aufgabe einer Theorie der Avantgarde.[172]

Ein Stück weit wird diese Aufgabe von Bürger selbst übernommen, wenn er betont, dass sich das avantgardistische Werk gezielt als künstlerisches Gebilde, als Artefakt zu erkennen gibt.[173] Die Montage, also das montierte Werk, vertritt demnach das Grundprinzip avantgardistischer Kunst. Mit ihr wird der Angriff der Avantgarde auf die Institution Kunst gewissermaßen auf der symbolischen Ebene umgesetzt – und damit sowohl formalisiert wie auch entkräftet. „Die avantgardistische Intention der Zerstörung der Institution Kunst", so Bürger, „wird so paradoxerweise im Kunstwerk selbst realisiert. Aus der beabsichtigten Revolutionierung des Lebens durch Rückführung der Kunst in die Lebenspraxis wird eine Revolutionierung der Kunst."[174] Luhmann wird dieses Paradox zur Paradoxie der Form insgesamt erklären und seinen Begriff des nicht-organischen Kunstwerks ganz mit Hilfe des Formbegriffs entwickeln. So weit geht Bürger nicht. Doch antizipiert er die dem Formbegriff inhärenten Möglichkeiten, wenn er die Kategorien des Werks und des Zufalls zusammen denkt und an Fragen der Sinnstiftung koppelt. Folgen wir kurz dem Gedankengang: Nach Bürger gingen die Surrealisten davon aus, dass Sinn sich der Fixierung entzieht. Der Sinn der Realität wurde von ihnen als objektiver Zufall registriert und als Moment des Zufälligen im Kunstwerk bewusst produziert.[175] Ein provokativ inszenierter Sinnverzicht also, ein offener Verweis auf den konstruktiven Charakter der Kunst, der dann wiederum auf der Seite der Rezeption zwangsläufig zu einem Verzicht auf „Sinnsuche" bzw. „Sinndeutung" führen musste.[176] Die Aufmerksamkeit liegt nun ganz auf den die Werkkonstitution bestimmenden Konstruktionsprinzipien.[177] Von Bürger wird dieser Verzicht auf Sinnstiftung und Sinndeutung als Bruch und als Beginn eines neuen Typs von Rezeption registriert.

Zu ihm muss auch die *Theorie der Avantgarde* selbst gezählt werden. Mit ihr finden die einschneidenden Veränderungen des Gegenstandsbereichs ihren Eintrag

---

171 Vgl. hierzu: Bürger 1974, S. 77-78.
172 Bürger 1974., S. 92.
173 Ebd., S. 97.
174 Ebd., S. 98.
175 Ebd., S. 90.
176 Ebd., S. 109.
177 Ebd., S. 109.

auf der Theorieebene, stellt doch erst die Selbstkritik der Kunst die Bedingung der Möglichkeit für den kategorialen Umbau der Kunsttheorie. Der avantgardistische Angriff auf die Institution hat zweierlei entblößt: die Institution Kunst als solche und die Formbestimmtheit des Kunstwerks. Auf sie antwortet Bürger mit der Kategorie der Institution und dem Begriff des nicht-organischen Kunstwerks, d.h. eines Werkbegriffs, der die Montage, die Konstruktion, das Gemacht-Sein, kurz, die Kontingenz der Form ins Zentrum rückt. Dass dieser Umbau eher zögerlich erfolgt, ja als unzulänglich eingestuft werden muss, räumt Bürger offen ein. Mehr noch, er benennt die der nachfolgenden Theorieentwicklung überlassenen Probleme in einer geradezu herausfordernden Weise. An erster Stelle steht dabei die Analogie zwischen Kunst und anderen gesellschaftlichen Teilsystemen:

> Das Problem wird klar, wenn man die Institution Kunst der Institution Recht gegenüberstellt; letztere ist uns gegeben als geschriebenes Recht, d.h. als Corpus von Texten, die unmittelbar das Funktionieren der Institution regeln. Für die Institution Kunst gibt es nicht Vergleichbares; sie ist nicht in Statuten festgelegt.[178]

Gerade darum ist für Bürger die mit dem Begriff der Institution Kunst verbundene Problematik für die Literaturwissenschaft vor allem ein Forschungsproblem, da es nun heißt, zunächst einmal die „Komplexität der Kategorie Autonomie" durch eine „Klärung der Genesis der Autonomie der Kunst" aufzulösen. Vor diesem Hintergrund votiert Bürger für eine theoriegeleitete Empirie, also für empirische Untersuchungen, in die ausdrücklich auch die Reflexionen von Autoren und Kritikern aufzunehmen seien.[179] Nur so lasse sich herausfinden, ob die Prämissen und Kategorien, allen voran die der Institution und der Autonomie, für die Literaturwissenschaft überhaupt tragen.

Damit hinterlässt *Die Theorie der Avantgarde* wissentlich zwei Probleme: das Funktionieren der Institution Kunst bzw. das Benennen ihrer Regeln und die theoretische Verarbeitung der Formbestimmtheit avantgardistischer Kunstwerke. Beider Probleme nimmt sich die Theorieentwicklung an. Allerdings kaum mehr innerhalb der Literaturwissenschaft. Hier attestierte Helmut Kreuzer bereits ein Jahr nach dem Erscheinen der *Theorie der Avantgarde* eine „relative Theoriemüdigkeit".[180] Auch stellte Edmund Nierlich 1975 offen die Frage, „ob es sich bei der philosophischen Ästhetik nicht um eine unzulässige – vielleicht ideologisch bedingte – Bündelung von gesellschaftlich relevanten praktischen Problemen handele, deren Lösung bei genauerem Hinsehen doch verschiedenen empirischen Wissenschaf-

---

178 Ebd., S. 15.
179 Ebd., S. 16.
180 Kreuzer 1975, S. 7.

ten zugewiesen werden müsse".[181] Tatsächlich war es vor allem die Soziologie, und zwar weniger ihr empirie- als vielmehr ihr theorieinteressierter Flügel, welcher die Herausforderungen ästhetischer Theoriebildung im Zeichen der Avantgarde annahm. Doch bleiben wir vorerst noch bei Bürger und sehen uns an, wie die Selbstkritik der Kunst zu einer Selbstkritik der Theorie wird.

3. Kritik, Selbstkritik und neue theoretische Bescheidenheit

Von nicht geringem Einfluss auf Bürgers weitere theoretische Auseinandersetzung mit der Avantgarde dürfte der 1976 erschienene Band *„Theorie der Avantgarde". Antworten auf Peter Bürgers Bestimmung von Kunst und bürgerlicher Gesellschaft* gewesen sein. In ihm antworten neun Autoren auf Bürgers Theorie; Autoren, von denen acht nach 1940 geboren wurden und damit zum Zeitpunkt der Stellungnahme als für den Wissenschaftsbereich auffallend junge Akteure angesehen werden müssen. Der Herausgeber, Martin Lüdke, war bei Erscheinen des Bandes 34 Jahre alt und frisch promoviert. Mit Ausnahme von Burckhardt Lindner hatte keiner der Autoren eine Professur inne, sechs standen noch vor der Promotion. Kurz, die Diskussion der *Theorie der Avantgarde* unmittelbar nach deren Erscheinen war eine Angelegenheit des universitär eher randständigen Nachwuchses. Diesem Umstand mag zu verdanken sein, dass sich die Kritik nicht gegen die Infragestellung einer die Literaturwissenschaft der siebziger Jahre noch immer prägenden Hermeneutik richtete, sondern dass sie in Teilen noch über Bürger hinausgehende Konsequenzen aus dem avantgardistischen Unterfangen zog.

Drei Kritikpunkte verdienen aus dem Rückblick besondere Beachtung: Da ist zunächst die Kritik von Lüdke, dem Herausgeber, der sich mit einer Arbeit über die Differenz von Kunstschönem und Naturschönem bei Kant und Adorno promoviert hatte und dem es entsprechend nicht zuletzt darum geht, die Ästhetik Adornos vor der Bürgerschen Kritik zu bewahren. Das schmälert jedoch nicht die Stichhaltigkeit der von ihm in aller Deutlichkeit herausgearbeiteten Differenz zwischen den ästhetischen Theorien Adornos und Bürgers: Bei gleicher These – nämlich einer grundsätzlichen Infragestellung der Möglichkeit von ästhetischer Theorie angesichts einer irrationalen spätkapitalistischen Gesellschaft – entscheiden sie sich für unterschiedliche Theorieoptionen. Adorno schreibt seine *Ästhetische Theorie* gewissermaßen trotzdem, d.h. gerade im Anschluss an diese These und versteht seine Theorie damit als Kritik an eben dieser Gesellschaft, während Bürger zwar

---

181 Edmund Nierlich, Wie ist eine Literaturästhetik als empirische Wissenschaft nötig und möglich?, in: LiLi, Phänomenologie und Hermeneutik, Jg. 5/1975, H 17, Hrsg. v. Helmut Kreuzer, S. 136-161, hier S. 137.

am Anspruch von kritischer Theorie festhält, auf das kritisch-normative Moment solcher Wissenschaft jedoch verzichtet. Lüdke zufolge operiert Bürger damit bereits „aus der Perspektive des Postkapitalismus" und will dennoch an etwas „Kapitalem" festhalten.[182] Der Standort der Bürgerschen Theorie wäre demnach zwischen Moderne und Postmoderne; mit dem Augenmerk auf der vehementen Kritik der historischen Avantgardebewegungen steht Bürger thematisch in der Moderne, bezieht jedoch mit der Einführung des Institutionsbegriffs und, mehr noch, mit dem offen artikulierten Zweifel an der Möglichkeit von Theoriebildung in Zeiten pluralistischer Kunst eine theoretisch unkritische, auf ein normatives Einwirken gänzlich verzichtende Position. Bemerkenswert scheint mir dieser Kritikpunkt insofern, als er die von Bürger herausgestellte „Widersprüchlichkeit des avantgardistischen Unterfangens" gewissermaßen auch der Theorie eben dieses Unterfangens attestiert und damit auf einen in der Tat kritischen Punkt verweist, an dem auch Bürgers eigene weitere Überlegungen anknüpfen werden.[183]

Eine andere, damit jedoch in Zusammenhang stehende Kritik setzt bei der von Bürger eingenommenen „Perspektive des Scheiterns" an.[184] Burkhardt Lindner, der sich bereits in den siebziger Jahren intensiv mit den Medientheorien von Brecht und Benjamin beschäftigte, wirft Bürger vor, dass ihn diese Perspektive die Wirkung der Avantgarde auf die künstlerische Praxis im „massen-medial ausgeweitete(n) Kulturbetrieb" der siebziger Jahre übersehen lasse; eine Entwicklung, die Lindner 1976 gerade erst kommen sieht, und dies nicht zuletzt, weil die Kunst dieser Jahre „in der Radikalität der Selbstreflektion deutlich hinter der avantgardistischen Periode zurücksteht".[185] Ergänzt wird diese Kritik von Hans-Burkhard Schlichting mit dem Hinweis auf den Einfluss der Medien auf die Gegenwartsliteratur. Die audiovisuellen Medien ständen einerseits in Konkurrenz zur Literatur und zum Lesen, böten andererseits der Literatur aber auch die Chance einer medialen Erweiterung. In jedem Fall aber trete die Schriftlichkeit zurück, was sowohl die für die literarische Moderne zwingende authentische Gestaltung wie auch deren wissenschaft-

---

182 W. Martin Lüdke, Die Aporien der materialistischen Ästhetik – ein Ausweg? Zur kategorialen Begründung von P. Bürgers „Theorie der Avantgarde", in: Ders. (Hrsg.), „Theorie der Avantgarde". Antworten auf Peter Bürgers Bestimmung von Kunst und bürgerlicher Gesellschaft, Frankfurt a. M.: Suhrkamp, S. 27-71, hier S. 68f.
183 Bürger 1974, S. 68.
184 Burkhardt Lindner, Aufhebung der Kunst in Lebenspraxis? Über die Aktualität der Auseinandersetzung mit den historischen Avantgardebewegungen, in: Lüdke 1976, S. 72-104, hier S. 74 u. 76.
185 Ebd., S. 100. Zur jüngeren Beschäftigung Lindners mit der Avantgarde-Thematik siehe: Ders., Nach dem Ende der Wiederentdeckungen. Avantgardismen im Alltag und erneuerte Literaturform, in: Martin Lüdke u. Delf Schmidt (Hrsg.): Literaturmagazin 24, Renaissance der Theorie?, Reinbek 1989, S. 45-60.

3. Kritik, Selbstkritik und neue theoretische Bescheidenheit 59

liche Analyse erheblich erschwere.[186] Um eine analytische Alternative aufzuzeigen, holt Schlichting das von Bürger in einer Fußnote versteckte Habermas-Zitat der Entwicklung vom „kulturräsonierenden zum kulturkonsumierenden Publikum" hervor, leitet aus dieser aber nicht wie Bürger eine nachavantgardistische Restauration der Institution Kunst ab, sondern den „objektiven Zerfall des Charakters der Kunst als einer öffentlichen Institution".[187] Für diese, so Schlichting, „schafft die Kulturindustrie wirksamere und lenkbarere Substitute".[188]

Noch radikaler fällt bei gleicher Schlagrichtung die Antwort von Dieter Hoffmann-Axthelm aus, wenn er dem „Sichaufspielen der Theorie" in Zeiten nachbürgerlicher Kunst und massenhafter kultureller Tätigkeit insgesamt seine Berechtigung abspricht. „Kultur als der ungeteilte Rock der Lebenspraxis" sei in den siebziger Jahren der Rahmen, in dem die besonderen ästhetischen Momente reflektiert werden müssen.[189] Von daher sei auf den Kunstbegriff ganz zu verzichten bzw. Kunst als „nichtinstitutionelle Praxis" zu begreifen, was auf das Ende der Kunsttheorie hinausliefe. Dass diese mit der Studentenbewegung noch einmal Konjunktur gewinnen konnte, führt Hoffmann-Axthelm darauf zurück, dass „die Theorie nicht daran denkt, sich durch die Kunst brechen zu lassen". Sie folgt noch immer „einer Sehnsucht des Ganzen", während sich die nachbürgerliche Kunst nicht länger auf einen Nenner bringen lässt. Damit aber verstelle „die Fiktion der Kunsttheorie" alternative Möglichkeiten, das Gesellschaftliche einer wachsenden Ästhetisierung der Lebenspraxis zu erfassen.[190]

Damit sind diejenigen Kritikpunkten genannt, mit denen sich Bürger in der Folge auseinandersetzt: die Möglichkeit kritischer Kunsttheorie, die medien-kulturbetriebliche Facette avantgardistischer Kunst einschließlich ihrer frühen Theorien sowie die breitflächige, dem Institutionsbegriff sich entziehende Ästhetisierung des Alltags bzw. Individualisierung des Ästhetischen. In den 1977 unter dem

---

186 Hans-Burkhard Schlichting, Historische Avantgarde und Gegenwartsliteratur. Zu Peter Bürgers Theorie der nachavantgardistischen Moderne, in Lüdke 1976, S. 209-243, hier S. 242f. Schlichting, der sich 1976 mit Schwitters Merzkunst beschäftigte, wechselte schon bald darauf in den audiomedialen Bereich der Kulturindustrie und sorgte hier gewissermaßen selbst für die mediale Erweiterung der Literatur – ohne die wissenschaftliche Beschäftigung mit der Avantgarde aufzugeben. Er wurde zunächst freier Rundfunkautor und Dramaturg im Suhrkamp Theaterverlag, später Chefdramaturg des Hörspiels im SWF bzw. SWR und Lehrbeauftragter für radiophone Medienkunst in der Staatlichen Hochschule für Gestaltung Karlsruhe. Seit 2001 ist er Beiratsvorsitzender der Hugo-Ball-Gesellschaft und Mitherausgeber der Werkausgabe von Hugo Ball. Zu seiner Sicht auf die Aktualität der Avantgarden, insbesondere der Dadaisten für eine audiomedial geprägte Literaturform wie dem Hörspiel siehe: http://www.dradio.de/dlf/sendungen/hoerspielkalender/459510/ (abgerufen am 20.08.2010).
187 Ebd., S. 242. Zu Bürgers Hinweis auf Habermas siehe: Bürger 1974, S. 74, Fußnote 16.
188 Ebd., S. 242.
189 Dieter Hoffmann-Axthelm, Kunst, Theorie, Erfahrung, in: Lüdke 1976, S. 190-208, hier S. 203.
190 Ebd., S. 190ff.

Titel *Aktualität und Geschichtlichkeit*[191] erschienenen Studien zum gesellschaftlichen Funktionswandel der Literatur fährt Bürger den Anspruch der Theorie bereits zurück und beschränkt sich auf den Nachweis, dass es mit ihrer Hilfe möglich sei, den institutionellen Rahmen der jeweils herrschenden Literaturauffassung und der mit ihr verknüpften Rezeptionshaltungen zu erfassen. „Der Rekurs auf die ursprüngliche literarische Kommunikationssituation", so Bürger, „wird dabei verstanden als (notwendiges) Korrektiv bei dem Versuch, die durch andere Interpretationen verschütteten gesellschaftlichen Gehalte der Werke freizulegen".[192] Das klingt bescheidener. Auch scheint das Vertrauen in die Leistung der Theorie insgesamt gebrochen. In dem kurzen Exkurs zu Peter Weiss' *Die Ästhetik des Widerstands* zeigt Bürger einen alternativen Umgang mit Kunstwerken seit dem Ende der historischen Avantgardebewegungen auf. Weiss nähert sich den Kunstwerken nicht in Form einer Kulturtheorie, sondern im Medium eines Romans, und zwar in der Art, dass dieser Roman selbst wiederum die Rezeption von Romanen und anderen Kunstwerken in einer Weise thematisiert, die das Zitierte unmarkiert in den Text einfügt.[193]

Mit dem Hinweis auf *Die Ästhetik des Widerstands* deutet sich 1977 bereits jener Schritt in Richtung auf eine Theorie nachavantgardistischer bzw. postmoderner Kunst an, wie ihn David Roberts der von Bürger 1983 vorgelegten *Kritik der bürgerlichen Ästhetik* attestiert.[194] Doch besteht Bürger in den siebziger Jahren noch darauf, dass das Vorgehen von Weiss nicht einfach von der Literaturwissenschaft übernommen werden könne.[195] Stattdessen geht er in die Theoriegeschichte zurück und setzt sich 1978 in *Seminar: Literatur- und Kultursoziologie* mit den von Lindner in kritischer Absicht aufgerufenen Theorien von Brecht und Benjamin auseinander.[196] Beide konfrontieren den Bürgerschen Theorieansatz unmittelbar, bestreiten sie doch die Autonomie modernen Kunst: Brecht, indem er sich auf seine Erfahrungen mit dem kommerziellen Kunst- und Medienbetrieb während der Verfilmung der *Dreigroschenoper* beruft, und Benjamin, indem er den

---

191 Peter Bürger, Aktualität und Geschichtlichkeit. Studien zum gesellschaftlichen Funktionswandel der Literatur, Frankfurt a.M.: Suhrkamp 1977.
192 Ebd., S. 15.
193 Peter Bürger, Exkurs zu Peter Weiss' ‚Die Ästhetik des Widerstands', in: Bürger 1977, S. 18-20.
194 Roberts 1987, S. 173. Peter Bürger, Zur Kritik bürgerlicher Ästhetik, Frankfurt a. M.: Suhrkamp 1983.
195 Bürger 1983, S. 20.
196 Peter Bürger (Hrsg.), Seminar: Literatur- und Kultursoziologie, Frankfurt a.M.: Suhrkamp 1978. In diesem Band findet sich auch ein Beitrag Bourdieus; ein Auszug aus der *Soziologie der symbolischen Formen*, in dem der von Panofsky übernommene Habitusbegriff am Beispiel des Einflusses der Schule auf den Erhalt der „charismatischen Ideologie" der Kunst näher erläutert wird. Vgl. Bourdieu, Elemente zu einer soziologischen Theorie der Kunstwahrnehmung, in: Bürger 1978, S. 418-457.

3. Kritik, Selbstkritik und neue theoretische Bescheidenheit 61

Einfluss der Reproduktionstechniken für die Produktion und Rezeption moderner Kunst herausstellt. Im Moment der sich abzeichnenden Krise der Autonomie der Kunst, in den zwanziger Jahren, lenken beide den Blick auf die Kultur- und Medienindustrie und eröffnen einen kultur- und medienwissenschaftlichen Theoriediskurs, der in Deutschland erst wesentlich später zur Entfaltung kommt.[197] Bürger benennt die von Brecht und Benjamin vorweggenommenen Themen der nachfolgenden Entwicklung klar – angefangen von der Kommerzialisierung der Kunst über das Unterscheidungsproblem zwischen Kunst und Nichtkunst bis zur Aufwertung der Unterhaltungskunst.[198] Auch sieht er deutlich die Trennlinie, die zwischen ihnen und Adorno verläuft:

> Während Brecht und Benjamin beim ‚schlechten Neuen' ansetzen und die vorwärtsweisenden Momente einer durch die Dynamik des Kapitalismus (Brecht) bzw. der technischen Entwicklung (Benjamin) erzwungenen Veränderungen im Bereich der Kunst aufzusuchen sich bemühen, geht es Adorno zunächst einmal um die Kritik eben dieser Entwicklung. Im Gegensatz zu Brecht (und Benjamin) ist für Adorno das Auseinanderfallen der bürgerlichen Kunst in Unterhaltungskunst für die Massen und esoterische Kunst für Kenner das für die bürgerliche Kulturentwicklung entscheidende Ereignis.[199]

Eine so aufgemachte Alternative aber zwingt zur Positionierung. Auf der einen Seite stehen nun Brecht und Benjamin mit der Thematisierung der ökonomischen und (medien)technischen Formbestimmtheit künstlerischer Produktion und Rezeption – und auf der anderen Adorno mit dem Festhalten am authentischen Kunstwerk und der grundsätzlichen Kritik an der Kommerzialisierung und Medialisierung der Kunst. Die von Lüdke kritisch attestierte Mittelstellung der Bürgerschen Theorie, einer Theorie, welche die Kritik Adornos nicht mehr teilt und dennoch an etwas „Kapitalem" festhalten möchte, wird mit dieser Gegenüberstellung von Bürger selbst reflektiert. Dabei scheint es, als ob Bürger vier Jahre nach *Der Theorie der Avantgarde* jene „Sehnsucht des Ganzen" nicht mehr teilt, welche Hoffmann-Axthelm zufolge in Zeiten der Studentenbewegung noch einmal der Theorie zur Konjunktur verhalf. Bürger entscheidet sich für ein Sowohl-Als-Auch. Für eine

---

197 Brechts Radiotheorie fehlt heute in keinem Handbuch der Medienwissenschaft, und von Benjamin führt der Weg direkt zu den Cultural Studies. Siehe hierzu stellvertretend die von Tina Tessa Zahner herausgestellte Verbindung von Benjamin und den Cultural Studies: dies., Die neuen Regeln der Kunst. Andy Warhol und der Umbau des Kunstbetriebs im 20. Jahrhunderts, Franfurt/New York 2006, S. 43-46.
198 Peter Bürger, Kunstsoziologische Aspekte der Brecht-Benjamin-Adorno-Debatte der 30er Jahre, in: ders. (Hrsg.), Seminar: Literatur- und Kultursoziologie, Frankfurt a.M.: Suhrkamp 1978, S. 11-20.
199 Bürger 1978, S. 18f.

Soziologie der Kunst in der bürgerlichen Gesellschaft, so Bürger, sind die Theorien von Adorno, Brecht und Benjamin „von ähnlicher Tragweite".[200]

Und doch: Es ist der von Adorno gezogene Rahmen um das Ganze, dem Bürger letztlich den Vorrang einräumt – ein „Rahmen, der Unterhaltungskunst und ernste Kunst als die Teile einer zerbrochenen Einheit fasst".[201] Aus der Perspektive der ästhetischen Theorie ist dies geradezu zwingend. Nur ein solcher Rahmen sichert die Einheit des Gegenstands und damit auch den Fortbestand umfassender ästhetischer Theorie. Brecht und Benjamin zu folgen hieße, die Autonomie der Kunst in Zweifel zu ziehen – und damit letztlich auch jenen Institutionsbegriff aufzugeben, auf den *Die Theorie der Avantgarde* gründet. Stattdessen will Bürger nun gewissermaßen mit Adorno über Adorno hinaus. Er bricht die kritische Spitze der *Ästhetischen Theorie*, indem er das normative Moment des Rahmens ausblendet und stattdessen die theoretische Konstruktionsleistung in den Vordergrund stellt. Diese Konstruktion wird dann zur zwar defizitären, aber ausbaufähigen Grundlage weiterer Theoriearbeit erklärt. „Denn der kultursoziologische Ansatz Adornos", so Bürger, „bietet in der Tat keinen theoretischen Rahmen, der die Einbeziehung empirischer Verfahren anleiten könnte".[202] Die Alternative ist bekannt. Bürger zieht seinen Institutionsbegriff gewissermaßen über den von Adorno abgesteckten Rahmen, um die Geschichtlichkeit wie auch die Wirkungsmacht des einen, eben autonomen Kunstbegriffes zu sichern und damit – dabei bleibt es – auf jenen Autonomiestatus der modernen Kunst zu antworten, den selbst der Angriff der historischen Avantgardebewegungen nicht erschüttern konnte.[203]

Das ändert sich 1983. Bürger spricht nun von einer „gegenwärtigen Krise" der Kunst; eine Krise, die vor allem als drohender Verlust des Autonomiestatus verstanden wird. Ein solcher Zustand aber lasse sich mit Modernisierungstheorien wie der von Habermas entworfenen nicht mehr erfassen.[204] Dagegen setzt Bürger die These, dass die Autonomiesetzung der Kunst kein gradliniger Emanzipationsprozess ist, der in der Institutionalisierung einer Wertsphäre neben anderen endet. Vielmehr handle es sich um einen außerordentlich widersprüchlichen Prozess.[205] Um diese These zu erhärten, skizziert Bürger die Veränderungen des Status

---

200 Bürger 1978, S. 19.
201 Ebd.
202 Peter Bürger, Institution Kunst als literatursoziologische Kategorie, in: Ders. 1978, S. 260-279, hier S. 260.
203 Ebd., S. 262f.
204 Peter Bürger, Institution Literatur und Modernisierungsprozess, in: Ders. (Hrsg.), Zum Funktionswandel der Literatur, Frankfurt a.M.: Suhrkamp 1983, S. 9-32. Bürger bezieht sich hier auf: Jürgen Habermas, Die Moderne – ein unvollendetes Projekt, in: Die Zeit, Nr. 39, 19. September 1980, S. 48, hier zitiert nach Bürger 1983, S. 10.
205 Bürger 1983, S. 13.

3. Kritik, Selbstkritik und neue theoretische Bescheidenheit

der Literatur seit dem Absolutismus als Wandel der Institution Literatur. Definiert wird diese Institution jetzt als Gesamtheit einer Praxis mit folgenden Merkmalen: Sie muss bestimmte Funktionen für das Gesellschaftssystem als ganzes übernehmen, einen „ästhetischen Kodex" als Legitimationsgrundlage für die Ausgrenzung anderer literarischer Praxen ausbilden und den Anspruch auf uneingeschränkte Geltung bezüglich der Festlegung erheben, was in einer gegebenen Epoche als Literatur gilt.[206] Der Kodex selbst wird dabei verstanden als eine ständig neu auszuhandelnde, innerhalb der Institution selbst in ihrer Geltung umkämpfte Norm. Knapp zehn Jahre nach der *Theorie der Avantgarde* (und vor Bourdieus *Die Regeln der Kunst*) fasst Bürger damit die Institution Literatur als einen Raum permanenter, das Verhalten der Akteure bestimmender Auseinandersetzungen um die Definitionsoberhoheit:

> Im Zentrum eines so gefassten Institutionsbegriffs steht die normative Ebene, weil von hier aus die Verhaltensweise der Produzenten und Rezipienten bestimmt wird. Distributionsapparate wie Theater, Verlage, Lesekabinette oder Buchgemeinschaften verlieren innerhalb dieser Konstruktion den Schein ihrer Selbstständigkeit und werden erkennbar als Instanzen, in denen sich der Geltungsanspruch der Institution Literatur erhärtet oder bricht. Literaturdebatten kommt in dieser Sicht eine besondere Bedeutung zu; sie rücken in den Blick als Kämpfe um die Ausformulierung der Normen der Institution Literatur; in ihnen kann sogar der Versuch unternommen werden, einer Gegeninstitution zum Durchbruch zu verhelfen. Diese Kämpfe sind als gesellschaftliche Auseinandersetzungen aufzufassen, in denen soziale Konflikte oftmals in widersprüchlicher Weise zum Ausdruck kommen.[207]

Trotz der Grobmaschigkeit der Bürgerschen Konstruktion deutet sich hier das von Bourdieu in elaborierter Form vorgelegte Modell des literarischen Feldes als Austragungsort unablässiger Machtkämpfen bereits deutlich an. Allerdings geht Bürger diesen Weg nicht weiter. Statt sich in die Niederungen der Literaturdebatten zu begeben und die Kämpfe auf der symbolischen Ebene in ihrer Korrelation mit der sozialen zu rekonstruieren, wendet er sich in der Folge einem anderen Schlachtfeld zu – der Postmoderne-Debatte im Wissenschaftsfeld. In ihr sieht Bürger 1987 das Fortschreiben der Avantgardeproblematik und damit die Aktualisierung seines Gegenstands, jedoch unter anderem Vorzeichen.

Wie ist das zu verstehen? Folgt man Bürger, so zeugt der Postmoderne-Diskurs nicht von einer neuen Kunst, sondern vielmehr von einer veränderten Einstellung westeuropäischer Intellektueller sowohl zur Kunst und ihrer Theorie wie auch zur gesellschaftlichen Wirklichkeit insgesamt.[208] Diese Einstellung aber ist die der

---
206 Ebd.
207 Ebd.
208 Peter u. Christa Bürger (Hrsg.), Postmoderne. Alltag, Allegorie und Avantgarde, Frankfurt a.M.: Suhrkamp 1987, S. 9. Zur Aktualisierung der Avantgarde-Thematik im Zeichen der Postmoderne

Avantgarde. Mit der Rede von der Postmoderne hat die Theorie die Perspektive der Kunst übernommen. Die zentrale These des Postmodernismus, dass wir uns in einer endlosen, die Bedeutung bzw. den Sinn auf immer verfehlenden Signifikantenkette bewegen, lenkte bereits die avantgardistische Praxis. Die Bilder der Surrealisten, so Bürger, fordern den Betrachter zur Deutung heraus, wohl wissend, dass der Versuch ins Leere stoßen muss. „Bereits der Surrealismus kennt also die (postmoderne) Sabotage der Bedeutung".[209] Von daher, so muss man über Bürger hinaus sagen, ist der Postmoderne-Diskurs nicht nur der „Einbruch der avantgardistischen Problematik in die Kunst der Moderne", sondern auch in deren Theorie.[210]

Genau darin aber besteht das Problem, sonst wäre die *Theorie der Avantgarde* anders ausgefallen. Die avantgardistische Problematik – die bewusste Sabotage von Bedeutung – lässt sich nach Bürger nicht einfach auf die Theorie übertragen. Von der Theorie wird erwartet, dass sie ihre eigene Möglichkeit entweder systematisch oder historisch abzuleiten vermag, und eben dazu sei der in Selbstwidersprüche verstrickte Postmoderne-Diskurs nicht in der Lage. Als Theorie sei das postmoderne Denken von daher nicht ernst zu nehmen, sehr wohl aber als „Ausdruck einer epochalen Befindlichkeit".[211] Die Anfänge dieser Befindlichkeit reichen zurück zu jener historischen Avantgarde, die die Grenze zwischen Kunst und alltäglicher Lebenspraxis gelockert und die Strenge des modernen Formbegriffs in Frage gestellt hat. Doch blieben Grenze und Formbegriff, folgt man der *Theorie der Avantgarde,* bestehen. Die von Bürger noch 1974 eingenommene „Perspektive des Scheitern", wie sie bereits kurz nach Erscheinen seiner Theorie kritisiert wurde, legitimierte ja überhaupt erst den Institutionsbegriff als Zentrum einer Theorie moderner Kunst. Pate stand dabei die Modernisierungstheorie von Habermas und damit eine Perspektive, aus der die „avantgardistische Entdifferenzierung der kulturellen Sphären" als problematisch, wenn nicht gar als Gefahr für das soziale Gefüge betrachtet wurde. Und jetzt? Ende der achtziger Jahre nimmt Bürger eine andere Perspektive ein – eine Perspektive, aus der die Trennung der Sphären nicht mehr als historischer Fortschritt, sondern als „das kulturelle Problem unserer Gesellschaft" erscheint.[212] Das Verdienst der Avantgarde liegt nun nicht mehr

---

siehe auch: Matei Calinescu, Five Faces of Modernity. Modernism, Avant-Garde, Decadence, Kitsch, Postmodernism, Durham: Duke University Press 1987, S. 132-144.
209   Ebd., S. 8. Zum Zusammenhang zwischen Postmodernediskurs und Avantgarde siehe auch: David Roberts, Art and Enlightment. Aesthetic Theory after Adorno, Lincoln/London: University of Nebraska Press 1991, S. 131ff. "The 'postmodernist' debates of the last years in the field of aesthetic theory", so Roberts, "are simply the belated recognition of what twentieth-century art has been demonstrating for some seventy years." (Ebd., S. 131).
210   Bürger 1987, S. 12.
211   Ebd., S. 198.
212   Ebd., S. 200f.

3. Kritik, Selbstkritik und neue theoretische Bescheidenheit

darin, dass sie die Kunst qua gescheitertem Angriff in ihrer Grenze als Institution erkennbar gemacht hat, sondern in der Problematisierung eben dieser Grenze.[213] Wenn aber der Postmoderne-Diskurs theoretisch nicht ernst zu nehmen ist und die differenztheoretischen Annahmen von Habermas problematisch werden – welche Theorie bleibt dann? Keine. Die Avantgarde in ihrer postmodernen Aktualisierung wird bei Bürger zur „Grenze eines Denkens, das uns das dichotomische Schema des Entweder-Oder aufzwingt".[214] Aus diesem Zwang zu einer Entscheidung, die nur zwischen autonomer Institution Kunst und deren Beseitigung einschließlich der Abschaffung von Museen und Theatern bzw. zwischen einem Festhalten an ästhetischer Wertung und einem Verzicht auf diese zu unterscheiden weiß, will Bürger 1987 hinaus und sucht nach einer dritten Position. Diese aber – und damit verabschiedet sich Bürger von der Theorie – könne nur die Kunst geben. Bürger bricht die theoretische Erörterung ab und analysiert mit Beuys ein Stück Gegenwartskunst. „Der Bruch in meiner Argumentation", so Bürger, „bekennt die Heteronomie der Theorie ein".[215] Damit ist die Abkehr vom ehrgeizigen Projekt einer Erneuerung der ästhetischen Theorie vollzogen. Nicht die *eine* Theorie der modernen Kunst, nicht einmal eine der Theorien will Bürger gut zehn Jahre nach der *Theorie der Avantgarde*. Der oben mit Roberts am Fall der Weiss-Analyse bezeichnete Schritt in Richtung auf eine Theorie postmoderner Kunst führt Bürger zwar zur Gegenwartskunst – aber nicht mehr zur Theorie.[216] Mit dem Abschied von der Theorie und der Hinwendung zu den Sachen zollt er der postmodernen Befindlichkeit ihren Tribut und führt, nicht länger selbst die Theoriearbeit leistend, dieser nur noch den Gegenstand vor Augen.

---

213 An dieser Stelle zeigt sich m. E. deutlich jene von Richard Murphy als Schwäche der Theorie Bürgers insgesamt herausgestellte Ambiguität bezüglich des Verhältnisses der Avantgarde zur Autonomiefrage. Dabei erbt Bürgers Theorie, folgt man Murphy, gewissermaßen die Unentschiedenheit der Avantgarde selbst: „At another level however Bürger´s theoretical ambiguity here is itself significant since it directly reflects a similar contradiction within the avant-garde. For where Bürger would maintain that the failure of the avant-garde lies in its vain attempt to integrate art and life, it seems clear that the reason for this failure lies at a prior stage: within the avant-garde there is an ongoing and unresolved negotiation between the desire to create a new form of art with a direct bearing upon life, and the need to retain for art a degree of autonomy in order to preserve a distance to reality and thus a vantage point from which art might formulate its social critique. Clearly Bürger´s model stands in need of a substantial revision on this point." (Murphy 1998, S. 28f.). Mit der Verschiebung des Fokus vom Institutionsbegriff hin zum Spiel der Avantgarde mit der Grenze nimmt Bürger 1987 diese Revision der eigenen Theorie ein Stück weit vor.
214 Bürger 1987, S. 201.
215 Ebd., S. 202.
216 Als alternative Lösung zu Bürgers Problem der Dichotomie von Affirmation oder Negation der Institution empfiehlt Roberts 1987 eine theoretische Auseinandersetzung mit der Parodie, verstanden als Praxis einer gleichzeitigen Verneinung und Bejahung der Institution Kunst. Siehe hierzu: Roberts 1987, S. 176f.

Die Herausforderungen aber bleiben bestehen. Der neue Gegenstand ist der alte in neuem Gewand: das Werk von „Beuys, Prototyp des Avantgardisten nach den historischen Avantgardebewegungen".[217] Das postavantgardistische Moment des Avantgardisten Beuys besteht nach Bürger darin, dass es ihm nicht länger um den Angriff auf die Institution geht. Der Ort dieser Kunst wird „weder innerhalb, noch außerhalb der Institution Kunst lokalisiert, sondern auf der Grenze, die er als Grenze zugleich ständig markiert."[218] Beuys, wie Bürger ihn versteht, nimmt das avantgardistische Projekt der Aufhebung der Kunst auf und zugleich auch wieder zurück. Von der unsicher gewordenen Grenze zwischen Kunst und Nicht-Kunst aus operierend, zeigt er, dass die Praxis der Kunst der Theorie voraus ist. Mit dem von Bürger attestierten Grenzspiel der Kunst werden die Dinge komplexer, ja in einer Weise paradox, die einen passionierten Theoretiker wie Luhmann auf den Plan rufen. Bürger zieht eine andere Konsequenz. Was lehrt die Beuys-Analyse? „Zunächst lehrt sie die Theorie Bescheidenheit."[219] Soweit das vorerst letzte Wort eines Literaturwissenschaftlers zum Problem einer umfassenden Theoretisierung moderner Kunst und Literatur. Die Soziologie, „primäre Bezugsdisziplin"[220] der siebziger Jahre, folgte ihm nicht und beerbte stattdessen die kultursoziologisch interessierte Literaturwissenschaft um Gegenstand und Fragestellung. Auf der Grundlage neuer Sozialtheorien rollen Bourdieu und Luhmann die von Bürger formulierten Problemstellungen noch einmal auf und kommen zu neuen Antworten – angefangen von den Regeln der Institution über die Formbestimmtheit des Kunstwerks bis hin zur differenz- und formtheoretischen Vereinnahmung des Grenzspiels der Avantgarde.

---

217 Bürger 1987, S. 202.
218 Ebd., S. 204.
219 Ebd., S. 210. Diskutiert wird die Frage, ob und inwiefern Phänomene wie ein solches Grenzspiel oder auch die Ästhetisierung des Alltags mit dem Begriff der Institution in Einklang zu bringen sind, in den achtziger Jahren von Christa Bürger. Vgl. dies., Das Verschwinden der Kunst. Die Postmoderne-Debatte in den USA, in: Bürger 1987, S. 34-55, insb. S. 47.
220 Sill 2003, S. 14.

III. Kunst als geregeltes Feld – Bourdieu

1. *Die Regeln der Kunst* als Beitrag zur kritischen Wissenschaft

> „Der Künstler, der einem *Readymade* seinen Namen aufklebt und ihm damit einen Marktwert verleiht, der nichts mit seinem Herstellungspreis gemein hat, verdankt seine magische Wirksamkeit der gesamten Logik des Feldes, das ihn anerkennt und ermächtigt [...]."
>
> Bourdieu[221]

Die Theorie des literarischen Feldes als eine Theorie der Avantgarde zu lesen – das mag zunächst verwundern. Tatsächlich widmet sich Bourdieu nicht den historischen Avantgardebewegungen wie etwa dem Surrealismus. Wenn *Die Regeln der Kunst* hier trotzdem als eine Theorie der Avantgarde vorgestellt werden, so weil Bourdieu sich der Problematik autonomer Kunst in einer Weise annimmt, die in mehrfacher Hinsicht als eine Weiterführung der in der Reformphase der sechziger und siebziger Jahre begonnenen Theoriearbeit am komplexen Phänomen des Avantgardismus verstanden werden kann. Zum Ersten teilt *Die Regeln der Kunst* den kritischen, sich insbesondere gegen die Hermeneutik richtenden Impuls der *Theorie der Avantgarde* und den sich daraus ableitenden Anspruch, eine neue „Wissenschaft von den Kulturprodukten" zu begründen.[222] Zum Zweiten widmet sich Bourdieu, der Titel sagt es, in geradezu programmatischer Weise der Lösung des von Bürger aufgeworfenen Problems der Regeln des autonomen gesellschaftlichen Teilbereichs Kunst, und zwar mittels einer sozialhistorischen Klärung der Genesis, wie sie von Bürger zwar gefordert, aber nicht geliefert wurde. Indem Bourdieu die Genese des autonomen Feldes und die in ihm wirkenden Strukturen systematisch darlegt, macht er, er zum Dritten, deutlich, womit es eine Avantgarde zu tun bekam, die versuchte, eben jene Autonomie der Kunst zu erschüttern. Anders formuliert, mit Bourdieu lässt sich hinsichtlich der von Bürger ins Zentrum kritischer Kulturtheorie gerückten Avantgarde-Problematik kunstgeschichtlich einen Schritt zurück und theoriegeschichtlich einen Schritt vorwärts gehen.

---

221 Pierre Bourdieu, Die Regeln der Kunst. Genese und Struktur des literarischen Feldes, Frankfurt a. M.: Suhrkamp 1999, S. 274.
222 Ebd., S. 283.

Nehmen wir die für eine Rekonstruktion der kultursoziologischen Theorieentwicklung wesentlichen Momente kurz vorweg: Mit Baudelaire war nach Bürger der Augenblick erreicht, in dem die Selbstkritik der Kunst als Teilsystem möglich wurde. Zu diesem Augenblick geht Bourdieu zurück und klärt zunächst die Genese des gesellschaftlichen Teilbereichs, um anschließend jene von Bürger erfolglos gesuchten Regeln zu benennen, nach denen die autonome Kunst funktioniert. Die Gleichzeitigkeit des radikal Verschiedenen, wie sie Bürger zufolge von den Avantgardebewegungen provoziert wurde, attestiert Bourdieu bereits für die zweite Hälfte des 19. Jahrhunderts. Unabhängig davon jedoch, auf welchen Zeitpunkt die Transformation der historischen Abfolge in ein zeitliches Nebeneinander festgesetzt wird – entscheidend ist die Konsequenz für den wissenschaftlichen Beobachter, nämlich die methodologische Herausforderung, die sich aus diesem tiefgreifenden Wandel des Gegenstandsbereichs ergibt. Bürger sah in ihm vor allem den Verlust der Strukturiertheit und zog, überschattet vom Zweifel an den Möglichkeiten der Theoriebildung insgesamt, nur vorsichtig den Institutionsbegriff als äußeren Rahmen um eine die traditionellen Grenzen überschreitende Kunst. Anders Bourdieu: Bei ihm wird die Transformation der Struktur des künstlerischen Produktionsraums zur Chance einer Theorie, die regelrecht auf Widerspruch und Kampf gründet. Die Dynamik, welche das gleichzeitige Aufeinandertreffen radikal verschiedener Definitionen von Kunst entstehen lässt, sprengt nun gewissermaßen die starren Vorgaben des Institutionsbegriffs und verwandelt den Bereich der Kunst in einen von Spannungen getragenen soziokulturellen Raum, d.h. in ein Feld voller sich in ihrer Divergenz selbst Struktur verleihenden Positionen.

Doch konzentrieren wir uns zunächst auf eine gewichtige Gemeinsamkeit – die Kritik an der Hermeneutik. Bürger hatte die beiden zentralen hermeneutischen Begriffe ‚Vorurteil' und ‚Applikation', wie sie Gadamer in *Wahrheit und Methode* entwickelt hatte, einer grundsätzlichen, an Habermas geschulten Kritik unterzogen.[223] Die vom konservativen Gadamer vertretene Position, nach der das Verstehen letztlich mit der Anerkennung der Autorität der Tradition zusammenfalle, konfrontierte Bürger mit dem Anspruch des Sozialphilosophen Habermas, mittels Reflexion die Vorurteilsstruktur des Verstehens transparent zu machen und damit die Wirkungsmacht der Tradition zu brechen.[224] Bourdieu zielt in dieselbe Richtung, wenn er das übliche Verfahren philosophischen Kommentierens kritisiert, wie es durch die hermeneutische Theorie und hier wiederum insbesondere durch den Begriff der ‚Applikation' legitimiert und kodifiziert wurde.[225] Doch fällt der

---
223 Ebd., S. 9.
224 Ebd., S. 10.
225 Zur kritischen Auseinandersetzung mit der Hermeneutik vergleiche Bourdieu 1999, S. 483-485. Die eigentliche Abrechnung Bourdieus mit einer den Wahrheitsbegriff enthistorisierenden Phi-

Bourdieusche Angriff auf die „selbsternannten ‚Applikatoren'" schärfer und umfassender aus. Von Bergson bis Heidegger reiche die Liste der Philosophen, welche der Wissenschaft apriorische Grenzen und nachgerade „der Soziologie jeden entweihenden Kontakt zum Kunstwerk verbieten" wollen.[226] Dabei ist es vor allem das von Gadamer zum Ausgangspunkt seiner Verstehenskunst erhobene Postulat der Unverständlichkeit bzw. Unerklärlichkeit, gegen das sich Bourdieu wendet. Ebenso wie Bürger, beruft sich Bourdieu dabei auf die rationale Erkenntnis. Allerdings geht der Soziologe weiter, wenn er Gadamer nicht nur das Ausblenden einer differenzierten, von divergierenden Interessen geprägten Gesellschaft vorwirft, sondern diesen auch gleich selbst innerhalb des von Konkurrenz gezeichneten Szenarios positioniert. So dient der in *Wahrheit und Methode* eröffnete Gegensatz zwischen historischem und philosophischem Verstehen nach Bourdieu vor allem dazu, der hermeneutischen Theorie eine zeitenthobene Allgemeingültigkeit und damit einen normativen Wert zuzuschreiben. Mehr noch, die von Gadamer angestrebte Rehabilitierung von Autorität und Tradition folge einer „offensichtlichen Bemühung um sowohl politische wie geistige Konservierung".[227]

Die von Bourdieu der Hermeneutik zugeschriebenen Interessen mag man anzweifeln. Dass er sie überhaupt deuten muss, aber verweist auf jenen Unterschied zwischen hermeneutischer und kritischer Wissenschaft, wie er von Bürger explizit gemacht wurde. Kritische Wissenschaft, so hatte dieser betont, ist immer interessegeleitet, weshalb jeder Wissenschaftler die Wahl seines Gegenstandes und seiner Problemstellung zu begründen habe.[228] Wie aber, so ist dann zu fragen, verhält es sich damit bei Bourdieu? Wenn, wie Bourdieu behauptet, die philosophischen Konstruktionen nichts anderes sind als gelungene Versuche der Universalisierung partikularer Interessen, von welchem Interesse ist er selbst dann geleitet?[229] Zugespitzt könnte man sagen, von einem genau gegenläufigen. Bourdieu geht es in erster Linie darum, jene partikularen Interessen ans Licht zu ziehen, welche vom Anschein universeller Normativität überblendet werden. Fragt man also bezüglich der Regeln der Kunst nach der Wahl des Gegenstandes und der Problemstellung, so muss die Antwort lauten: Die rückhaltlose Bewusstmachung der sozialhistorischen Determinierung dessen, was Bourdieu als das „transzendentale Projekt" bezeichnet, und zwar unter Mobilisierung aller sozialwissenschaftlichen Ressourcen.[230] Verstanden wird sie von Bourdieu als „das genaue Gegenteil der magischen Flucht

---

losophie findet in *Medications Pascaliens* statt.
226 Bourdieu 1999, S. 10.
227 Ebd., S. 485.
228 Bürger 1974, S. 8.
229 Bourdieu 1999, S. 485.
230 Ebd., S. 489.

in das ‚Wesensdenken'".[231] Da diese Flucht in die Kunst mündet, ja deren Produkte in einer „Ontologie des Kunstwerks", wie Gadamer sie in *Wahrheit und Methode* vorschlägt, geradezu zum Gipfel des transzendentalen Projekts werden, richtet Bourdieu seinen kritischen Blick in einer Art Stellvertreterkrieg auf die Kunst, um letztlich jedoch mit dem Aufzeigen der Möglichkeit, „die gesellschaftlichen Bedingungen des Denkens zu denken", die Philosophie zu treffen.[232]

Ein derartig kritischer, offen die Konfrontation im Wissenschaftsfeld suchender Anspruch geht weit über den von Bürgers formulierten hinaus und erfolgt unter entsprechend höherem empirischen und theoretischen Aufwand. Ging es Bürger mit der *Theorie der Avantgarde* um eine Prüfung der Kategorien traditioneller Wissenschaft angesichts der revolutionären Entwicklung moderner Kunst, so will Bourdieu seine Theorie explizit als Bruch verstanden wissen:

> Der Bruch, den es zu vollziehen gilt, wenn eine strikte Wissenschaft von den Kulturprodukten begründet werden soll, ist daher mehr und anderes als eine schlichte methodologische Kehre: Er impliziert eine echte Konversion der verbreitetsten Art und Weise, das Geistesleben zu denken und zu leben, eine Art epoché des Glaubens, der den Kulturgegenständen und dem legitimen Umgang mit ihnen gemeinhin entgegengebracht wird.[233]

Mit einer derartigen Konversion reklamiert Bourdieu für seine Theorie eine avantgardistische Position, die seit den Angriffen auf eine, wie Bürger es nannte, „verselbstständigte Hermeneutik" seit den siebziger Jahren zumindest latent im Theoriefeld existierte. Wenn Bourdieu seiner Theorie zwanzig Jahre später den „Bruch" zuschreiben kann, dann dies nicht zuletzt, weil die Methodendiskussionen in der Zwischenzeit nicht zugunsten der von Bürger durchzusetzen versuchten kultursoziologischen Position verliefen. Wie an seinem Beispiel gezeigt werden konnte, blieb die Begründung einer strikten Wissenschaft von den Kulturprodukten in der Pluralisierung der Gegenstände und Methoden am Ende der Reformphase stecken. Mit Bourdieu übernimmt die Soziologie dieses unvollendete Projekt – ohne die Frage möglicher Vorläufer überhaupt zu stellen.

Gerade darum aber lohnt es sich, die Zielstellung wie auch die Methode der *Regeln der Kunst* mit der *Theorie der Avantgarde* zu vergleichen. Bürgers Ziel war es, der Hypostasierung der Kunst zu einem Außergesellschaftlichen entgegenzuwirken; die Einführung des Institutionsbegriffs wurde von ihm als kritische Auseinandersetzung mit der „Fiktion" verstanden, dass das Kunstwerk als einzelnes wirke.[234] Erklärtes Ziel Bourdieus ist es, dem Kunstwerk seinen „Ausnahme-

---

231 Ebd., S. 489.
232 Ebd., S. 489.
233 Ebd., S. 296f.
234 Bürger 1974, S. 13.

1. Die Regeln der Kunst als Beitrag zur kritischen Wissenschaft

zustand" zu entziehen und den akademischen „*Widerstand gegen die Analyse*" zu brechen.²³⁵ An die Stelle des „Idealismus der literarischen Hagiographie" soll bei Bourdieu ein „Verständnis der Logik jener gesellschaftlichen Welten" treten, zu denen auch das künstlerische Produktionsfeld und mithin die Kunstwerke selbst zu zählen sind.²³⁶ Einem solchen Verständnis der Kunst aber steht nicht nur deren hermeneutische Deutung, sondern die Kunst selbst im Wege, und zwar aufgrund ihres bereits von Bürger mit Hilfe der Marxschen Religionskritik diskutierten Doppelcharakters. Diese sei hier zum besseren Verständnis noch einmal kurz umrissen: Der Doppelcharakter der Religion besteht nach Marx darin, dass sie einerseits als Lehre eine Projektion und damit Illusion ist, andererseits jedoch eben als solche mit der realen Situation der Träger verbunden ist. Diesen, die symbolische wie soziale Ebene umklammernden Doppelcharakter der Religion fasste Marx mit dem Ideologiebegriff und stellt so jenen kategorialen Bezug zwischen ideeller und gesellschaftlicher Ebene her, den Bürger für die Kunst und Literatur zu fassen versuchte. Das zentrale Moment der Marxschen Religionskritik auf die Literatur übertragend, stellte Bürger deren Doppelcharakter – die Verschränkung von Illusion (auf der Textebene) und gesellschaftlicher Wirklichkeit (auf der Ebene der realen Träger) – heraus, ersetzte jedoch den Ideologiebegriff durch den der Institution und ummantelte so gewissermaßen das eigene ideologiekritische Moment.

Und Bourdieu? Seine Theorie der modernen Kunst versteht sich offen als Ideologiekritik und zwar insofern, als sie den Glauben an die Kunst, von Bourdieu verstanden als „Glauben an das Unstofflich-Vergeistigte des reinen Interesses für die reine Form", als Ideologie zu überführen und der Kritik zu unterziehen intendiert.²³⁷ Dabei beruft sich Bourdieu nicht auf Marx, sondern führt neue Begriffe ein: Die Illusion wird zur „illusio" und die soziale Ebene wird durch den „Habitus" erfasst. Verklammert werden beide durch die Kategorie des Feldes, verstanden als ein autonomes Universum, in dem symbolische und soziale Momente zusammenwirken. Wie die Institution bei Bürger, so ist das Feld bei Bourdieu der Schlüsselbegriff der Theorie. Im deutlichen Unterschied zur Institution aber beschreibt das Feld, wie allein schon der Begriff nahe legt, einen äußerst differenzierten, dynamischen und vom fortlaufenden Wandel geprägten Raum. Nicht zufällig spricht Bourdieu von einem Spiel; einem Spiel, in dem Akteure, zumeist in

---

235 Bourdieu 1999, S. 11. Hervorhebung im Original.
236 Ebd., S. 13 u. 16. Siehe zu Bourdieus Anspruch, mit dem Mythos des „schöpferischen Genies" zu brechen und „aus einer Meta-Perspektive alle Elemente des literarischen Lebens in ihren Relationen zu betrachten" Joseph Jurt, Bourdieus Analyse des literarischen Feldes oder der Universalitätsanspruch des sozialwissenschaftlichen Ansatzes. In: IASL, 22. Bd. 1997, H 2, S. 152–179, hier S. 153.
237 Bourdieu 1999, S. 16.

Gruppen, permanent um die Durchsetzung ihrer jeweiligen Definition von Kunst kämpfen. Pluralität und Differenz bilden somit die Grundvoraussetzung des Feldes, und zwar nicht etwa im Verhältnis zur Gesellschaft, sondern innerhalb des Bereichs der Kunst selbst. Eingefangen und systematisiert wird diese Spannung durch ein differenziertes Modell: das Modell der drei Räume. Der erste Raum, der Raum der Positionen, erfasst eben jene divergierenden Vorstellungen der wahren Kunst, wie sie sich in Stil- oder Richtungsbezeichnungen zu erkennen geben. Er ist eng an die Herkunft der Akteure gebunden und beschreibt die soziale Ebene. Zu denken ist hier etwa an Naturalismus oder Symbolismus. Der zweite, die symbolische Ebene erfassende Raum der Positionierungen umgreift alle künstlerisch-literarischen Zeugnisse, d.h. alles, womit sich die Akteure innerhalb des Feldes positionieren, und zwar vom hermetischen Gedicht bis zu offen programmatischen Schriften. Die Beziehung beider Räume ist homolog, da die Positionierungen die Einsätze sind, mit denen innerhalb der Arena um die Durchsetzung der jeweiligen Position gestritten wird. Das Spiel bzw. die Auseinandersetzung bleibt solange geordnet, bis eine neue Position ins Feld drängt und dessen Ordnung und Hierarchie aufrüttelt. Das kann nicht jederzeit gelingen, vielmehr bedarf es einer Schwächung der Positionen oder gar einer Krise des Feldes, um innovative Akte überhaupt zu motivieren und durchsetzbar erscheinen zu lassen. Der dritte Raum, der Raum des Möglichen, ist dann auch eine Leerstelle im Feld, eine Chance zur Veränderung.

Im nachfolgenden Abschnitt wird das hier nur umrissene Modell genauer erläutert werden. An dieser Stelle bleibt festzuhalten, dass der Bereich der Kunst mit Bourdieu als ein gesellschaftlich konstruiertes, relativ autonomes Produktionsfeld mit eigenen Regeln und spezifischen Wahrnehmungs- und Bewertungsprinzipien zu verstehen ist. Den kritischen Impuls Bürgers teilend, hält Bourdieu der Ästhetik ein Verständnis von Kunst entgegen, das diese als einen autonomen gesellschaftlichen Teilbereich versteht, den es sowohl in seinem Doppelcharakter, d.h. auf der symbolischen wie sozialen Ebene, wie auch in seinem Gemacht-Sein zu erfassen gilt. Die Suche nach den Regeln der Kunst führt bei beiden zur Frage nach der Genese der Autonomie. Während Bürger aber die „Klärung der Genesis der Autonomie der Kunst" lediglich einfordert, geht Bourdieu ihr auf den Grund und errichtet seine Theorie auf dem Fundament der Sozialgeschichte moderner Kunst.[238] „Einzig die Sozialgeschichte", so Bourdieu, „verfügt über die Mittel, mit deren Hilfe die geschichtliche Wahrheit der objektivierten oder inkorporierten Spuren der Geschichte, die sich dem Bewusstsein unter dem Anschein einer universellen Substanz darbieten, wiederzuentdecken sind."[239] Das eigentliche Übel

---

238 Bürger 1974, S. 7.
239 Bourdieu 1999, S. 489.

und das Haupthindernis für eine Analyse nicht nur der Kunst, sondern der soziokulturellen Wirklichkeit insgesamt, ist dann auch das „Elend des Ahistorismus".[240] Kurz, die Frage nach dem Sinn und Wert des Kunstwerks ist nach Bourdieu nur im Rahmen einer Sozialgeschichte des Feldes zu beantworten.[241] Schauen wir uns also diese Sozialgeschichte des Feldes an und verfolgen die Genese der modernen Kunst mit Bourdieu bis zu jenem Punkt, an dem auch die Bedingungen der Möglichkeit (oder Unmöglichkeit) des avantgardistischen Angriffs auf die Autonomie der Kunst ins Blickfeld geraten.

2. Genesis autonomer Kunst als Institutionalisierung von Anomie

Die Suche nach den Regeln der Kunst führt uns zunächst zurück zu jener Bohème, die bereits in den sechziger Jahren vom soziologisch geschulten Teil der Geisteswissenschaften näher untersucht wurde. Erinnern wir uns, Kreuzer hatte die Bohème als Gesamtheit der antibürgerlich-intellektuellen Gruppen definiert, die sich, oft um einzelne Persönlichkeiten mit besonderem Prestige konzentriert, in den Großstädten zusammenfinden. Charakteristisch sind dabei die praktische Opposition gegen die Geldwirtschaft, geringe Zeitökonomie, starker Individualismus und die Unkonventionalität der Lebensführung. Die Majorität stellen unbemittelte jüngere, aus dem Kleinbürgertum, aber auch aus den gehobenen Schichten stammende Künstler und Schriftsteller, wobei Kreuzer zwischen Bohèmen unterschiedlicher Reichweite unterschieden und auf die fließenden Grenzen verwiesen hatte. Zu den Bedingungen der Bohème wurde die stetige rapide Vergrößerung des Marktes für künstlerisch-literarische Produkte gezählt.[242]

Bei Bourdieu finden sich alle genannten Punkte wieder. Die Bohème steht am Anfang der Genese und bildet gewissermaßen den Nährboden des autonomen Feldes der Kunst in Frankreich. Wenn diese Genese im Folgenden mit Bourdieu von der künstlerischen Bohème über die Gesetzgebung der Kunst bis hin zur Anarchie des frühen 20. Jahrhunderts verfolgt wird, so geschieht dies nicht mit dem Anspruch auf Vollständigkeit, sondern mit der Absicht, aus ihr die für ein Verständnis der Avantgarde relevanten Momente zu extrahieren. Von daher sei vorab noch einmal das entscheidende Merkmal der historischen Avantgarden ins Gedächtnis gerufen: der Versuch, Kunst und Leben wieder zusammenzuführen. Diesem Versuch muss der Bruch vorausgegangen sein, und genau um diesen Bruch mit der Alltagswelt geht es bei Bourdieu. Die Entstehung des autonomen Feldes bildet über-

---
240 Zum Elend des Ahistorismus siehe Bourdieu 1999, S. 480-485.
241 Bourdieu 1999, S. 456.
242 Siehe hierzu den ersten Teil der vorliegenden Studie.

haupt erst die Voraussetzung des von der Avantgarde unternommenen Angriffs auf die Autonomie. Gehen wir also zurück in das Jahr 1848 und zur Pariser Bohème. Bourdieu beschreibt die Bohème als Reaktion auf den Aufstieg von Industriellen und Kaufleuten mit riesigen Vermögen während des Zweiten Kaiserreichs. Mit diesen „bildungs- und kulturlose[n] Aufsteiger", welche den Mächten des Geldes in der gesamten Gesellschaft zum Sieg zu verhelfen trachteten, verbindet sich eine beispiellose Expansion des Marktes der kulturellen Güter.[243] Von ihm profitierten vornehmlich die Vertreter der bürgerlichen Kunst, doch entfesselte die Expansion des Marktes auch jenen Ansturm mittelloser, wenngleich bildungsstarker junger Leute aus der Provinz, als dessen Resultat man die Bohème begreifen muss. Bourdieu spricht in diesem Zusammenhang von der „Erfindung der literarischen Figur der Bohème" und versteht diese als eine „neue gesellschaftliche Entität", ja als eine „regelrechte Gesellschaft in der Gesellschaft", deren Bedeutung für die Genese des literarischen Feldes nicht unterschätzt werden darf.[244]

Die erste Bohème, der Typ des romantischen Dandy, hatte bereits in den 1830er Jahren die Ideale des aufstrebenden Bürgertum, aus dessen verarmten Teil seine jungen männlichen Vertreter vornehmlich stammten, ebenso abgelehnt wie die proletarische Massenbewegung. Zu diesen Außenseitern innerhalb des Bürgertums gesellt sich um 1848 eine numerisch beachtliche Gruppe junger Männer, die im Zuge der Landflucht mit der Hoffnung aus der Provinz in die Hauptstadt gekommen waren, hier eine Karriere als Schriftsteller oder Künstler antreten zu können. Trotz expandierender Presse und einem wachsenden Bedarf an Schriftstellern und Journalisten, der nicht mehr allein durch den Zugriff auf den Adel und die Pariser Bourgeoisie gedeckt werden konnte, wurden viele der Provinzler enttäuscht und schlossen sich, wenn auch oft durch proletarischen Broterwerb finanziert, der ersten Bohème an.[245] Die von Bourdieu für die zweite Bohème gewählte Bezeich-

---

243 Bourdieu 1999, S. 84.
244 Bourdieu sieht durchaus, dass der Hass auf die Bourgeoisie und das Philistertum bereits zu den bestimmenden Momenten der Romantiker gehörte. Der „Ekel gegenüber der Gesellschaft" aber nimmt erst unter dem Zweiten Kaiserreich einen „nie dagewesenen gewalttätigen Charakter" an, den Bourdieu in unmittelbaren Zusammenhang mit der Entstehung der künstlerisch-literarischen Bohème bringt. Vgl. hierzu Bourdieu 1999, S. 84f. Siehe hierzu auch Joseph Jurt, Das literarische Feld. Das Konzept Pierre Bourdieus in Theorie und Praxis, Darmstadt: Wissenschaftliche Buchgesellschaft 1995, S. 173. Als Gegenposition hierzu siehe Klaus von Beyme, der in der Lebensweise der Bohemiens keine zureichende Bedingung für die Entstehung von avantgardistischer Kunst sieht. Vgl. Klaus von Beyme, Das Zeitalter der Avantgarden. Kunst und Gesellschaft 1905-1955, München: Beck 2005, S. 36f.
245 Gefördert wurde diese Entwicklung durch die erhebliche Zunahme von Schulabgängern mit Reifezeugnis, aber auch von Studenten der literarischen und naturwissenschaftlichen Fächer. Die sich in Paris einfindenden jungen Leute waren dann nach Bourdieu zwar „mit Geisteswissenschaften und Rhetorik gefüttert", ermangelten aber der nötigen finanziellen Mittel und sozialen Kontakte, um ihre Abschlüsse Gewinn bringend umsetzen zu können. Vgl. hierzu Bourdieu 1999, S. 94.

2. Genesis autonomer Kunst als Institutionalisierung von Anomie

nung des „proletaroiden Intellektuellen" macht deutlich, dass ihre Vertreter zwar die soziale Herkunft und materielle Not des Volkes teilten, sich als Geistesschaffende jedoch allein durch ihre Erscheinung und Lebensführung von proletarischen Mustern absetzten. Und auch wenn sich für die Ideen der Bohème zunächst keine gewinnbringenden Einsatzmöglichkeiten innerhalb der vorhandenen Strukturen finden ließen, so bildet die „Erfindung der Lebenskunst" doch überhaupt erst die Bedingung der Möglichkeit, sich gleichzeitig von bürgerlichen und proletarischen Mustern abzusetzen und somit einen eigenen Lebensstil zu entwickeln, der dann zum literarischen Gegenstand erhoben wurde.[246]

Bourdieu spricht bezüglich der Bohème von einer „Kulturrevolution", als deren Motor die radikale Ablehnung der bürgerlichen Welt verstanden werden muss. Das Ergebnis dieser Revolution aber ist nicht eine antibürgerliche Kunst inmitten einer bürgerlichen Gesellschaft, sondern die Spaltung des Raumes künstlerischer Produktion „in eine bürgerliche Welt und gegen sie".[247] Mit dieser Spaltung entsteht überhaupt erst das, was Bourdieu unter einem Feld versteht, nämlich eine in der Opposition zusammengehaltene und damit den Raum absteckende Struktur. Zwar gab es bereits vordem mit Naturalismus oder auch sozialer Kunst eine Opposition innerhalb des künstlerischen Produktionskreises, doch war diese nach dem Scheitern der Revolution geschwächt, zumal die führenden Vertreter der sozialen Kunst das Land hatten verlassen müssen. Nur so konnte sich das Gewicht massiv zugunsten einer bürgerlichen Kunst verschieben, gegen die nun wiederum die ambitionierten Neuankömmlinge opponierten.

Zu den gewichtigen Voraussetzungen der unter diesen Bedingungen ausbrechenden literarischen Konkurrenzkämpfe zählt der „Bruch mit der Alltagswelt"; ein Bruch, der nicht über Nacht erfolgte, sondern vielmehr als schrittweise Abkehr und Radikalisierung einer Opposition verstanden werden muss, zu der die neuen, ihren Platz im Feld suchenden Akteure regelrecht genötigt wurden. Als eine Art Etappe auf dem Weg zur Autonomie muss man sich die Salons vorstellen. Als „elitäre Refugien" spielen sie für die Genese des Feldes eine entscheidende Rolle.[248] Zum

---

246 Siehe zur „ambivalenten Situation" der Bohème auch Jurt 1995, S.131f.
247 Bourdieu 1999, S. 94.
248 Anhand der Salons und der sich in ihnen einfindenden Literaten kann Bourdieu sehr schön den Abstand der jeweiligen Gruppen zum Feld der Macht illustrieren. So wurde der Salon der Kaiserin in den Tuilerien vor allem von mondänen Schriftstellern, Journalisten und Kritikern besucht, die sich ohne Ausnahme zu den „notorischen Konformisten" zählen lassen. Die liberalere Gesinnung des Prinzen Jérôme äußerte sich in seinem Empfang von Taine oder Sainte-Beuve im Palais Royal Renan, während die Prinzessin Mathilde darüber hinaus auch Schriftsteller wie Gautier, Flaubert und die Brüder Goncourt empfing. In „einiger Entfernung vom Hof" finden sich dann weitere, mit dem „Renommee eines oppositionellen Ortes" versehene Salons, in denen sich verschiedenste Schriftsteller, Kritiker und Künstler trafen. Vgl. hier Bourdieu 1999, S. 87f. Siehe zu der das Feld strukturierenden Wirkung der Salons auch Jurt 1995, S. 134.

einen stellten die Salons eine gesellschaftliche Enklave, in der sich mit Gleichgesinnten ein Lebensstil zelebrieren ließ, den man dann wiederum literarisch reflektieren konnte. Zum anderen und darüber hinaus aber waren sie ein Ort, an dem die Schriftsteller und Künstler den Mächtigen begegnen konnten, weshalb Bourdieu in den Salons auch „regelrechte Mittlerinstanzen zwischen Feldern" sieht.[249] Im Schatten der Mächtigen, allen voran der Zeitungsdirektoren, wuchs das breite Heer der „Industriellen des Schreibens", also jener Schriftsteller-Journalisten, die sich zum Maßstab in allen Kunst- und Literaturfragen erheben und jede ihren eigenen ethischen Prinzipien zuwider laufende Unternehmung verurteilen.[250] Der Salon ist somit nicht nur die frühe soziale Gestalt der sich entwickelnden „Gesellschaft der Künstler", sondern auch der trefflichste Ausdruck für die ambivalente Stellung der Akteure im sozialen Raum.[251] Erst aus der schillernden Realität der Bohème heraus, konnte die „Konstruktion ihrer Identität, ihrer Werte, Normen und Mythen" einsetzen.[252]

An Kontur gewinnt diese Konstruktion mit einer Richtung, die später als l'art pour l'art oder auch „reine Kunst" in die Literatur- und Kunstgeschichte eingeht. Namentlich Charles Baudelaire, dem nicht nur die Akademien, sondern selbst noch die Türen der namhafteren Salons verschlossen blieben, wird zu ihrem eigentlichen „Gesetzgeber". Er verkörpert nach Bourdieu die extremste Position der Avantgarde: „die der Revolution gegen alle Machtinstanzen und alle Institutionen, angefangen bei den literarischen".[253] Baudelaire, der sich aufgrund seiner Erfahrungen inmitten der Bohème in den 1840er Jahren als endgültig eingliederungsunfähig versteht, erklärt den Bruch mit den Herrschenden stellvertretend für das gesamte kollektive Unternehmen der Bohème zur Grundlage der Existenz des Künstlers als Künstler und begründet damit die „Grundregel des Feldes" – den nomos – als konstitutives Moment der spezifisch literarischen und künstlerischen Ordnung.[254] Verstanden werden muss dieses Gesetz als eine Art Reinheitsgesetz; ein Gesetz, welches über die Autonomie der Kunst als Kunst wacht und garantiert, dass alles der Kunst Fremde ausgeschieden wird. In diesem Sinne definiert Bourdieu den

---
249 Bourdieu 1999, S. 89f.
250 Ebd., S. 92f.
251 Ebd., S. 99.
252 Ebd., S. 96.
253 Bourdieu zufolge markiert die Kandidatur Baudelaires für die Académie francaise als ein „vollkommen ernsthafter und parodistischer Akt zugleich" den ersten Schritt hin zur Gründung des neuen Gesetzes der „reinen" Kunst. Mit diesem „regelrechte[n] symbolische[n] Attentat" klagt Baudelaire bei vollem Bewusstsein der Unmöglichkeit eines Erfolgs sein Recht auf Anerkennung auch außerhalb der Avantgarde ein und macht damit seinen Gegnern und Anhängern deutlich, dass er die neue Ordnung der „reinen Literatur" verkörpert. Vgl. hierzu Bourdieu 1999, S. 103-107.
254 Ebd., S. 104 u. 354.

2. Genesis autonomer Kunst als Institutionalisierung von Anomie 77

„nomos" als „Prinzip der Vision und Division", d.h. als ein Prinzip, das auf der Differenz zwischen wahrer und falscher Kunst gründet und die Zulassungsvoraussetzungen des Feldes regelt.[255]

An dieser Stelle muss kurz an das von Bürger diskutierte, jedoch ungelöst der Theorieentwicklung hinterlassene Problem erinnert werden, wonach eine Theorie der modernen Kunst, welche diese als Institution begreift, sich mit der Schwierigkeit konfrontiert sieht, dass die Institution Kunst uns nicht als geschriebenes Recht gegeben ist. Anders als für die Institution Recht gibt es für die Kunst eben keinen Corpus von Texten, der das Funktionieren der Institution regelt.[256] Mit dem „nomos" befinden wir uns an dem Punkt der von Bourdieu nachgezeichneten Genese des Feldes, der auf dieses Problem reagiert. Wollte man mit Bourdieu unmittelbar auf Bürger antworten, so müsste man wohl sagen: Doch, es gibt einen Corpus von Texten, der das Funktionieren des Feldes regelt. Dieser Corpus ist im Raum der Positionierungen zu finden und setzt sich zusammen aus den zahlreichen Zeugnissen einer Position, deren Vertreter in der zweiten Hälfte des 19. Jahrhunderts die Definitionsoberhoheit darüber, was Kunst ist, allein für die Kunst behaupten und sich im Feld etablieren.

Wie aber konnte sich eine solche Position durchsetzen? Um die erklärte Unabhängigkeit nach allen Seiten abzusichern, entwickelte Baudelaire konkrete „Formen der Verweigerung" gegenüber der Familie, der eigenen Herkunft und der Karriere. Dazu kam die Aufforderung, alle großen Verlage abzulehnen. Da die Position der „reinen" Kunst durch die Zuwanderung der zweiten Bohème über eine entsprechende Zahl von Akteuren verfügte, die nun gewissermaßen ihren eigenen Markt bildeten, konnte Baudelaire mit seiner Entscheidung für einen Kleinverlag den gerade für die kritische Phase der Genese entscheidenden „Einschnitt zwischen kommerziellem und avantgardistischem Verlagswesen" wagen und mit ihm ein enges Bündnis zwischen kämpferischen Literaten und Verlegern knüpfen.[257] Zu einem weiteren Verbündeten der eigenen Position machte Baudelaire den Kritiker. Dieser wurde von seiner Vermittlerrolle zum bürgerlichen Lager abgezogen, zum Vermittler des Werkes stilisiert und somit letztlich zum Gleichgesinnten erhoben. Die „ideale Gemeinschaft" von Literaten und Kritikern gründet fortan in der Unterordnung des Kritikers, dessen Aufgabe nun darin besteht, die Intention des literarischen Schöpfers aufzuspüren; ein Akt, mit dem auch dem Kritiker schöpferische Qualitäten zugeschrieben werden und vermittels dessen sich die Macht des Kri-

---

255 Ebd., S. 353f.
256 Bürger 1974, S. 15.
257 Baudelaire hatte sich für Fleurs du mal gegen das große Verlagshaus Lévy und für den kleinen Verleger Poulet-Malassis entschieden, den er aus dem Café kannte und dessen Engagement für die junge Dichtung er sehr zu schätzen wusste.

tikers innerhalb des Feldes an der Seite der Werke im Kampf der opponierenden Positionen aufrichtet. Diese radikal neue Definition der Rolle des Kritikers fügt sich nach Bourdieu geradezu logisch in den „Institutionalisierungsprozeß der Anomie" ein; ein Prozess, der mit der Bildung des künstlerischen Produktionsfeldes einhergeht und somit einen Raum konstituiert, in dem jeder Schaffende ermächtigt ist, seinen „eigenen nomos in einem Werk zu stiften, welches das (völlig beispiellose) Prinzip seiner Wahrnehmung in sich selbst trägt".[258]

Mit Künstler, Kritiker und Verleger auf derselben Position wird deren Normbruch und deren konsequente Ablehnung jeder äußeren Norm dann aber selbst zu einer an Verbindlichkeit gewinnenden Forderung, die auch von anderen Literaten zur Kenntnis genommen werden muss. Bourdieu illustriert die Paradoxie, dass die Revolte gegen die Ordnung nun ihrerseits „erste Ordnungsrufe" wirksam werden lässt, am Beispiel von Autoren, die, obwohl sie der externen Nachfrage und den externen Forderungen gehorchen, nun immer stärker gezwungen sind, die spezifischen Normen des Feldes anzuerkennen. Das bedeutet nicht, dass sich die Mehrheit der Literaten den von Baudelaire formulierten Forderungen anschloss, sich von den Ansprüchen der Politik und den Imperativen der Moral zu befreien, um allein der Schiedsinstanz der spezifischen Norm der Kunst zu folgen. Vielmehr muss die Position der „reinen" Kunst mit Bourdieu als eine „aufzubauende Position" gelesen werden, die sich gerade in ihren Anfängen in erster Linie als Reaktion auf die Dominanz der bürgerlichen Kunst, aber auch als Opposition zum Naturalismus verstand. Von daher definiert sich die Position des l'art pour l'art nach Bourdieu „in doppelter Abwehr" gegen die Position der bürgerlichen und der sozialen Kunst.[259] Dass sie sich durchsetzen konnte, verdankt sie der „Krise des Naturalismus", also jener Schwächung der Position der sozialen Kunst nach der gescheiterten Revolution, welche überhaupt erst den „symbolistische[n] Staatsstreich" ermöglichte, mit dem die neue Position ihren Anspruch auf die Herrschaft über die symbolische Ordnung durchzusetzen versucht.[260]

Und doch garantierten weder der Bruch mit der Alltagswelt noch der gelungene Staatstreich innerhalb des künstlerischen Produktionsbereichs einen nachhaltigen Erfolg. Die konsequente Absage an die Normen einer Gesellschaft, die sie ausschließt und mit der sie in doppelter Hinsicht brechen muss, um ihre Prinzipien geltend zu machen, entlassen die ganz auf Selbstbestimmung setzende Position in einen unsicheren, da von keinen externen Kräften gestützten Zustand. In diesem Sinne ist die Position des l'art pour l'art „eine aufzubauende Position,

---

258 Bourdieu 1999, S. 114.
259 Ebd., S. 127f.
260 Ebd., S. 193, 204 u. 209.

2. Genesis autonomer Kunst als Institutionalisierung von Anomie 79

der jedes Äquivalent im Macht-Feld fehlt, eine Position, die es auch nicht geben könnte oder nicht unbedingt geben müsste".[261] Vor allem die Ablehnung des Bürgers, eines potentiellen Kunden, mit der sich die neue Position von der bürgerlichen Nachfrage löst und gleichsam den Markt zum Verschwinden bringt, setzt deren Vertreter einem „infernalischen Mechanismus" aus, da der durchaus von ihnen selbst vollzogene und gewollte Bruch sie ungeachtet dessen unentwegt dem Verdacht aussetzt, „die Notwendigkeit zur Tugend zu erheben".[262] Denn es braucht, um der im wahrsten Sinne des Wortes erfundenen und damit riskanten Position, die es eben auch nicht geben könnte, Halt und Dauer zu verleihen, einen Markt, und ein solcher wird von der Position auch errichtet. Zwar können die Produzenten in ihm zumindest kurzfristig nur mit ihren eigenen Konkurrenten als Kunden rechnen, was sich besonders deutlich am Aufblühen kleinerer, oft kurzlebiger Zeitschriften und Verlage zeigt, die ihre Leserschaft nahezu gänzlich nur aus den Reihen der eigenen Mitarbeiter rekrutieren. Doch schaden weder die vergleichsweise geringe Zahl der Leser noch das Scheitern der Selbstverleger dem symbolischen Kapitalzuwachs der neuen Position, deren gezielt in Opposition zur Herrschaft des Geldes errichtete „verkehrte ökonomische Welt" gerade in dem Prinzip gründet, dass auf symbolischem Terrain nur gewinnen kann, wer auf wirtschaftlichem verliert. Mit dem Markt der symbolischen Güter formuliert Bourdieu die Antinomie der modernen Kunst als „reiner" Kunst insgesamt: die Existenz eines „genuin anti-ökonomischen ökonomischen Universum[s], das sich am wirtschaftlich beherrschten, symbolisch aber herrschenden Pol des literarischen Feldes etabliert".[263]

Die Existenz eines solchen Marktes wiederum verdankt sich nach Bourdieu der ebenfalls von der Position der „reinen" Kunst entdeckten spezifischen Macht der Kunst – der Macht der Form. Die Absage an Politik und Moral, ja an jede äußere Funktionszuweisung der Literatur und Kunst lenkte, verstärkt durch die soziale Isolation der Bohème, das Augenmerk der Akteure immer nachdrücklicher auf ihren eigenen Kreis und damit gleichsam auf ihre eigene spezifische Tätigkeit. Von daher versteht Bourdieu die Formgebung als einen Akt der „Befreiungsarbeit" vom Milieu; eine Befreiung, die umso nachhaltiger ausfallen muss, je stärker die jeweiligen Akteure gezwungen sind, sich ihren eigenen Markt zu schaffen. Die Arbeit an der Form wird somit nicht nur zur Voraussetzung der Befreiung von ex-

---

261 Zwar sei diese Position durch die Vorarbeit der romantischen Dichter bereits „latent im Raum der bestehenden Positionen vorhanden", doch kann diese nur existent werden, wenn diejenigen, welche die neue Position einzunehmen gedenken, das Feld entwickeln, um sich in ihm einen Platz, sprich eine Position, zu verschaffen. Ebd., S. 127.
262 Ebd., S. 134.
263 Siehe zur „berufsideologischen Verklärung des spezifischen Widerspruchs der Produktionsweise" Bourdieu 1999, S. 136-140.

ternen Bindungen, sondern auch zum Ausdruck der Objektivierung des eigenen Milieus, hier also des Feldes selbst. Die Macht der Form stellt die Legitimation einer Definition von Literatur und Kunst dar, nach der „alles durch die genuine Wirksamkeit des Schreibens in ein Kunstwerk" verwandelt werden kann.[264] Unter diesem Diktum werden die Inhalte belanglos. Das Resultat ist ein „Diskurs ohne Jenseits", mit dem sich die Anhänger der „reinen Ästhetik" über die gesellschaftlichen und ästhetischen Grenzen ihrer Zeit stellen.[265]

Will man die Macht einer ganz auf den Formbegriff setzenden Position von Kunst erfassen, so muss man mit Bourdieu auf den Raum der Positionierungen und hier wiederum auf dessen Hierarchie schauen. Bourdieu versteht darunter in erster Linie die Hierarchie der Gattungen und damit eine symbolische Ordnung, die durch Dichtung, Roman und Theater strukturiert ist. Aus ökonomischer Perspektive nimmt das Theater den ersten Platz ein, gefolgt von Roman und Dichtung, während sich aus der Perspektive der „reinen Kunst" eine exakt gegenläufige Hierarchie ergibt. Dass Baudelaire ganz auf die Dichtung setzte und die Umsturzversuche im Subfeld des Theaters erst vergleichsweise spät einsetzten, erklärt Bourdieu aus der Nähe der jeweiligen Gattung zum Publikum, wobei wiederum die Zahl und das Kapital des Publikums eine wesentliche Rolle spielen. Nehmen wir das Theaters: Aus ökonomischer Perspektive nimmt das Theater zu Zeiten Baudelaires den ersten Platz ein. Die unmittelbare Nähe zum bürgerlichen Publikum trug dem Theater finanzielle Gewinne sowie offizielle Ehrungen und eben darum auch die ganze Verachtung der auf literarisches Prestige setzenden Schriftsteller und Kritiker ein.[266] Durch die enge Verflechtung des Theaters mit den bürgerlichen Normen konnte die Differenzierung der Gattung hier erst mit Verzögerung einsetzen, entwickelte sich dann aber als Gegensatz zwischen klassischem Theater, Boulevardtheater und Cabaret „sehr direkt der gesellschaftlichen Hierarchie des betreffenden Publikums" entsprechend.[267] Der eigentliche Unterschied verläuft dabei zwischen dem bürgerlichem Theater und dem „Avantgarde-Theater"; ein Unterschied, der letztlich in den „Gegensatz zwischen Kunst und Geld" mündet und sich als solcher nicht nur in der sozialen Charakteristik des Publikums der Pariser

---

[264] Ebd., S. 176.
[265] Ebd., S. 212. Siehe zur Bedeutung der Formgebung auch Markus Schwingel, Kunst, Kultur und Kampf um Anerkennung. In: IASL. Hrsg. von Georg Jäger, Dieter Langewiesche u. Alberto Martino. 22. Bd. 1997, H 2, S. 109-151, hier S. 143.
[266] So verschaffte das Theater Bourdieu zufolge „für eine im Verhältnis geringe kulturelle Investition" einer kleinen Zahl von Autoren sofortige und beachtliche Gewinne, während der Roman einer „relativ großen Zahl von Autoren erhebliche Gewinne" sicherte, und die Dichtung einer „kleinen Zahl von Produzenten äußerst geringe Profite" einbrachte. Vgl. hierzu Bourdieu 1999, S. 188f. Siehe zur Entwicklung des Marktwerts der einzelnen Gattungen auch Jurt 1995, S. 154-157.
[267] Bourdieu 1999, S. 189f.

2. Genesis autonomer Kunst als Institutionalisierung von Anomie 81

Theater niederschlägt, sondern zum Trennungsprinzip „in den Köpfen" gerinnt.[268] Dass dieses Trennungsprinzip in den 1880er Jahren nachhaltige Wirkung entfalten konnte, ist nach Bourdieu kein Zufall.[269] Stattdessen beruht der Erfolg der Symbolisten auf der spezifischen Krise der literarischen Produktion in jenen Jahren und muss im Zusammenhang mit der „im gesamten Macht-Feld zu beobachtende[n] ,spiritualistische[n] Renaissance'" gesehen werden.[270] War bereits das Aufkommen der neuen Position von der gesellschaftlich-politischen Entwicklung nach 1848 begünstigt, so wird auch deren Etablierung von einem sozialen Wandlungsprozess unterstützt, der die Stimmung außerhalb und innerhalb des literarischen Feldes zuungunsten der sozial Engagierten umschlagen lässt. Erst in einer Atmosphäre geistiger Restauration konnte die unwahrscheinliche Position der „reinen" Kunst ihre Kräfte stärken und die Wende zu „reinen" Kunstformen befördern.[271]

Für ein Verständnis des Phänomens des Avantgardismus ist die erfolgreiche symbolistische Reaktion gegen den Naturalismus von größter Bedeutung Zum einen ist mit ihr die Autonomie des Feldes erobert, begründet und etabliert. Aus dem anfänglich eher erzwungenen Bruch mit der Gesellschaft und der Alltagswelt ist eine eigene Gesellschaft mit eigenen Regeln geworden, gegen die sich dann wieder, zumal in Zeiten wiedererwachter Politisierung, Position beziehen lässt. Zum anderen und darüber hinaus aber hat der Erfolg der Position der „reinen" Kunst gezeigt, was überhaupt möglich ist: Wenn eine Position, die aus der Not heraus erfunden wurde und keinerlei Rückhalt außerhalb der Kunst hat, innerhalb der Kunst erfolgreich sein kann und sich gegen das Alte durchzusetzen vermag, dann ist der Raum des Möglichen in einer Weise markiert, der zu neuerlichen Revolten geradezu einlädt. In diesem Sinne spricht Bourdieu davon, dass sich mit dem in aller Deutlichkeit aufbrechenden Gegensatz zwischen „reiner" und sozial engagierter Kunst erstmals jene „Logik der Mode" als Denkschema ausbildet, das es erlaubt, „eine Tendenz, Strömung oder Schule mit dem bloßen Argument zu verurteilen, sie sei ,überholt'".[272] Sich auf die zahlreichen literaturkritischen Schriften und Manifeste berufend, mittels derer die literarischen Richtungskämpfe dokumentiert

---

268 Ebd., S. 260.
269 Bourdieu zufolge beruhten die Prinzipien der Autonomie, wie sie nach 1848 entwickelt wurden, zu einem Großteil noch auf Dispositionen und Handlungen der Akteure. Ihre Objektivierung, das heißt die Ausbreitung dieser Prinzipien im literarischen Feld und der Niederschlag des von ihnen ausgehenden Modernisierungsimpulses in den literarischen Werken, erfolgte in den 1880er Jahren. Ebd., S. 187.
270 Ebd., S. 193.
271 Zu nennen sind hier vor allem die symbolistische Dichtung und der psychologische Roman; Formen also, die auch von den nun in großer Zahl von der naturalistischen auf die symbolistische Position wechselnden Schriftstellern gewählt wurden. Vgl. zur „Konversion von Schriftstellern" in den 1880er Jahren Bourdieu 1999, S. 204-208.
272 Ebd., S. 205.

und ihre Logik ersichtlich gemacht wurden, kann Bourdieu den Nachweis erbringen, dass das, was als Kampf gegen die etablierte und extern sanktionierte Literatur begann, in eine Kette feldinterner „Kämpfe von Reinigungsaktion zu Reinigungsaktion" mündet.[273] Einmal aufgebrochen, zwingen Freiheit und Autonomie zur ständigen Neudefinition der literarischen Werte einschließlich der Möglichkeiten, diese geltend zu machen.

Damit aber wird der Zustand der „Regellosigkeit" im Feld selbst zur Norm. Der Prozess, der zur Konstituierung des Feldes führt, stellt nach Bourdieu einen „Prozeß der Institutionalisierung von Anomie dar, an dessen Abschluß sich niemand mehr als absoluter Herr und Besitzer des nomos, des Prinzips legitimer Vision und Division, aufspielen kann".[274] Veranschaulicht wird diese Institutionalisierung der Normlosigkeit von Bourdieu durch die Brüche, welche nun auch innerhalb des experimentellen Sektors erfolgten. So spaltete sich das „Subfeld der reinen Produktion" am Ausgang des 19. Jahrhunderts in die Parnassiens und die Décadents; eine Aufspaltung, welche Bourdieu auch als sekundären Gegensatz zwischen der Avantgarde und der „arrivierte[n] Avantgarde" bezeichnet.[275] Mit dem Scheitern des als Versöhnung gedachten Kongresses der Dichter am 27. Mai 1901 in Paris erreicht die literarische Anarchie ihren Höhepunkt. Mit ihm führt uns Bourdieu an den Anfang des 20. Jahrhunderts und markiert jene „Logik der permanenten Revolution", die als Funktionsgesetz des literarischen Feldes auch die nachfolgenden historischen Avantgarden prägen wird.[276] Die mit der symbolistischen Reaktion gegen den Naturalismus angestoßene Kette von Spaltungen wird sich im Feld der Kunst fortsetzen und zu immer neuen Brüchen und Allianzen führen, bis hin zu dem Punkt, an dem sich das Feld selbst Angriffen ausgesetzt sieht. Dieser Punkt aber wird von Bourdieu nicht mehr thematisiert. Die Angriffe der Avantgarde auf

---

273 Ebd., S. 225.
274 Zur Veranschaulichung dieses Prozesses bedient sich Bourdieu des Terminus der Emergenz, wie er von Ian Hacking für den langsamen Prozess des Auftauchens einer Struktur eingeführt wurde, wobei Bourdieu betont, „daß sich in jedem Moment dieses kontinuierlichen und kollektiven Prozesses das Auftreten einer vorläufigen Form der Struktur festmachen läßt". Vgl. Bourdieu 1999, S. 216f. Hans-Norbert Fügen sprach in einem ganz ähnlichen Zusammenhang, nämlich hinsichtlich der „sozialen Unsicherheit des Schriftstellers", bereits 1970 von einer „institutionalisierte(n) Institutionslosigkeit". Vgl. Hans Norbert Fügen, Die Hauptrichtungen der Literatursoziologie und ihre Methoden. Bonn 1970, S. 138.
275 Von der sich gegen die Parnassiens richtenden Bewegung des Symbolismus, mit der sich vor allem der Kreis um Mallarmé verbindet, lösen sich dann in Opposition zu ihr die Décadents unter Führung Verlaines. Die Aufspaltung der Symbolisten folgt dabei den sozialen Unterschieden der Vertreter beider Gruppen: „die Mehrheit der Symbolisten entstammen der mittleren oder Großbourgeoisie, wenn nicht dem Adel, haben in Paris studiert, häufig Jura; die Décadents dagegen entstammen den unteren Bevölkerungsschichten oder dem Kleinbürgertum und verfügen über wenig kulturelles Kapital". Vgl. Bourdieu 1999, S. 200.
276 Ebd., S. 202.

die Autonomie des eigenen Produktionsbereichs und die damit verbundenen Versuche, die Genese des Feldes in Teilen rückgängig zu machen, liegen außerhalb der von Bourdieu rekonstruierten Entwicklungsgeschichte des autonomen Feldes. Und selbst da, wo Akteure wie Marcel Duchamp in *Die Regeln der Kunst* behandelt werden, dienen sie noch zur Bestätigung dessen, was die Geschichte der Kunst bis zur zweiten Hälfte des 19. Jahrhunderts bereits vorexerziert hat. „Die Manifestationen und Manifeste all derer, die seit Beginn dieses Jahrhunderts ein neues, durch einen Begriff auf –ismus bezeichnetes künstlerisches Regime zu oktroyieren suchen", so Bourdieu, „zeugen davon, daß die Revolution sich tendenziell als Modell des Zugangs zur Existenz im Feld durchsetzt".[277] Um ein Feld zu verstehen, das durch Revolutionen regelrecht zusammengehalten und damit geradezu zwangsläufig gegen jedweden Angriff immunisiert ist, aber genügt es nicht, nur die Entstehung dieses eigenwilligen Universums zu verfolgen. Hier müssen wir uns dem ausführlicher zuwenden, was nach Bourdieu mehr ist als nur ein Nebenprodukt der Geschichte: der „illusio", dem Glauben an den Wert der Kunst.

3. Kunst als symbolisches Gut oder das Feld als Hexenkessel

Um die analytische Stärke der Bourdieuschen Theorie gerade in Bezug auf das komplexe Phänomen des Avantgardismus herauszustreichen, soll auch hier vorab noch einmal kurz an den Diskussionsstand der sechziger Jahre erinnert werden. Plessner, so wurde im ersten Teil der vorliegenden Studie gezeigt, war bereits 1965 der Frage nach den Konsequenzen der Emanzipation und der Selbstgesetzgebung der Kunst nachgegangen und zu folgenden Ergebnissen gekommen: Eine im Prozess ihrer Industrialisierung pluralistisch werdende Gesellschaft erzwingt die Emanzipation des Künstlers, schränkt ihn auf die ästhetische Region ein und führt namentlich mit der Bewegung des l'art pour l'art als Kristallisationspunkt dieser Entwicklung zur Erfindung der Ästhetik; eine Erfindung, mit der der lange Emanzipationsprozess des Kunstwerks aus seinen anfänglichen Bindungen an magische und sakrale Instrumente zum Abschluss kommt. Statt der Kirche oder dem reichen Mann tritt nun das „Modernitätengeschäft" als Partner an die Seite des Künstlers. Seit etwa Mitte des 19. Jahrhunderts ist der Kunstmarkt wie jeder andere Markt dem Gesetz des raschen Verschleißes und des beschleunigten Konsums unterworfen. Zur gleichen Zeit gerät die Frontenbildung zwischen Alt und Jung unter das Gesetz der Avantgarde, d.h. unter den Druck einer zum Prinzip erhobenen Kunstform der vollendeten Traditionslosigkeit. Die immer wieder ge-

---

277 Ebd., S. 204.

machte Erfahrung, dass das Neue zum klassischen Bestand von morgen gehört, sprengt Plessner zufolge den Zusammenhang von Schule und Atelier und ersetzt diesen durch den der Richtungen bzw. Ismen.

Alle von Plessner für ein Verständnis autonomer Kunst genannten Momente finden sich in *Die Regeln der Kunst* wieder – allerdings mit einer anderen Pointe. Die Erfindung der Ästhetik, der Kunstmarkt und die Wirkungsmacht des Gesetzes der Avantgarde stehen bei Bourdieu nicht nur für den Abschluss des langen Emanzipationsprozesses des Kunstwerks aus den Bindungen an magische und sakrale Instrumente, sondern auch und vor allem für den erfolgreichen Abschluss eines neuen Sakralisierungsprozesses: dem des Kunstwerks als Fetisch. Das Kunstwerk, wie Bourdieu es versteht, ist das „Produkt eines ungeheuren Unternehmens der symbolischen Alchemie, an dem bei gleicher Überzeugung, aber ungleichen Gewinnen die Gesamtheit der im Produktionsfeld wirkenden Akteure beteiligt sind".[278] Eine solche Alchemie lässt sich nicht ohne Reduktionen in ihre einzelnen Bestandteile zerlegen. Wenn dies hier trotzdem versucht wird, so mit dem Ziel deutlich zu machen, auf welche Widerstände eine Avantgarde stieß, die nach der Etablierung des autonomen Feldes gegen dieses zu revoltieren anhob.

Unter diesem Gesichtspunkt verdienen drei Punkte eine genauere Betrachtung: der kollektive Glaube an den Wert der Kunst, der Habitus und der Markt der symbolischen Güter. Zunächst zum Glauben bzw. zur „illusio" und damit zu jenem Problemkomplex, dem sich Bürger unter Zuhilfenahme des Marxschen Ideologiebegriff zugewandt hatte. Mit der an Systematik gewinnenden Reflexion über die Produktion des Glaubens beschließt Bourdieu die Entwicklungsgeschichte des literarischen Feldes und eröffnet gleichzeitig die Argumentation für eine kritische Wissenschaft von den Kulturprodukten:

> Ist erst einmal der bestkaschierte Effekt dieses unsichtbaren Zusammenspiels offengelegt, das heißt die permanente Produktion und Reproduktion der *illusio*, das kollektive Verhaftetsein mit dem Spiel, das zugleich Ursache und Wirkung der Existenz des Spiels ist, läßt sich auch die charismatische Ideologie des „schöpferischen Tuns" suspendieren, der sichtbare Ausdruck jenes stillschweigenden Glaubens und sicher das Haupthindernis für eine rigorose Wissenschaft von der Produktion des Werts kultureller Güter.[279]

Radikaler könnte die Ideologiekritik nicht ausfallen. Vor dem Hintergrund der Genese des Feldes stellt Bourdieu die ketzerische Frage nach den Schöpfern des künstlerischen Schöpfers und beantwortet sie mit der Herausbildung eines „noch nie dagewesenen Komplexes von Institutionen zur Registrierung, Bewahrung und Untersuchung von Kunstwerken", einem immer größeren, sich der Zelebrierung

---

278 Ebd., S. 275.
279 Ebd., S. 270.

3. Kunst als symbolisches Gut oder das Feld als Hexenkessel

des Kunstwerks widmendem Personenkreis, der Vermehrung von Galerien mit Filialen in zahlreichen Ländern und einem Diskurs, der selbst zum Moment der Produktion des Werks geworden ist.[280] Was Bourdieu dabei von Vorläufern unterscheidet, die, wie eben Plessner oder auch Gehlen und Bürger, ebenfalls auf das institutionelle und diskursive Moment fokussierten, ist die Vehemenz einer Kritik, die eben nicht nur auf die institutionelle Ebene zielt – sondern ins Herz oder vielmehr in den Kopf all jener, die das Feld zusammenhalten. Das, was Bourdieu als „Kreislauf der Konsekration" bezeichnet, kann sich nur schließen, wenn unter allen Beteiligten ein Einverständnis hinsichtlich der Grundregeln des Spiels herrscht. Dies gilt für das Feld der Kunst wie für alle anderen sozialen Felder. Doch sind die Regeln der Kunst nicht explizit, ja sie bleiben per definitionem vor der Definition geschützt. Von daher ist das Feld der Kunst vor allem ein Glaubensuniversum; ein Raum, der vom kollektiven Glauben an den Wert der Kunst getragen wird, und genau diesen Glauben will Bourdieu als das überführen, was er für einen außen stehenden Kultursoziologen ist: „eine historische Fiktion oder, mit Durkheim zu sprechen, ‚eine wohlbegründete Illusion'".[281]

Der Institutionsbegriff ist dafür zu eng. Will man mit Bourdieu verstehen, wie sich der kollektive Glaube generiert und das Feld in die Köpfe kommt, so darf man weder in der teleologischen Logik nach dem ersten Beginn fragen, noch mit dem Institutionsbegriff nach strikten Regeln und Verfahren suchen, sondern muss das Feld als einen sich schrittweise institutionalisierenden Spiel-Raum begreifen, in dem die Auseinandersetzungen um das Monopol der Legitimität stattfinden.[282] Dieser Spiel-Raum ist eine „Arena", die jeden Eintretenden in ihre Logik zwingt. Nicht zufällig bedient sich Bourdieu in seiner Argumentation eben nicht des Marxschen Ideologiebegriffs, sondern bei den frühen Kultursoziologen und sieht mit Weber im Feld der Religion die „paradigmatische Form" des für alle Felder der Kulturproduktion konstitutiven Gegensatzes zwischen Orthodoxie und Häresie.[283] Übertragen auf die Kunst bedeutet dies, dass die Kämpfe zwischen den Verfechtern antagonistischer Definitionen der Kunst und des Künstlers entscheidend zur Produktion und Reproduktion eines Glaubens beitragen, der „zugleich Grundvoraussetzung und Effekt der Funktionsweise des Feldes ist".[284] Als „illusio" bezeichnet Bourdieu jene „interessierte Teilnahme am Spiel", mit der sich die Akteure erst einmal auf dessen immanente Logik einlassen und die sie – einmal im Feld – dazu

---

280 Ebd., S. 275f.
281 Ebd., S. 270 u. 361f.
282 Ebd., S. 273 u. 270.
283 Ebd., S. 329.
284 Ebd., S. 269.

zwingt, ihre Verhaltensweisen und Vorstellungen an die im Feld gegebenen Strukturen und Möglichkeiten anzupassen.[285]

Damit kommen wir zum zweiten zentralen Begriff der Theorie Bourdieus: dem Habitus. Er operiert an der Schnittstelle zwischen subjektiver und objektiver Ebene und umfasst die Ausprägung der mentalen, handlungsleitenden Vorstellungen der einzelnen Akteure, die diese mit den Strukturen des jeweiligen Wirkungskreises harmonieren lassen. Dabei kann sich der jeweilige Habitus – das System der „unbewußten Denk-, Wahrnehmungs- und Handlungsschemata" – immer nur in Beziehung auf eine bestimmte, schon gegebene Struktur von Positionen verwirklichen, also objektivieren, und umgekehrt kann jede einer Position innewohnende Möglichkeit nur durch einen bestimmten Habitus realisiert werden.[286] Wie Markus Schwingel betont hat, ermöglicht der für die Theorie des Feldes zentrale Begriff des Habitus' eine „doppelte Distanzierung" sowohl von der Überbewertung des schöpferischen Individuums als auch von der strukturalistischen Reduktion der literarischen Akteure auf bloße Träger einer Struktur.[287] Erst ein entsprechender Habitus garantiert die Synthese der individuellen „Wertskalen" und somit den objektiven Tauschwert. Die Beziehung zwischen Habitus und Feld, und dies gilt nach Bourdieu für alle Felder, stiftet den Glauben an den Sinn und den Wert der Kunst und sichert so die grundlegende Bindung an das Spiel.[288] Mit dem Habitus haben wir Bourdieus Antwort auf die Frage, wie das Feld und die Akteure interagieren. Der Begriff umfasst einerseits die außerhalb des Feldes erworbenen und ins Feld eingebrachten Charakteristiken der Akteure wie soziale und geographische Herkunft, und andererseits den durch sie gewissermaßen prädisponierten *Sinn für Platzierungen* im Feld.[289] Geprägt durch Elternhaus und Schule, prädestiniert der Habitus seine Träger für einen Eintritt ins Feld und wird in ihm weiter gefestigt. Er ist es, der bei aller Differenz im Einzelnen die grundsätzlich gleiche Gesinnung sichert und somit jene „magische Gruppe" formiert, welcher die Ma-

---

285 Ebd., S. 360.
286 In diesem Sinne definiert Bourdieu den Begriff des Habitus auch als „Verinnerlichung des Entäußerten", also als Subjektivierung jener Objektivationen, die ihrerseits dem Denken und Handeln konkreter Subjekte entstammen. Eine genauere Erörterung des Habitus-Begriffs findet sich in: Pierre Bourdieu, Zur Soziologie der symbolischen Formen, Frankfurt a.M.: Suhrkamp 1974, S. 40f. Siehe hierzu auch Jurt 1995, S. 79ff., Schwingel 1997, S. 121f. u. 145ff., Schwingel 1995, S. 57-79 und Rainer Baasner, Literatursoziologie. In: Methoden und Modelle der Literaturwissenschaft. Hrsg. von Rainer Baasner u. Maria Zens. Berlin 2001, S. 234.
287 Schwingel 1997, S. 111.
288 Bourdieu 1999, S. 278.
289 Ebd., S. 414, Hervorhebung im Original.

3. Kunst als symbolisches Gut oder das Feld als Hexenkessel

gie bedarf, um Kraft der symbolischen Alchemie den Wert der Kunst in einer alles Individuelle transzendierenden kollektiven Ordnung zu verankern.[290]

Dieser Ordnung kann niemand im Feld entkommen – auch die Avantgarde nicht. In der Logik des Feldes muss die Avantgarde zu jenen riskanten oder auch abenteuerlichen Platzierungen gerechnet werden, für die vor allem Akteure mit ökonomischem Kapital einen Sinn entwickeln können, d.h. Künstler und Schriftsteller, die nicht gezwungen sind, ihren Lebensunterhalt durch Nebenarbeiten zu finanzieren und es sich, von ökonomischen Zwängen befreit, leisten können, auf eine Definition von Kunst zu insistieren, die zumindest anfangs mit keinerlei Interesse und Einkünften rechnen kann. In Bourdieus Worten:

> Vor allem aber begünstigen die mit gehobener Herkunft verbundenen Lebensbedingungen Dispositionen wie Kühnheit und Gleichgültigkeit gegenüber materiellen Gewinnen wie auch sozialen Orientierungssinn und die Kunst, die Bildung neuer Hierarchien vorauszuahnen, Fähigkeiten, die dazu ermutigen, sich den exponiertesten Avantgardeposten und den riskantesten – da der Nachfrage vorauseilenden, aber dafür oft symbolisch und langfristig zumindest für die ersten Investoren einträglichsten – Platzierungen zuzuwenden.[291]

Die Leitfiguren offener Umsturzbewegungen wie Baudelaire, aber auch Filippo Tommaso Marinetti oder Hugo Ball bestätigen diese Korrelation von Habitus und Platzierung.

Bleibt die Frage, wie sich die soziale Ordnung mit der symbolischen in Verbindung bringen lässt. In diesem Zusammenhang spielt die im obigen Zitat angesprochene Bildung neuer Hierarchien eine entscheidende Rolle. Wie bereits erwähnt, ist die symbolische Ordnung nach Bourdieu durch eine Gattungshierarchie strukturiert, innerhalb derer wiederum zwischen einer kommerziellen und einer gezielt anti-ökonomischen, ganz auf das symbolische Prestige setzenden Hierarchie zu unterscheiden ist. In der ersten rangiert das Theater aufgrund seiner Nähe zu einem zahlungskräftigen bürgerlichen Publikum auf dem ersten Platz, gefolgt von Roman und Dichtung, während in der zweiten eine genau gegenläufige Ordnung ausgemacht wurde. Das Verhältnis zwischen dem Feld der Kunst und dem sozialen Macht-Feld, und als ein solches muss das bürgerliche Publikum in der zweiten Hälfte des 19. Jahrhunderts verstanden werden, wird nun von Bourdieu begrifflich als Homologie gefasst, also als strukturelle Ähnlichkeit. Diese Ähnlichkeit ist kein Zufall, sondern wurde, folgt man Bourdieu, in den 1880er Jahren vermittels der Gattungen von den jeweiligen Akteuren im Feld teilweise gezielt

---

290 „Daß, wie Marcel Mauss feststellt, ‚Magie ohne magische Gruppe nicht verständlich ist', liegt daran, dass die Macht des Magiers ein legitimer Betrug ist, kollektiv verkannt, also anerkannt." Bourdieu 1999, S. 274.
291 Ebd., S. 414.

gesucht und aufgebaut. Angesichts der zu beobachtenden Harmonie spricht Bourdieu dann auch von einer „strukturelle[n] und funktionelle[n] Homologie zwischen dem Raum der Autoren und dem Raum der Konsumenten (sowie Kritiker)" bzw. von einer „Korrespondenz zwischen der gesellschaftlichen Struktur der Produktionsräume und den mentalen Strukturen, die Autoren, Kritiker und Konsumenten auf die (ihrerseits nach Strukturen organisierten) Produkte anwenden".[292] Diese Homologie steckt hinter der als Koinzidenz erscheinenden Übereinstimmung zwischen angebotenen Werken und Publikumserwartungen.

Für ein Verständnis der historischen Avantgardebewegungen ist die von Bourdieu aufgewiesene strukturelle Ähnlichkeit zwischen dem Raum der Produzenten und dem der Rezipienten von hoher Relevanz. Wenn, wie Bourdieu festhält, die Harmonie zwischen Künstlern und Rezipienten seit 1880 gezielt gesucht und gefunden wurde, dann haben wir es spätestens seit der Kunst der Jahrhundertwende mit jener wechselseitigen Stabilisierung zu tun, welche die Systemtheorie unter dem Begriff der Erwartungserwartung fasst. Sie regelt das Verhalten der Akteure im sozialen Raum und macht dieses berechenbar. Übertragen auf die Kunst bedeutet dies, dass die Künstler spätestens seit dem Ende des 19. Jahrhunderts klare Vorstellungen von dem haben, was andere Akteure und Rezipienten von ihnen erwarten und ihre Handlungen entsprechend ausrichten können. Dies gilt für affirmative Handlungen ebenso wie für schockierende, die Stabilität gezielt aufzubrechen versuchende Aktionen wie etwa die der Dadaisten oder Surrealisten. Wenn aber selbst diese scheiterten und sich heute einfügen lassen in die Logik der permanenten Revolution, so dies nicht zuletzt, weil vordem bereits auf der Grundlage der Erwartungserwartungen ein Markt symbolischer Güter errichtet wurde, der jeden noch so ernst gemeinten Versuch der Zerstörung der Kunst als künstlerische Extravaganz zu absorbieren in der Lage ist. Tatsächlich bliebe, so lässt sich Bourdieu verstehen, die magische, durch Glaube und Habitus verbundene Gruppe und damit das Feld der Kunst als solches unsichtbar oder doch schwer zu erkennen, gäbe es nicht den Markt. Erst die Existenz des Marktes der symbolischen Güter – von Plessner und Gehlen unterstrichen, von Bürger gänzlich ausgeblendet – bezeugt überhaupt die permanente Produktion und Reproduktion des kollektiven Unternehmens Kunst. Ebenso wie Plessner verortet Bourdieu das Aufkommen dieses Marktes im ausgehenden 19. Jahrhundert. Während Plessner oder auch Gehlen diesen Markt letztlich aber als das Wirken gewöhnlicher Marktmechanismen im Bereich der Kunst reflektieren, schaut Bourdieu auch hier genauer hin und attestiert eine spezifische, die Logik von Angebot und Nachfrage gewissermaßen auf den Kopf stellende Logik.

---

[292] Ebd., S. 261f.

Wie hat man sich das vorzustellen? Anders als bei den literarisch-künstlerischen Industrien handelt es sich beim Markt der symbolischen Güter um einen Markt der „eingeschränkten Produktion". Dieser setzt auf kleine Zahlen sowie lange Produktionszyklus und erhebt die oft erhebliche Zeitspanne zwischen der eigentlichen Investition auf Seiten der Produzenten und der Akzeptanz oder dem Erfolg des Produktes auf Seiten des Publikums zum eigenen Markenzeichen.[293] Im Unterschied zum Markt der kommerziellen Produkte, die zur schnellen, breiten aber kurzen Wirkung gelangen, setzt der Markt der symbolischen Güter auf eine spätere Kanonisierung der Werke als klassische. Auf dem Weg zur Konsekration bedürfen die Klassiker neben den von Bourdieu als „Entdecker" bezeichneten Avantgarde-Kritikern auch Instanzen wie der Akademien. Vor allem aber bedürfen sie – im deutlichen Unterschied zu den Werken mit kurzen Produktionszyklen – der Weihe durch das Bildungswesen. Ihm verdanken die Klassiker ihren erweiterten und dauerhaften Markt und damit letztlich ihren Status als „Bestseller in Langzeitperspektive".[294] Erst mit dem Markt der symbolischen Güter, gestützt auf das Bildungswesen, schließt sich der Kreislauf der Konsekration um das Kunstwerk als sakralem Gegenstand einer kollektiven Verkennung.

Der von Bourdieu ins Zentrum gerückte Fetischcharakter der Kunst aber darf nicht darüber hinweg täuschen, dass es sich bei der Entwicklung des Feldes auch um einen Prozess steigender Reflexivität handelt. In der künstlerischen Praxis des ausgehenden 19. Jahrhunderts, so hatte Plessner gesagt, zeigt sich die Unabtrennbarkeit, in die Kunst und Wissenschaft voneinander gerieten.[295] Auf genau diese Praxis richtet Bourdieu sein Augenmerk und kann, eben weil die Genese nicht blind und unkommentiert verlief, deren Logik zu einer Theorie des Feldes verdichten. Die Frage, wie sich diese Logik zu den historischen, sich gegen die Autonomie der Kunst richtenden Avantgarden verhält, soll abschließend noch einmal gesondert behandelt werden.

4. Die Geburt der Feldtheorie aus dem Diskurs der Avantgarde

Betrachtet man die Avantgarde aus der Perspektive der Theorie des Feldes, so war diese von vornherein zum Scheitern verurteilt. Einmal konstituiert, ist die Geschichte des Feldes unumkehrbar. Gesichert durch einen spezifischen Habitus, den kollektiven Glauben an den Wert der Kunst und einen eigenen Markt wird jede Überschreitung über die spezifischen Regeln in die feldinternen Strukturen eingepasst

---

293 Ebd., S. 228ff.
294 Ebd., S. 237.
295 Plessner 1965, S. 12f.

und damit relationiert. „Die Logik des Feldes", so Bourdieu, „selektiert und sanktioniert tendenziell jeden legitimen Bruch mit der in der Struktur des Feldes objektivierten Geschichte".[296] Eine wirksame Kritik der Kunst kann folglich nur außerhalb des Glaubensuniversums, d.h. außerhalb des Feldes der Kunst formuliert werden, und eben dies unternimmt Bourdieu mit seiner Begründung einer strikten Wissenschaft von den Kulturprodukten. Sie wird, wir erinnern uns, von Bourdieu als ein Bruch verstanden, als eine wahre Konversion des Glaubens, der den Kulturgegenständen und dem legitimen Umgang mit ihnen gemeinhin entgegengebracht wird.[297]

Bezüglich der Avantgarde muss an diesem Punkt noch einmal nachgehackt werden. Bürger hatte die Avantgarde als Selbstkritik der Kunst in der bürgerlichen Gesellschaft definiert; eine Kritik, die unmittelbar auf die vom Ästhetizismus eroberte Kunstautonomie reagierte und die – trotz ihres Scheiterns – sowohl zu einer neuen Funktionsbestimmung der Kunst als auch zu einer tendenziellen Auflösung des Werkbegriffs führte. Am Beispiel der Dada-Veranstaltungen, aber auch Tzaras Anweisung zur Herstellung eines dadaistischen Gedichts und Bretons Anleitung zum Verfassen automatischer Texte, hatte Bürger auf die kunstinterne Polemik gegen das individuelle Schöpfertum des Künstlers aufmerksam gemacht. Nach dieser Lesart wäre dem Kunstwerk und damit dem symbolischen Zentrum des Glaubensuniversums sein Fetischcharakter von Teilen der Kunst selbst entzogen worden und mithin der Glaube an den Wert der Kunst im Feld selbst wenn nicht gebrochen, so doch massiv erschüttert worden. Mit anderen Worten: Der kollektive Glaube, welcher nach Bourdieu das Fortschreiten des Verselbstständigungsprozesses der Kunst sichert, hat mit der Avantgarde an Wirkungsmacht verloren.[298]

Von Bourdieu wird die Hochphase der Selbstkritik der Kunst nicht thematisiert. Seine Geschichte endet mit dem gescheiterten Kongress der Dichter am 27. Mai 1901 in Paris und damit zu jenem Zeitpunkt, an dem die Kette von Spaltungen ihren vorläufigen Höhepunkt erreicht. Dies ist der Punkt, von dem aus Bourdieu die nachfolgenden Bewegungen der Manifeste nur noch als Bestätigung dessen liest, was als Gesetz der Kunst bereits festgeschrieben wurde: die Revolution als Modell des Zugangs zur Existenz im Feld.[299] Damit aber übergeht Bourdieu nicht nur einen wesentlichen Teil der Geschichte moderner Kunst, sondern durchtrennt auch die Linie, die von den Avantgarden zu avancierten Kulturtheorien wie der

---

296 Bourdieu 1999, S. 385.
297 Ebd., S. 296f.
298 Vgl. zum „Verselbstständigungsprozess" Pierre Bourdieu, Praktische Vernunft. Zur Theorie des Handelns, Frankfurt a. M.: Suhrkamp 1998, S. 72. Siehe zur „objektiven Übereinkunft" aller Akteure in einem Feld auch Pierre Bourdieu, Soziologische Fragen. Frankfurt a. M.: 1993, S. 109.
299 Bourdieu 1999, S. 204.

4. Die Geburt der Feldtheorie aus dem Diskurs der Avantgarde

des Feldes führt. Während Bürger im programmatischen, wenngleich gescheiterten Angriff der Avantgarde auf die Autonomie der Kunst überhaupt erst den Beleg dafür sieht, dass moderne Kunst als gefestigte Institution neben anderen existiert und damit der Kunst selbst das Verdienst zuschreibt, sich als eigengesetzliche soziale Konstellation kenntlich gemacht und erkannt zu haben, schreibt Bourdieu die Genese des Feldes als eine anschwellende Auseinandersetzung um die wahre Kunst, in der die Akteure, ganz von den symbolischen Kämpfen in Anspruch genommen, jegliche kritische Distanznahme zum eigenen Handeln verlieren – und letztlich in ihrer kollektiven Verkennung der Aufklärung durch einen externen soziologischen Beobachter bedürfen.

Und doch verdankt sich die Architektur des Feldes, nachgerade das Modell der drei Räume, der Avantgarde. Die emphatische Kritik Bourdieus, sein Angriff auf das unheimliche, von symbolischer Alchemie zusammengehaltene Unternehmen Kunst, speist sich zwar aus dem Siegeszug des l'art pour l'art als einer Position, die bis in die Geisteswissenschaften hinein wirkt. Der methodologische Werkzeugkasten jedoch, mit dem er diese Alchemie aufzulösen versucht, verdankt sich einer Avantgarde, welche die Regeln des Feldes geradezu vorzeichnete und die institutionelle Transzendenz als solche explizit machte. Illustrieren lässt sich dies am Beispiel Duchamps, einem führender Vertreter der Avantgarde, auf den Bourdieu in *Die Regeln der Kunst* verschiedentlich zu sprechen kommt, insbesondere im zweiten, sich den Grundlagen kritischer Kulturwissenschaft widmenden Teil. Doch bereits in den Ausführungen zur Genese des Feldes wird Duchamp als erstem jene Strategie zugeschrieben, mit der auch die Malerei in den „Metadiskurs" Kunst eintritt, indem sie, durch die Konzeption des Werkes selbst, aber auch durch verstörende Titel und nachträgliche Kommentare, jede diskursive Aneignung von vornherein zum Scheitern erklärt – und damit die Werkexegese nur noch mehr befeuert.[300] Auch ist es Duchamp, auf den sich Bourdieu beruft, um aufzuzeigen, dass die Geschichte des Feldes, einmal erfolgreich abgeschlossen, nur noch in Rückwendungen bzw. Neo-Bewegungen verläuft: „Doppeltes Feuer, zweiter Atem", so wird Duchamp zitiert und gleichsam deutlich gemacht, dass die Neuauflage vergangener Stile ein spezifisches, mit dem 20. Jahrhundert auftauchendes Phänomen ist. Allerdings sieht Bourdieu in derartigen Reflexionen und Spielen mit der eigenen Geschichte weniger eine die Genese des Feldes begleitende Selbstaufklärung, als vielmehr den weiteren Beleg für „ein geheimes Einverständnis, aus dem der Laie ausgeschlossen ist".[301]

---

300 Ebd., S. 223.
301 Ebd., S. 258.

Mit dem von Bourdieu am Fall Duchamps in seiner Bedeutung unterstrichenen Diskurs, der sich um das Kunstwerk schließt und selbst zum Moment der Produktion des Werks, seines Sinns und seines Werts wird, begegnen wir jener Kommentarbedürftigkeit moderner Kunst wieder, wie sie in den sechziger Jahren von Gehlen für ein Verständnis des Funktionierens moderner Kunst herausgearbeitet wurde. Die unübersehbar gewordenen Manifeste, Kritiken, Bücher, Broschüren, Ausstellungstexte und Vorträge wurden, so haben wir gesehen, von Gehlen als wesentlicher Bestandteil der modernen Kunst aufgefasst. Gehlen sprach in diesem Zusammenhang von einem einzigartigen Phänomen, da nie zuvor der Kommentar im heutigen Sinne als „verbale Erläuterung des Sinnes von Malerei überhaupt, als Legitimation des Daseins und Soseins des Bildes" fungierte.[302] Im deutlichen Unterschied zu Bourdieu aber, sah Gehlen darin nicht etwa das Zeichen einer künstlerischen Verschwörung gegen das Publikum, sondern vielmehr ein Zeichen des Einverständnisses zwischen Produzenten und Rezipienten. Das Publikum, so Gehlen, wolle an der Überzeugung festhalten, dass die Bilder, auch und gerade die gegenstandlosen, eine Aussage haben – ‚"ein Element Botschaft für jeden Erdenbewohner'".[303] Wenn Bourdieu bezüglich des Diskurses Duchamp mit den Worten zitiert, dieser habe sich mit dem Fahrrad nur „den Schein von Kunstwerk vom Hals zu schaffen" versucht, um „Schluss [zu] machen mit dem Drang, Kunst zu schaffen", so ließe sich mit Gehlen antworten, dass genau dieses Schlussmachen so einfach nicht ist angesichts eines Publikums, das Kunstwerke erwartet.[304] Bourdieu, ganz die magische Gruppe innerhalb des Feldes fokussierend, sieht im avantgardistischen Versuch der Zerstörung des Kunstwerks und der offenen Entschleierung der Injektion von Sinn und Wert durch den Kommentar nur mehr ein weiteres Indiz für die „Ideologie des unausschöpfbaren Kunstwerks".[305] Für ihn ist Duchamp dann auch nicht etwa ein Aufklärer im Feld, sondern der „‚durchtriebene Künstler' par excellence".[306] Seine Arbeiten werden nicht als Anzeichen für die Selbstkritik der Kunst und der sich daraus auch für die Theorie des Feldes selbst ableitenden Probleme verstanden, sondern als ein exemplarisches Beispiel für das Funktionieren des autonomen Feldes:

> Der Künstler, der einem Readymade seinen Namen aufklebt und ihm damit einem Marktwert verleiht, der nichts mit seinem Herstellungspreis gemein hat, verdankt seine magische Wirksamkeit der gesamten Logik des Feldes, das ihn anerkennt und ermächtigt; sein Akt wäre nur eine sinn- und bedeutungslose Geste ohne das Universum der Zelebrierenden und Gläubigen, die darauf

---

302 Gehlen 1986, S. 54.
303 Ebd., S. 218.
304 Zu Duchamp siehe Bourdieu 1999, S. 276f.
305 Ebd., S. 277.
306 Ebd., S. 391.

4. Die Geburt der Feldtheorie aus dem Diskurs der Avantgarde

eingestellt sind, ihn unter Bezugnahme auf die gesamte Tradition, aus der ihre Wahrnehmungs- und Bewertungskategorien hervorgehen, als sinn- und werthaft zu erzeugen.[307]

Bemerkenswert, gerade weil von Bourdieu ausgeblendet, ist nun, dass eben diese magische Wirksamkeit der Logik des Feldes von den Akteuren selbst bereits in den sechziger Jahren in einer Weise beobachtet und kommentiert wurde, welche zweifelsfrei erkennen lässt, dass das Wissen um das Funktionieren des Feldes, wie es von Bourdieu theoretisch verarbeitet wird, von den Akteuren im Feld selbst explizit gemacht wurde. Hans Richter, dadaistischer Maler und Schriftsteller, ging angesichts des Aufkommens der sogenannten Postavantgarde 1962 der Frage nach, wie sich die Readymade-Demonstrationen in ihr neodadaistisches Gegenteil verkehren konnten, und gab in einem Brief an Duchamp folgende Antwort:

> Neo-Dada, das sie jetzt Neo-Realismus, Pop-Art, Assemblage, etc. nennen, ist ein ziemlich billiges Unternehmen und lebt von dem, was Dada tat. Als Du die ‚Ready-mades' etabliertest, dachtest Du, die ‚Ästhetik wie bisher' zu entmutigen. In Neo-Dada benutzt man dagegen die ‚Readymades', um einen ästhetischen Wert-an-Sich zu entdecken. Du warfst ihnen den Flaschentrockner und das Pissoir ins Gesicht als eine Herausforderung – und jetzt kommen sie und bewundern es für die ästhetische Schönheit. Es ist eben (und an erster Stelle) eine vielfältige Geschäfts-Angelegenheit der Galerien, der Maler, der Museen und der Kritiker, denn ‚business' muss weitergehen.[308]

Schaut man mit Richter auf Bourdieu, so könnte sagen, dass die Readymades durchaus die überkommene Ästhetik „entmutigt" und einen neuen Zugang zur Kunst ermutigt haben – einen kultursoziologischen Zugang, der mit dem Modell des autonomen Feldes den Zusammenhang zwischen einem immer offener in Erscheinung tretenden Kunstmarkt und der Entdeckung eines vermeintlich ästhetischen Werts an sich einfängt. Zwar geht die Kunst, wie Bourdieu sie versteht, in den von Richter angesprochenen vielfältigen Geschäftsangelegenheiten nicht auf. Doch lässt sich aus kulturhistorischer Perspektive wohl kaum bestreiten, dass das, was Bourdieu als „Dialektik der Positionen, Dispositionen und Positionierungen" bezeichnet, von den Avantgarden regelrecht vorexerziert wurde.[309] Die dem Scheitern des als Versöhnung gedachten Kongresses der Dichter nachfolgenden Bewegungen der Ismen und Manifeste zeugen zwar einerseits, wie Bourdieu betont, davon, dass sich die Revolution als Modell des Zugangs zur Existenz im Feld durchgesetzt hat. Andererseits und darüber hinaus aber zeugen die Avantgarden von einem nach Außen

---

307 Ebd., S. 274.
308 Hans Richter, Begegnungen von Dada bis heute. Briefe, Dokumente, Erinnerungen, Köln: DuMont 1973, 155-159, hier S. 156.
309 Siehe zur Konsistenz des literarischen Feld Bourdieu 1999, S. 394 und zu Bourdieus Verständnis der Felder als „Mikrokosmen gesellschaftlicher Praxisformen" Schwingel 1997, S. 219f.

gerichteten Interesse der Kunst, das sich nicht mehr ohne theoretischen Reduktionismus auf eine kollektive „illusio" reduzieren lässt. Tatsächlich sind die Positionen als solche nie deutlicher markiert worden als von eben diesen Bewegungen der Ismen. Im deutlichen Unterschied zu Naturalismus oder Symbolismus sind Futurismus, Dadaismus oder auch Konstruktivismus sich selbst als Positionen begreifende und definierende Richtungen. Erst mit ihnen wird jene Konstellation erkennbar, welche als Raum der Positionen die soziale Ebene der Kunst strukturiert und somit das Modell des Feldes stützt. Gleiches gilt für den die symbolische Ordnung markierenden Raum der Positionierungen. Wenn Bourdieu, ebenso wie Bürger vor ihm, darauf insistiert, dass zu diesen Positionierungen neben den literarischen und künstlerischen Werken auch politische Handlungen, Reden, Manifeste oder politische Schriften zu zählen und kulturhistorisch zu untersuchen sind, so dies wohl weniger aufgrund des diskursiven Nachlasses der Kunst bis 1900, sondern vor dem Hintergrund eines beispiellosen „avantgardistischen Manifestantismus".[310] Nicht zufällig ist es Duchamp und nicht Baudelaire, an dem Bourdieu die Kunst als Metadiskurs thematisiert. Der Weg von diesem an Theoriegehalt gewinnenden Metadiskurs zur Theorie des Feldes wäre gesondert zu rekonstruieren. Das kann und muss an dieser Stelle nicht geleistet werden.

Zumindest angesprochen aber sei hier eine andere, sich mit dem Manifestantismus der Avantgarde verbindende Sicht auf die Kunst. Richtet man beispielsweise mit Walter Fähnders das Augenmerk auf die zahleichen Manifeste der europäischen und außereuropäischen Avantgarde, so sieht man, dass die Positionierungen der modernen Kunst keineswegs, wie Bourdieu nahe legt, allein vom internen Kampf um die Durchsetzung divergierender Positionen bezüglich der Definition und Funktion von Kunst geprägt sind. Selbstverständlich handeln auch sie von Kunst und Literatur, doch widmen sie sich auch dem Tango, der Küche, der Politik, dem Krieg oder der Liebe und sind eben darum nicht nur Zeugnisse eines Kriegsschauplatzes, sondern der „appellative Versuch jener umfassenden Um- und Neuorganisation des Lebens, die Ziel des Projekts (!) Avantgarde überhaupt war."[311] Für ein Verständnis gegenwärtiger Kunst ist dieses avantgardistische Interesse an einer künstlerischen Um- und Neuorganisation des Lebens von einiger Bedeutung. Bezüglich der Theorie des Feldes wirft es die Frage auf, ob und inwiefern ihm eine Theorie gerecht zu werden vermag, die auf der strengen Logik eines autonomen Feldes gründet. Bei Bürger, wie auch in der heutigen Avantgardeforschung, war es vor allem der Dadaismus, welcher die Gratwanderung bzw. den Drahtseilakt entlang der Gren-

---

310 Siehe hierzu: Walter Fähnders, Projekt Avantgarde und avantgardistischer Manifestantismus, in: Asholt/Fähnders 2000, S. 69-95.
311 Ebd., S. 73.

4. Die Geburt der Feldtheorie aus dem Diskurs der Avantgarde

ze gewagt und damit, ich zitiere Wolfgang Asholt, „das höchstmögliche Maß des Verlassens der Institution Kunst mit teilweise künstlerischen Mitteln realisiert" hat. Die von den Avantgarden betriebene Problematisierung der Möglichkeiten und Grenzen von Kunst und Literatur ließe sich daher zum einen mit Asholt als „marginal-paradoxe Grenzsituation" der Kunst bezeichnen, als solche dem Modell des Feldes einfügen und schließlich als eine mögliche Position neben anderen beschreiben.[312] Zum anderen aber könnte man die Avantgarde aufgrund der von ihr theoretisierten und praktizierten radikalen Selbstkritik als die Antizipation einer erst mit der Postmoderne deutlich zutage tretenden Um- und Neuorganisation der Kunst lesen. Darauf wird im abschließenden, sich der Kunst als Teil des Kultur- und Medienbetriebs widmenden Kapitel ausführlicher zurückzukommen zu sein.

An dieser Stelle bleibt der dritte Raum innerhalb des Bourdieuschen Feldmodells hinsichtlich der Avantgarde zu diskutieren: der Raum des Möglichen. Folgt man Bourdieu, so wird der Raum des Möglichen von jenen Akteuren im Feld entdeckt, denen das in ihm durch kollektive Arbeit angehäufte Erbe problematisch erscheint.[313] Immer dann, wenn Akteure mit einer Disposition um den Eintritt und das Recht auf Existenz im Feld kämpfen, die noch von keiner der bereits vorhandenen Positionen und der mit ihnen korrelierenden Positionierungen im Feld abgedeckt ist, setzt gewissermaßen die Suche nach der Möglichkeit bzw. nach der Leerstelle ein, die sich neu besetzen ließe. In diesem Sinne definiert Bourdieu den sich zwischen die Positionen und Positionierungen schiebenden Raum des Möglichen als einen, der die vorhandenen Dispositionen aufdeckt. Wird außerhalb des Feldes durch die Herausbildung einer neuen gesellschaftlichen Entität eine Disposition erworben, für die im Feld keine Position bereitsteht, so bleibt deren Vertretern nur, diese zu erfinden und mit ihr den Eintritt ins Feld zu fordern. Ob der Eintritt einer neuen Position gelingt, hängt wiederum wesentlich von der gesellschaftlichen Akzeptanz des neuen Habitus und der Zahl seiner Träger ab. Darüber hinaus entscheidet die jeweilige Konstitution des Feldes, die Stärke der bereits vorhandenen Positionen, über das Schicksal der Neuen, wobei die Krise oder die Lücken in der Struktur des Feldes überhaupt erst die Möglichkeit zur Veränderung eröffnen. „Künstlerische Kühnheiten, Neues oder Revolutionäres", so Bourdieu, „sind überhaupt nur denkbar, wenn sie innerhalb des bestehenden Systems des Möglichen in Form struktureller Lücken virtuell bereits existieren, die darauf zu warten scheinen, als potentielle Entwicklungslinien, als Wege möglicher Erneuerungen entdeckt zu werden".[314]

---

312 Wolfgang Asholt, Projekt Avantgarde und avantgardistische Selbstkritik, in: Asholt/Fähnders 2000, S. 97-120, hier S. 101-110.
313 Bourdieu 1999, S. 372.
314 Ebd., S. 372.

Die Kunstrevolution der Avantgarde lässt sich nicht ohne weiteres in dieses Schema einordnen. Bleiben wir beim Dadaismus, so haben wir es mit einer Position zu tun, die sich außerhalb aller nationalen Felder auf dem Territorium der Schweiz als internationale künstlerische Bewegung gründete. Als eine neue gesellschaftliche Entität kann dies kaum bezeichnet werden. Auch gibt es aufgrund der besonderen Exilsituation kein Feld, in dem die zahlenmäßig ohnehin ganz marginale und damit erfolglos erscheinende Position nach strukturellen Lücken hätten suchen können. Wollte man angesichts der heterogenen Herkunft der Dadaisten überhaupt von einer gemeinsamen Disposition sprechen, dann wäre dies die radikale Opposition gegen den Krieg und eine bürgerliche Gesellschaft, die diesen – einschließlich ihrer avanciertesten Kunst – zumindest anfangs offen begrüßt hatte. Zurückgekehrt aus dem Schweizer Exil fragt der Arzt und dadaistische Schriftsteller Richard Huelsenbeck, wo jene Herren, die Wert darauf legen, in einer Literaturgeschichte genannt zu werden, ihre Ironie gelassen haben – „wo ist das weinende und das lachende Auge über dem ungeheuren Hintern und Karneval dieser Welt?"[315] Auf die Frage, was der Dadaismus ist und was er in Deutschland will, antwortet Huelsenbeck, dass der Dadaist seinen Beruf darin sehe, „den Deutschen ihre Kulturideologie zusammenzuschlagen", was insofern „etwas unerhört Neues" sei, als damit zum erstenmal aus der Frage, was deutsche Kultur überhaupt sei, die Konsequenz gezogen wurde, „nun mit allen Mitteln der Satire, des Bluffs, der Ironie, am Ende aber auch mit Gewalt gegen diese Kultur vorzugehen", und zwar „in gemeinsamer großer Aktion".[316] Nun war diese Aktion gewiss nicht so groß, wie Huelsenbeck die Nachwelt zum eigenen Ruhm glauben machen möchte. Sicher aber ist, dass es in der Zeit zwischen den Weltkriegen eine umfangreiche, international zusammenhängende Bewegung und Literatur der Avantgarde gegeben hat, in der die unterschiedlichen avantgardistischen Positionen zusammenlaufen. Mit Hubert van den Berg lässt sich dieser Verbund als eine konstruktivistische Position bezeichnen, die sich dadurch auszeichnet, dass sie „übernational entwickelt und als supranationale Schule gedacht wurde".[317] Ungeachtet ihrer verschiedenen Ismen, so auch Georg Bollenbeck, konstituierte sich die Avantgarde „als interna-

---

315 Richard Huelsenbeck, En avant DADA. Die Geschichte des Dadaismus. Hamburg: Schulenburg (Edition Nautilus) 1984, S. 17. Die Originalausgabe erschien 1920 bei Paul Steegemann („Die Silbergäule, Bd. 50-51") Hannover, Leipzig, Wien, Zürich. Dazu auch: Ders., Deutschland muss untergehen! Erinnerungen eines alten dadaistischen Revolutionärs, Berlin: Malik 1920.
316 Ebd., S. 38ff.
317 Hubert van den Berg, „Übernationalität" der Avantgarde – (Inter-)Nationalität der Forschung. Hinweise auf den internationalen Konstruktivismus in der europäischen Literatur und die Problematik ihrer literaturwissenschaftlichen Erfassung, in: Asholt/Fähnders 2000, S. 255-288, hier S. 256.

4. Die Geburt der Feldtheorie aus dem Diskurs der Avantgarde 97

tionale Bewegung".[318] Eine solche Kunst lässt das allein am Beispiel Frankreichs entwickelte Modell des Feldes problematisch erscheinen. Der von Bourdieu als Höhepunkt der Genese des autonomen Feldes und gleichsam als Legitimation der Theorie des Feldes aufgerufene Kongress der Dichter von 1901 wäre in diesem Sinne etwa zu konfrontieren mit dem 1922 in Düsseldorf abgehaltenen Internationalen Kongress fortschrittlicher Künstler.[319]

Wie gesagt, ließe sich auch die internationale Bewegung der Avantgarde durchaus in der Logik der Felder unterbringen, doch scheint mir, dass man damit der Komplexität des Phänomens eben als Provokation der Grenze nicht gerecht wird. Die Geschichte moderner Kunst, dies zeigt die Avantgarde, geht nicht in einer endlosen, die Akteure gänzlich absorbierenden Kette von Spaltungen auf. Zählt man zu den Positionierungen der supranationalen Schule der Konstruktivisten neben ihren Manifesten und Montagen auch Werbegrafiken, seriell hergestellte Gebrauchsgegenstände, oder gar die Siedlungen des Bauhauses, so wird deutlich, dass diese Position nicht nur auf einen Angriff der autonomen Kunst zielte, sondern diesen auch erfolgreich in die Praxis umsetzte. In Anlehnung an die von Huelsenbeck formulierte Definition des Dadaismus könnte man sagen, dass die Avantgarde in der Tat mit allen Mitteln gegen eine Kulturideologie vorging, die das „reine" Kunstwerk zu ihrem Gipfel erhoben hatte. So gesehen, war es die von Bourdieu auf die listige Doppelstrategie eines Duchamp reduzierte Avantgarde, die, indem sie die Kultur in ihrem ideologischen Zentrum – dem Kunstwerk als Fetisch – unterwanderte, eben jene Alchemie aufzulösen begann, welche Bourdieu mit seiner Fokussierung auf die Bewegung des l'art pour l'art noch einmal als Zielscheibe aktualisiert, um dem eigenen häretischen Unterfangen eine avantgardistische Note zu verleihen. Kurz: Die Avantgarde reißt den Raum des Möglichen zu jenem Raum einer radikalen Kritik und einer Neubestimmung von Kunst und Kultur auf, in dem auch die Bourdieusche Theorie zu positionieren ist.

Eine solche Lesart widerspricht der Theorie des Feldes nicht – im Gegenteil. Folgt man Bourdieu, so wird in Krisenzeiten die Hierarchie der Positionen aufgerüttelt und es kommt zu einer Erhöhung der Reflexivität der Akteure. Diese zeigt sich zum einen an einem Bewusstwerden der Formen als Gemachtes. Ein formales Experimentieren setzt ein, bei dem die Grenzen des Kunstwerks erweitert werden. Zum anderen und darüber hinaus verbindet sich mit den Krisenzeiten eine nach Bourdieu nur „ausnahmsweise" aufkommende „bewußte und explizite Vorstellung von dem Spiel als Spiel"; eine Vorstellung, die die „illusio" zerstört und sie als das erscheinen lässt, was sie für einen externen Beobachter ist: „eine histori-

---
318 Bollenbeck 2000, S. 491.
319 Siehe hierzu auch van den Berg 2009, S. 26ff.

sche Fiktion".[320] Genau dies ist bei der Avantgarde der Fall. Angesichts einer unvorstellbaren Krise, im Ausnahmezustand einer geradezu anarchistisch erscheinenden Gesellschaft wurde, die zahlreichen Manifeste zeugen davon, der Glaube an den Wert der Kunst erschüttert und für einen Moment klar gesehen, wie gemacht und mithin fragil die symbolische Ordnung der Kunst ist. Dass die damit verbundene Infragestellung der Kunst durch die Kunst selbst in der Folge routinisiert und, denken wir an Neo-Dada, banalisiert wurde, ändert nichts daran, dass die ausnahmsweise aufgekommene Vorstellung des Spiels als Spiel die Regeln der Kunst nachhaltig veränderte. Der häretische Bruch mit der eigenen Geschichte, der Kunst von außen aufgezwungen, führte zu einer kritischen Bewusstwerdung, die jeden Versuch einer Rückkehr zur ursprünglichen Reinheit unmöglich macht. Wenn man die Avantgarde entlang der Theorie des Feldes als eine neue Position versteht, so müsste man sagen, dass mit ihrer Durchsetzung tatsächlich, wie es das Bourdieusche Modell festschreibt, alle bisherigen Muster mit Sicht auf die Normen der neuen Position und ihrer Positionierungen einer Prüfung unterzogen wurden.

Ob die Durchsetzung der Avantgarde aber, wie Bourdieu dies noch für den Symbolismus attestieren konnte, zu einer Verdichtung und Vereinheitlichung des Feldes führte, mag man bezweifeln.[321] Bürger, so sei hier erinnert, war in dem Punkt unsicher und ließ einen der Studenten in seinem fingierten Dialog offen fragen, was wäre, wenn „wir immer noch in der Epoche der Krise der Moderne lebten, die mit dem Ersten Weltkrieg begonnen hat?"[322] Was also, wenn die Kunst noch immer den Drahtseilakt der Avantgarden vollführt und, trotz oder wegen der Kommerzialisierung, Ritualisierung und Akademisierung der vom Glauben abgefallenen Häretiker, nicht in den Schutz des autonomen Feldes zurückgekehrt und noch immer im gefährlichen Grenzspiel befindlich ist? Der feldinterne Kampf zumindest, das nach Bourdieu „generierende und vereinheitlichende Prinzip" des Feldes, durch den der kollektive Glaube an den Wert der Kunst reproduziert und so das Fortschreiten eines Verselbstständigungsprozesses gesichert wird, scheint sich beruhigt zu haben.[323] Dann aber stellt sich die Frage, was der Kunst ihren Fortbestand sichert. Um hier weiter zu kommen, wollen wir uns der Avantgarde noch einmal aus einem anderen Blickwinkel zuwenden und mit Luhmann zu erklären versuchen, wie die Kunst es ein weiteres Mal schafft, aus der Not eine Tugend zu machen und mit dem riskanten Grenzspiel selbst das Problem ihrer permanenten Restabilisierung löst.

---

320 Bourdieu 1999, S. 361f.
321 „So bietet das Feld möglicher Positionierungen sich dem Sinn für Platzierungen [...] in der Gestalt einer bestimmten Wahrscheinlichkeitsstruktur dar, in Form wahrscheinlicher Gewinne oder Verluste auf materieller wie symbolischer Ebene". Ebd., S. 378.
322 Bürger 2010, S. 39.
323 Bourdieu 1999, S. 368.

IV. Kunst als System und Form – Luhmann

1. Kunst – ein von der Avantgarde gestelltes Sonderproblem

> „Von Zeit zu Zeit wäre deshalb zu prüfen, welche Annahmen den geläufigen Theorieansätzen zugrundegelegen hatten und ob sich die Kontexte verändert haben, die diesen Annahmen Evidenz oder doch Plausibilität verliehen hatten."
>
> Luhmann[324]

Die Kunst der Gesellschaft als eine Theorie der Avantgarde zu lesen, ist nicht selbstverständlich. Um diesen Schritt nachvollziehen zu können, empfiehlt es sich, das von Luhmann 1995 vorgelegte Kunst-Buch von hinten zu lesen. „Die Avantgarde", so Luhmann auf den letzten Seiten, „hatte nur das Problem gestellt und in Form gebracht", nun aber müsse man das Kunstsystem daraufhin beobachten, wie es mit diesem selbst gestellten Problem fertig wird.[325] Dabei verwischt das Wörtchen „nur" die Spur, die von der Kunst avantgardistischer Prägung zur Theorie führt. Will man diese freilegen, muss entgegen der Luhmannschen Anweisung nicht das Kunstsystem bei der Lösung des von der Avantgarde gestellten Problems beobachtet werden, sondern die Theorie selbst. Nur so zeigt sich, dass die Ergebnisse der Theoriearbeit – die Konstruktion des Kunstsystems und die Rekonstruktion seiner Evolution – auf eine Aufgabenstellung antworten, die von der Kunst, nachgerade der Avantgarde und ihrer Selbstbeschreibung, bereits in Richtung des von Luhmann eingeschlagenen Lösungswegs „in Form gebracht" wurde. Kurz, es ist die Avantgarde, welche der Anwendung der Systemtheorie auf die Kunst ihre Evidenz und Plausibilität verleiht.

Was aber ist überhaupt das Problem? Das Problem der Kunst besteht Luhmann zufolge in der Unwahrscheinlichkeit ihres kommunikativen Erfolgs. Um diesen Gedanken zu verstehen, muss man wissen, dass Kunst nach Luhmann ein Medium ist, welches, dem Geld, der Liebe oder der Macht vergleichbar, auf Kommunikation beruht, wobei die Kunst jedoch, und dies ist entscheidend, „in den Chancen zu

---

[324] Niklas Luhmann, Gesellschaftsstruktur und Semantik. Studien zur Wissenssoziologie der modernen Gesellschaft, Bd. 4, Frankfurt a. M.: Suhrkamp 1999, S. 163.
[325] Niklas Luhmann, Die Kunst der Gesellschaft, Frankfurt a. M.: Suhrkamp 1996, S. 506.

kontextabstrakter Verwendung und Kettenbildung" zurücksteht.[326] Kunst, so Luhmann 1976, biete nicht in gleicher Weise wie andere Medien „eine *Chance für Anschlussselektionen*".[327] Die Ursache dafür wiederum liegt in der Kontingenz ihres Zustandekommens. Kunst im Sinne Luhmanns demonstriert immer „die beliebige Erzeugung von Nichtbeliebigkeiten oder die Zufallsentstehung von Ordnung".[328] Genau damit aber, mit der Vorführung einer kontingenten Ordnung, generiert die Kunst ihr Problem. Wie nämlich, so stellt sich die Frage, kann sie *trotzdem* kommunikativen Erfolg wahrscheinlich machen und damit ihren Fortbestand sichern?

Die Antwort auf diese Frage kann hier zunächst zurückgestellt werden. Entscheidend ist an dieser Stelle, dass es die Avantgarde war, welche das Problem als solches markiert hat. Sie hat die Kunst an die eigene Grenze geführt, indem sie die Erzeugung von Beliebigem und Zufälligem bis hin zu jenem Punkt betrieb, an dem das Unterscheidungsproblem von Kunst und Nichtkunst auftauchte. Genau dies ist der Punkt, an dem der Theoretiker Luhmann ansetzt. Zugespitzt ließe sich sagen, dass das Problem der Kunst, wie es von der Avantgarde vorgeführt wurde, bei Luhmann zur Chance der Theorie wird. Kunst erscheint einerseits als ein problematisches, weil hochgradig freies und damit zukunftsoffenes Unterfangen – und andererseits als ein für den am Zustandekommen und Funktionieren kontingenter Ordnungen interessierten Beobachter besonders aufschlussreicher Fall.

Dass Luhmann diesen Zusammenhang erstmals 1974, also im Jahr des Erscheinens der *Theorie der Avantgarde* und zwar in den einführenden Bemerkungen zu einer Theorie symbolisch generalisierter Kommunikationsmedien formulierte, ist dabei für ein Verständnis seiner Kunsttheorie nicht unerheblich. In ihnen erscheint die Kunst als Antwort auf das „Sonderproblem", welches sich dadurch ergibt, dass auch willkürlich hergestellte Güter wie Werke oder Texte „den Nachvollzug ihrer Selektivität im Erleben erzwingen".[329] Als Teil der Kultur wird die Kunst dabei zu den außerhalb des Bereichs der Gesellschaftsbegriffe verbliebenen Derivaten gezählt; eine Art Versteck, in dem die Kunst nur deshalb unentdeckt bleiben konnte, weil die Gesellschaftsbegriffe zunächst primär politisch und dann ökonomisch bestimmt wurden. Darum fehle es Mitte der siebziger Jahre an einem Instrumentarium für eine soziologische Beurteilung der gesellschaftsweiten Erfah-

---

326 Luhmann, Ist Kunst codierbar?, in: Siegfried. J. Schmidt (Hrsg.), „schön": Zur Diskussion eines umstrittenen Begriffs. München: Fink 1976, S. 60-95, wieder abgedruckt in und hier zitiert nach: Luhmann, Soziologische Aufklärung, Bd.3, Wiesbaden: VS 2009, S. 281-305, hier S. 293.
327 Ebd., S. 292.
328 Luhmann 1996, S. 506.
329 Niklas Luhmann, Einführende Bemerkungen zu einer Theorie symbolisch generalisierter Kommunikationsmedien, in: Zeitschrift für Soziologie 3, 1974, S. 236-255, erneut abgedruckt und hier zitiert nach: Luhmann, Aufsätze und Reden, Reclam 2004, S. 43.

1. Kunst – ein von der Avantgarde gestelltes Sonderproblem 101

rung mit Kulturgütern und für eine kritische Einschätzung des Reflexionsniveaus von Dogmatiken, Wissenschaftstheorien und Kunstrichtungen.³³⁰

Mit dem Wechsel vom Politik- und Wirtschaftsbegriff hin zum Kulturbegriff bewegt sich Luhmann in den siebziger Jahren in dieselbe Richtung wie Bürger – allerdings von der Soziologie aus. Beide sind auf der Suche nach einem Instrumentarium für eine kritische Einschätzung der Kunstrichtungen und der Kunsttheorien – Bürger mit dem Ziel einer kritischen Kulturwissenschaft, Luhmann mit dem Ziel einer universellen, auch kulturelle Phänomene erfassenden Gesellschaftstheorie. Dabei liest sich die Begründung ähnlich. Hatte Bürger vor dem Hintergrund der gesellschaftlichen Reformphase zur Erneuerung der Geisteswissenschaften ausgeholt, so situiert Luhmann seinen theoretischen Aufbruch in einer Zeit, „in der die Motivationskrise der Gesellschaft auch eine der soziologischen Forschung selbst zu sein scheint".³³¹ Verstehen lässt sich diese Motivationskrise der Gesellschaft mit Luhmann als eine Unterbrechung von normalerweise problemlos ablaufenden Selektionsübertragungen; ein Zustand der Unordnung, aber auch der gesteigerten Reflexion, in dem die Kunst insofern interessant wird, als sie, eben als Sonderproblem, eingestandenermaßen auf einer kontingenten Ordnung beruht und trotzdem funktioniert. Mit anderen Worten, was der Gesellschaft während der Protestphase widerfährt – die Erfahrung des eigenen Gemacht-Seins und das Durchspielen der sich daraus ergebenen Konstruktionsmöglichkeiten – hat die Kunst mit der Avantgarde bereits hinter sich.

An diesem 1974 von Bürger in der Theoriegeschichte unterstrichenen Moment setzt auch Luhmann ein, wenn er mehr als zwanzig Jahre später ein konsequent an der Avantgarde geschultes und exemplifiziertes Instrumentarium für die Beobachtung der Kunst vorlegt. Mit ihm will er, nicht anders als Bürger vor ihm, den „historisch verbrauchten Theorierahmen" verlassen.³³² In kritischer Distanz insbesondere zu Adorno vollzieht auch Luhmann jenen Wechsel vom Paradigma der Entfremdung zum Paradigma der Differenzierung, mit dem auch die Kunst in den Bereich der Gesellschaftsbegriffe gezogen wird.³³³ Dass dies kein einfaches

---

330 Ebd., S. 63. Mit *Die Wissenschaft der Gesellschaft* (1990) und *Die Kunst der Gesellschaft* (1996) legt Luhmann in den neunziger Jahren dieses Instrumentarium in Form umfangreicher, sich in weiten Teilen deckender Theoriebaukästen vor. Zum Verhältnis beider siehe Christine Magerski, Zum Verhältnis von Kunst und Wissenschaft bei Niklas Luhmann, in: Moderne begreifen. Zur Paradoxie eines sozio-ästhetischen Deutungsmusters, Hrsg. v. Christine Magerski, Robert Savage u. Christiane Weller, Wiesbaden: VS 2007, S. 403-415.
331 Luhmann 2004, S. 63.
332 Luhmann 1996, S. 78.
333 Zur Auseinandersetzung mit der ästhetischen Theorie Adornos siehe vor allem: Luhmann 1996, S. 470-473. Zum Paradigmawechsel siehe: David Roberts, Von der ästhetischen Utopie der Moderne zur Kunst der Gesellschaft, in: Etho-Poietik. Ethik und Ästhetik im Dialog, Hrsg. von Bernhard Greiner u. Maria Moog-Grünewald, Bonn: Bouvier 1998, S. 119-134, hier S. 123.

Unterfangen war, räumt Luhmann nachträglich ein, habe es sich doch als unmöglich erwiesen, „die Systematik des Systems an den aktuell gegebenen Sachverhalten abzulesen und historische Analysen auszublenden".[334] Abgelesen wird die Systematik des Systems dann auch nicht an der Kunst der neunziger Jahre, sondern an der Avantgarde – einer Kunstrichtung, die sich mit Gerhard Plumpe als „die steilste Selbstbeschreibung moderner Kunst und Literatur", ja als „epochales Programm literarischer Kommunikation der Moderne" definieren lässt.[335]

Um die Relevanz einer so verstandenen Avantgarde für die Plausibilität der differenztheoretischen Annahmen ersichtlich zu machen, muss *Die Kunst der Gesellschaft* nicht nur von hinten, sondern gegen den Strich gelesen werden. Konkret bedeutet dies, die beiden von Luhmann bewusst ineinander verschränkten Perspektiven – die Konstruktion des Kunstsystems und die Rekonstruktion seiner Evolution – an ihrem Konvergenzpunkt zu entzerren. Dass der Leser beide im Text verschränkt vorfindet, wird von Luhmann damit begründet, dass sich eine Trennung von systematischer und historischer Analyse in der soziologischen Betrachtung nicht aufrechterhalten lässt. Von daher könne das Kunstbuch „weder eine strukturalistische Beschreibung des Systems moderner Kunst bieten noch eine evolutionäre, in Phasen gegliederte Geschichte der Ausdifferenzierung des Kunstsystems".[336] Doch handelt es sich bei der vorliegenden Studie nicht um eine soziologische, sondern eine theoriegeschichtliche Betrachtung. Als solche kann und muss sie die Luhmannsche Theoriearchitektur entgegen der Intention des Autors in ihre vergleichbaren Bestandteile zerlegen.

2. Evolution des Kunstsystems

Beginnen wir mit der Rekonstruktion der Evolution. Wie die von Bürger und Bourdieu skizzierten kunsthistorischen Verläufe nimmt auch die von Luhmann entworfene Geschichte der modernen Kunst ihren Ausgang im 19. Jahrhundert und stellt auf jenes Moment ab, in dem sich die Kunst für Selbstgesetzgebung entschied. Die Kunst steht hier vor der „Frage ‚Selbstreferenz oder Fremdreferenz?'" und reagiert, indem sie beide Optionen auf zwei verschiedene Stilrichtungen verteilt und damit für das System neutralisiert, mit Differenzierung: Die ästhetizistische Kunstrichtung steht für ein Primat der Selbstreferenz und die Betonung der Formentschei-

---

[334] Luhmann 1996, S. 10.
[335] Gerhard Plumpe: Avantgarde, in: Basislexikon Literaturwissenschaft, Bochum (online).
[336] Luhmann 1996, S. 10. Dass es sich bei der Evolution der Systeme nicht um ein Phasenmodell handelt, betonte Luhmann auch bezüglich der Wissenschaft. Vgl. hierzu Luhmann, Die Wissenschaft der Gesellschaft. Frankfurt a. M.: 1990, S. 554.

2. Evolution des Kunstsystems 103

dungen, der Realismus setzt in affirmativer oder kritischer Intention auf Fremdreferenz – ein Gegensatz, der zum „Programm" wurde.[337] Die Differenz wurde kunstintern entfaltet, also stilistisch erprobt und so, „gerade durch diese Form einer Stilwahl (wovon es ohnehin viele gibt) im System gehalten".[338]

Von Luhmann wird dieser Moment, Bourdieu vergleichbar, als Radikalisierung einer mit der Romantik einsetzenden „internen Blockierung externer Referenzen" verstanden.[339] Für sie sind die Behauptung einer Eigenwelt des Ästhetischen und damit die Abspaltung vom Gesamtbereich gesellschaftlicher Kommunikation bezeichnend. Vollzogen wird diese Abspaltung einerseits durch ein „Formprogramm", das es erlaubt, Realien einzig als Mittel der Inszenierung von Kunst zu betrachten, und andererseits durch ein neues Verständnis der Kritik als „weitere Arbeit am Kunstwerk selbst".[340] Für die Evolution des Kunstsystems spielt dabei, auch in diesem Punkt der von Bourdieu beschriebenen Genese vergleichbar, der quantitative Zuwachs der Akteure als Voraussetzung jeder Differenzierung eine gewichtige Rolle. Luhmann attestiert diesen bereits für die Romantik, betont jedoch, dass die Differenzierung hier noch nicht auf die Ebene der Produktion durchgreife.[341]

Das ändert sich in der zweiten Hälfte des 19. Jahrhunderts mit den sich explizit als modern etablierenden Kunstrichtungen. Laut Luhmann verbindet sich mit ihnen der „Verzicht nicht nur auf Imitation, sondern auf Fiktionalität schlechthin"; eine Entwicklung, die sich nun den Werken selbst ablesen lässt. Mit den Avantgarden erreicht diese Tendenz ihren Höhepunkt.[342] Sie sind es, welche dazu ansetzen, „mit der Reichweite des Kunstbegriffs, wenn nicht mit der Universalität des Zuständigkeitsbereichs Kunst zu experimentieren".[343] Die sich mit den Avantgarden vollendende „Selbstgesetzgebung" und damit Autonomie der Kunst – von Luhmann auch als „letzte Konsequenz der Ausdifferenzierung des Kunstsystems" bezeichnet – rückt damit ins Zentrum der Selbstbeschreibungsgeschichte der Kunst.

---

337 Luhmann 1996, S. 481.
338 Ebd.
339 Ebd., S. 244.
340 Ebd., S. 461 u. 458. Vgl. zu Form und zum Formprogramm bei Bourdieu die Kapitel „Formgebung" und „Für die Form" in: Bourdieu 1999, S. 170-174 und S. 223-226.
341 Siehe hierzu Luhmann 1996, S. 465. Bourdieu beschreibt den Zuwachs im Kapitel „Die Bohème und die Erfindung einer Lebenskunst" als Herausbildung einer umfangreichen Population von jungen Leuten mit dem Bestreben, von der Kunst zu leben. Mit ihnen tritt laut Bourdieu „eine regelrechte Gesellschaft in der Gesellschaft in Erscheinung". Vgl. Bourdieu 1999, S. 93-98. Zum Vergleich der zwar zeitlich versetzten, jedoch in ihrer Entwicklung ähnlich verlaufenden Konstituierungen literarischer Felder in Frankreich und Deutschland siehe: Christine Magerski, Die Konstituierung des literarischen Feldes. Berliner Moderne, Literaturkritik und die Anfänge der Literatursoziologie, Tübingen: Niemeyer 2003.
342 Luhmann 1996, S. 469.
343 Ebd., S. 471.

³⁴⁴ Von den programmatischen Schriften bis zu den Kunstwerken zieht sich nun jenes Bemühen um Differenz, in dessen Verlauf Zeichen wieder zu Symbolen werden – „‚reine' Formen, die keinen Inhalt mehr vorführen, sondern nur noch als Differenz fungieren sollen".³⁴⁵

Dies ist der Punkt, an dem die Evolution der Kunst jenen Formbegriff entfaltet, auf dem der zweite Grundpfeiler der Luhmannschen Theoriearchitektur gründet: die Theorie der Form. Indem sich die Avantgarde auf die Produktion reiner, allein auf die Differenz von Kunst und Nichtkunst abstellender Formen kapriziert, reiht sie sich ein in die Gruppe symbolisch generalisierter Kommunikationsmedien. Oder, anders formuliert, erst mit der Avantgarde erreicht die Selbstbeschreibung des Kunstsystems „ein neues Niveau", das, so muss über Luhmann hinaus festgehalten werden, eine externe Beschreibung mittels der Formtheorie überhaupt erst ermöglicht.³⁴⁶

Doch bleiben wir zunächst bei der Avantgarde und fragen, wie das mit ihr erreichte Niveau der Selbstbeschreibungsgeschichte der Kunst zum Drehpunkt in Richtung auf eine Theorie zu werden vermag, die mit dem von der modernen Kunst aus der Latenz gehobenen Formbegriff versucht, eben jene Kunst aus einer externen Beobachterperspektive zu analysieren. Die Antwort liegt in der von der Avantgarde praktizierten Einführung der Negation des Systems ins System. Wie bei Bürger, so sind es auch bei Luhmann die auf der Autonomie der Kunst beruhenden, am „Grenzfall" realisierten Versuche der Aufhebung der Autonomie, die die Institution oder das System als solche erkennbar machen.³⁴⁷ Dem Ästhetizismus, der die Autonomie der Kunst behauptet, folgt die Avantgarde, die eben diese Autonomie im Versuch der Aufhebung als solche markiert. Nach Luhmann wird die Kunstrichtung des l'art pour l'art, auf welche sich auch Bourdieu im kritischen Moment der Eroberung der Autonomie berief, durch ein „L'art sur l'art" überboten, mit dem das System die eigenen Grenzen in Frage stellt und sich auf Produktionen beschränkt, die nur noch als Elemente in „der autopoietischen Kette der Selbstreflexionen und Wiederbeschreibungen des Systems" Beachtung verdienen.³⁴⁸

---
344 Ebd., S. 452 u. 470. Bourdieu bindet diese an einen konkreten Akteur, nämlich Baudelaire, der das grundlegende Gesetz des künstlerischen Universums in der Unabhängigkeit von wirtschaftlichen und politischen Machtinstanzen festschreibt und damit „die literarische und künstlerische Ordnung konstituiert". Vgl. Bourdieu 1999, S. 103-114, insbesondere S. 104.
345 Luhmann 1996, S. 472.
346 Ebd., S. 474.
347 Ebd., S. 475. Eine historisch gesättigte Darstellung dieses Operierens an der Grenze findet sich bei Wolfgang Asholt, Projekt Avantgarde und avantgardistische Selbstkritik, in: Asholt/Fähnders 2000, S. 97-120. Asholt folgt Luhmann bis zum Grenzfall, sieht dann aber eine Linie der Avantgarde aus der Institution hinaus steuern, während Luhmann, folgt man Asholt, der Avantgarde unterstellt, dass die Ablehnung selbst zur Form werde und somit kunstimmanent verläuft (S. 105).
348 Luhmann 1996, S. 483.

2. Evolution des Kunstsystems

Indem die Avantgarde die Grenzen der Kunst derart erweitert, dass alles möglich wird, solange die künstlerische Intention, und sei es nur durch die Signatur, erkennbar bleibt, provoziert sie das Unterscheidungsproblem der Kunst und riskiert ihr eigenes Ende. Die Experimente der sich überbietenden Avantgarden führen Luhmann zu jener Grenze, an der das Ende der Kunst in Sichtweite rückt. Was er hier sieht, ist jedoch nicht das Ende der Kunst, sondern die Einführung einer neuerlichen, wenngleich alten Unterscheidung. Um im Spiel zu bleiben, entscheidet sich die Kunst für das „Wiedereinspielen der Tradition" und damit für eine „Distanz zur Distanz zur Tradition".[349] Mit diesem Schritt aber wird die Avantgarde selbst historisch, wobei es sich, eben weil dem Bruch mit der Tradition das Wiedereinspielen der Tradition folgt, um ein die eigene Geschichte gleichsam verwischendes Historischwerden handelt. Die Abfolge alt/neu wird ersetzt durch die Gleichzeitigkeit der in ihrer Herkunft ungleichzeitigen Formen. Die formale, historisch gewachsene Vielfalt wird damit nur noch als Verschiedenheit, d.h. als Differenz betrachtet und damit gleichzeitig nivelliert und enthistorisiert. Es wird, so Luhmann, „vergessen, gegen was Innovationen gerichtet waren und mit welchem Eifer sie vertreten und angefeindet wurden".[350]

Für die Kunst bedeutet dies, dass sie entspannen und ihre eigene Geschichte wie „die Herstellung eines gleichzeitig verfügbaren Formmaterials" behandeln kann – was sie ja, in Form der so genannten postmodernen Kunst, auch tut.[351] Für einen externen Beobachter bedeutet dies, dass er der Kunst ihre eigene Geschichte nachtragen und sie als autonomen Bereich beschreiben kann. Genau das unternimmt Luhmann. Wie Bürger und Bourdieu vor ihm, beschreibt er die Geschichte der Kunst als Ausdifferenzierung eines autonomen künstlerischen Produktionsbereichs, nur dass anstelle von Institution und Geschichte bzw. Feld und Genese hier die Begriffe System und Evolution stehen. Die sich aus der jeweiligen Begrifflichkeit für die Theoriearchitektur ergebenen Differenzen sind dabei unbestritten und werden im Folgenden detailliert herausgearbeitet. Bezüglich der von Luhmann rekonstruierten Evolution des Kunstsystems jedoch bleibt an dieser Stelle festzuhalten, dass sie, nicht anders als die Theorien von Bürger und Bourdieu, die Geschichte moderner Kunst bis zu jenem Punkt verfolgt, an dem das Nacheinander in ein Nebeneinander transformiert und ein Primat der Form als Grundlage der Autonomie des künstlerischen Produktionsbereichs behauptet wird. Der so erreichte Zustand der Kunst verleiht dem Theorieansatz Evidenz und Plausibilität. Insbesondere mit vergleichendem Blick auf Bürger muss nochmals betont werden, dass es

---
349 Ebd., S. 502.
350 Ebd., S. 482.
351 Ebd.

auch und gerade das Scheitern des avantgardistischen Versuchs ist, Kunst und Leben wieder zu versöhnen, welches von Luhmann als Beleg für die Existenz eines autonomen gesellschaftlichen Bereichs Kunst herangezogen wird.

Bei Luhmann aber, und damit betreten wir theoretisches Neuland, wird dieser Bereich nun als ein soziales Funktionssystem verstanden, d.h. als ein autonomes Subsystem der Gesellschaft, das, ebenso wie die Systeme Wirtschaft, Recht oder Wissenschaft, eine spezifische Funktion ausübt und dabei nach einem systemeigenen Code verfährt. Eine solche Vergleichbarkeit hatte Bürger, so wurde gesagt, mit dem Hinweis darauf problematisiert, dass die Institution Kunst, anders als die Institution Recht, nicht über einen Corpus von Texten verfüge, die unmittelbar das Funktionieren der Institution regeln.[352] Um hier weiterzukommen, empfahl Bürger eine Ausweitung der empirischen Forschung unter besonderer Berücksichtigung der programmatischen Schriften. Luhmann, soviel sei vorweggenommen, folgt diesem Vorschlag nicht und geht stattdessen einen Weg, der konsequent von der Theorie vorbestimmt ist, ja die Kunst regelrecht auf deren Anwendbarkeit hin absucht – und dabei zu überraschenden Ergebnissen kommt.

3. Grundbausteine des Kunstsystems: Form, Wahrnehmung, Kommunikation

Um mit Luhmann überhaupt von einem System sprechen zu können, bedarf es der Selbstorganisation des jeweiligen Bereichs. Selbstorganisation umfasst dabei die Strukturebenen der Codierung und der Programmierung, wobei Code als eine Struktur definiert wird, „die das Erkennen der Zugehörigkeit von Operationen zum System ermöglicht".[353] Die Frage, ob auch das Kunstsystem einen Code kennt, an dem es erkennt, was Kunst ist, ist im Rahmen der Systemtheorie ebenso unumgänglich wie problematisch. Auch ihre Diskussion führt zurück in die siebziger Jahre. Unter dem Titel *Ist Kunst codierbar?*[354] hält Luhmann 1976 fest, dass die Ausdifferenzierung eines relativ autonomen Kunstsystems und damit die Autonomie der Kunst als solche bedingt ist durch „die Regeln, nach denen man verfährt".[355] Definiert werden diese Regeln als „Codiertheit der Kunst durch einen unverwechselbaren Schematismus".[356] Zwar lebe die Kunst in hohem Maße von der Negation ihrer eigenen Vergangenheit, doch braucht sie Zukunft, und die

---

352 Bürger 1974, S. 15.
353 Luhmann 1996, S. 303.
354 Luhmann, Ist Kunst codierbar?, in: Schmidt 1976, S. 60-95, wieder abgedruckt in und hier zitiert nach: Luhmann, Soziologische Aufklärung, Bd.3, Wiesbaden: VS 2009, S. 281-305.
355 Ebd., S. 297.
356 Ebd.

3. Grundbausteine des Kunstsystems: Form, Wahrnehmung, Kommunikation 107

wiederum setzt die Orientierung an Regeln voraus. „Letztlich", so Luhmann 1976, „ist Autonomie nicht haltbar in trotziger Isolierung und Unbeeinflussbarkeit, sondern nur als Beeinflussbarkeit nach systemeigenen Regeln".[357] Diese Regeln nun sucht Luhmann die nächsten zwanzig Jahre. Schaut man auf die Gesamtheit seiner Äußerungen zur Kunst, so lässt sich ein Wechsel der Codes von schön/hässlich über interessant/uninteressant bis hin zu Kunst/Nichtkunst beobachten; eine Inkonsistenz, die zumeist in kritischer Absicht gegen die Systemtheorie gewendet wird.[358] Liest man *Die Kunst der Gesellschaft* als eine Theorie der Avantgarde, so ergibt sich ein anderes Bild: Die Suche nach dem aus systemtheoretischer Perspektive unerlässlichen Code führt Luhmann von der Evolution des Systems und seiner Programmierung hin zum Kunstwerk als Form und damit zur spezifischen, von der Avantgarde mit dem Grenzspiel zwischen Kunst und Nichtkunst gewissermaßen vorformulierten Problemstellung seiner eigenen Theorie.[359] Das Kunstsystem muss codiert sein, „es muss einen eigenen, im System nicht überbietbaren Code voraussetzen können, weil es anders nicht gelingen könnte, Kunstwerke als einen besonderen Beobachtungsbereich auszudifferenzieren".[360] Als besonderen Beobachtungsbereich aber unterscheidet sich das Kunstwerk qua Form.

Illustrieren lässt sich dieser theoretisch forcierte Zusammenschluss von Code, Kunstwerk und Form an der Luhmannschen Diskussion des Stilbegriffs. Da sich das Auffinden eines verbindlichen Codes im Kunstsystem als äußerst schwierig erweist, weicht Luhmann das Problem zunächst auf, indem er Codes als „mobile Strukturen" definiert, deren Anwendung von Situation zu Situation zwangsläufig wechselt.[361] Damit verschiebt sich das Problem auf den Nachweis mobiler Strukturen. Eine mögliche Antwort lautet Stil. Der Stilbegriff wird dabei funktional definiert, d.h. „mit Bezug auf das Problem, wie ein Zusammenhang verschiedener

---

357 Ebd.
358 Siehe hierzu stellvertretend die wohl umfassendste Studie zur Luhmannschen Kunsttheorie im Kontext jüngerer Literatur- und Kultursoziologie: Oliver Sill, Literatur in der funktional differenzierten Gesellschaft. Systemtheoretische Perspektiven auf ein komplexes Phänomen, Wiesbaden: VS 2001, S. 98-104.
359 Zur Bedeutung des Problembezugs bei Luhmann siehe Elena Esposito, Kulturbezug und Problembezug, in: Günter Burkhart u. Gunter Rundel (Hrsg), *Luhmann und die Kulturtheorie*, Frankfurt a. M.: Suhrkamp 2004, S. 91-101. Esposito stellt heraus, dass die absolute Relativität von Perspektiven in einer zirkulären Lage führt, in der jede Gegebenheit nur mehr eine Entscheidung ist. Um die Zirkularität zu durchbrechen, verweist sie auf einen Schlüsselbegriff der Systemtheorie – den „des Problembezugs" (99). Ein bestimmtes Problem als Bezug zu nehmen, erlaube es der Systemtheorie, die Komplexität zu organisieren, ohne sie zu vernichten. Das Datum könne dabei anders sein, weil dasselbe Problem eine andere Lösung hätte haben können. Die Möglichkeiten könnten also vermehrt werden, aber immer in Bezug auf den spezifischen Vergleichsgesichtspunkt von Problem und Lösung.
360 Luhmann 1996, S. 307.
361 Ebd., S. 304.

Kunstwerke und damit Kunst als System hergestellt werden kann".[362] Hergestellt wird der Zusammenhang traditionell durch eine Historisierung der Selbstbeschreibung des Kunstsystems, die wiederum eine Periodisierung der Kunstgeschichte erfordert. Der Stilbegriff wird somit temporalisiert. Auch verliert er mit der Anerkennung einer Vielheit von Stilen seine Zuordnungsmöglichkeit auf soziale Schichten. Nach Luhmann kommen grundsätzlich alle Stile für alle in Betracht, die sich als Besucher von Ausstellungen oder Museen oder als Käufer für Kunst interessieren. „Die Inklusion in das Kunstsystem", so Luhmann, „macht sich auch auf der Seite der Betrachter von einer vorgegebenen Stratifikation unabhängig (obwohl die im Alltag unsichtbare Statistik sehr wohl Korrelationen feststellen kann, die aber nur das Interesse und wohl kaum noch Stilpräferenzen betreffen)".[363]

Soziologischen Annäherungen an den Stilbegriff, wie sie etwa den von Bourdieu statistisch sichtbar gemachten ‚feinen Unterschieden' zugrunde liegen, wird damit eine klare Absage erteilt. Produktions- und Rezeptionsebene werden von Luhmann entdifferenziert und purifiziert. Was bleibt, sind Kunstwerke und Beobachter. So erklärt sich, dass die Auseinandersetzung mit dem Stilbegriff und der Stilgeschichte im Kunstbuch auffallend wenig Raum einnimmt. Die Frage, ob der Stil auf eine Metaprogrammierung hinauslaufe, wird von Luhmann verneint. Die Stilform berühre weder die Autonomie des Kunstwerks, noch seien Stilbestimmungen ein unerlässliches Mittel kompetenter Kritik. Kurz, der Stil ist selbst kein Programm, sondern eine Formvorgabe, womit der Stilbegriff letztlich selbst wieder als Differenzbegriff und somit als Formbegriff gefasst wird.[364]

Diese Engführung von Stil- und Formbegriff gestattet es Luhmann, die Suche nach dem Code ganz auf die symbolische Ebene zu verlagern und zu dem Raum vorzudringen, in dem sich die spezifische Operation der Kunst – die Zufallsentstehung von Ordnung – ereignet: zum einzelnen Kunstwerk selbst. Die Besonderheit des Kunstsystems im Vergleich zu anderen Funktionssystemen liegt nach Luhmann darin, dass in ihm die für Unterscheidungen zwingende Asymmetrisierung „dem einzelnen Kunstwerk selbst obliegt und Zwischenebenen wie Regeln und Stilvorstellungen zwar möglich, aber weitgehend entbehrlich sind".[365] Anders formuliert, zwar braucht das Kunstsystem einen Code, doch wird dieser von jedem Kunstwerk selbst bestimmt. „Das ‚Wesen' der Kunst", so Luhmann in wünschenswerter, wenngleich gern übersehener Eindeutigkeit, „ist die Selbstprogrammierung

---

362 Ebd., S. 338.
363 Ebd., S. 337.
364 Ebd., S. 337-340.
365 Ebd., S. 306.

3. Grundbausteine des Kunstsystems: Form, Wahrnehmung, Kommunikation 109

der Kunstwerke".[366] Nicht vom institutionellen Rahmen nimmt die Konstruktion des Kunstsystems ihren Ausgang, sondern vom Kunstwerk. Im deutlichen Unterschied zu Bourdieu rückt damit bei Luhmann der Werkbegriff ins Zentrum und wird, ganz im Sinne Bürgers, unter Berücksichtigung der spezifischen Formbestimmtheit avantgardistischer Kunst zum Begriff eines nicht organischen Kunstwerks entwickelt. An dieser Stelle sei noch einmal an die zwei offenen Fragen erinnert, die Bürger der Theoriegeschichte hinterlassen hat: das Auffinden der Regeln der Kunst und die analytische Berücksichtigung der Formbestimmtheit des Kunstwerks. Luhmann verknüpft beide Problemstellungen, indem er die Formbestimmtheit des Kunstwerks ernst nimmt, diese unter Berufung auf die Avantgarde zur Kongruenz von Kunstwerk und Form radikalisiert und mit dem Formbegriff selbst auf die Frage nach den Regeln und dem Gesetz der Kunst antwortet. Zwar erfolgt die Selbstprogrammierung der Kunst als Entscheidung qua „Formenwahl", was wiederum bedeutet, dass es eine Auswahl und damit eine wie auch immer geartete Ansammlung oder Organisation künstlerischer Formen geben muss.[367] Doch wird diese Programmierung der Programmierung bei Luhmann von der Geschichte übernommen. Nur an ihr kann sich die Selbstgesetzgebung bzw. Eigengesetzlichkeit des Kunstwerks als „Sich-selbst-die-Form-Geben" noch orientieren.[368] Von daher ist jedes Kunstwerk vor allem eins: das Resultat der mit ihm getroffenen Formfestlegung. Die im kultursoziologischen Kontext unumgängliche, von Luhmann aufgenommene und offen diskutierte Frage, „ob Kunstwerke völlig zusammenhangslos zu denken seien oder ob es eine Programmierung der Programmierung geben müsse, die doch, wenn auch in veränderter Form, auf so etwas wie eine Regel-Kunst zurückführe", führt zum autonomen Kunstwerk.[369]

In diesem Zusammenhang muss betont werden, dass es Luhmann bei der Diskussion des Kunstwerks um den Nachweis geht, dass das Gesetz der Kunst als Gesetz der Form im einzelnen Kunstwerk selbst zu finden ist. Unter Formen werden deshalb auch keine Gattungen verstanden, die sich, wie bei Bourdieu, über Hierarchien zu einem Raum des Symbolischen verdichten und in Korrelation mit dem sozialen Raum bringen ließen. Vielmehr versteht Luhmann unter Form ganz allgemein wahrnehmbare, und das heißt beobachtbare Markierungen als Differenzziehungen.[370] Einzig und allein „das Kunstwerk selbst beschränkt, welche Operatio-

---
366 Ebd., S. 332.
367 Ebd., S. 331.
368 Ebd., S. 333.
369 Ebd., S. 336.
370 Die Frage der Kunstgattungen wird von Luhmann überhaupt nur in einer Fußnote thematisiert. Siehe dazu: Luhmann 1996, S. 90, Fußnote 121.

nen des Beobachtens durch irgendwelche Beobachter (Hersteller oder Betrachter) möglich, erfolgversprechend bzw. unmöglich und korrekturbedürftig sind".[371]
Indem Luhmann das Kunstwerk ins Zentrum seiner Konstruktion des Kunstsystems stellt, strukturiert er die symbolische Ebene radikal um. Auf ihr gibt es nun ‚nur noch' Kunstwerke als Formen der Unterscheidung, was sich dann wiederum, zumal aus kultursoziologischer Perspektive, sowohl als Entdifferenzierung wie auch als Einführung einer neuen, den Werkbegriff maßgeblich aufwertenden Differenzierung lesen lässt. Denken wir zurück an Bürgers Feststellung, dass für die postavantgardistische Phase eine Restauration der Werkkategorie charakteristisch ist, so könnte man sagen, dass sich Luhmann an ihr auf der theoretischen Ebene beteiligte. Dies allerdings nicht in der Absicht, die traditionelle Ästhetik wiederzubeleben, sondern vielmehr, um den zweiten Grundpfeiler seiner Theoriearchitektur – die Formtheorie – auch im Beobachtungsraum der Kunst zu verankern. Damit, auch dies sei hier nochmals unterstrichen, tut die Theorie der Kunst keine Gewalt an, denn es ist ja die Kunst selbst, welche, eben mit der Avantgarde, die Formbestimmtheit der Kunst durch den Versuch der Auflösung des Kunstwerks lautstark aus der Latenz hob.

Wenn eingangs die Rede von einer Entzerrung der von Luhmann verwobenen evolutions- und formtheoretischen Theoriestränge war, so befinden wir uns hier am Konvergenzpunkt, d.h. an dem Punkt, an dem die Evolution der Kunst es erlaubt, sich ihr mit einer Formtheorie zu nähern. Mit ihrem Einsatz bedient Luhmann das symbolische Moment der Kunst und entfernt sich weit von einer auf das System Kunst fokussierenden Beobachterperspektive. Insofern wäre an dieser Stelle auch jener Kritik zu widersprechen, die das Theoriedesign Luhmanns als „prinzipiell institutionalistisch" klassifiziert.[372] Keine Institutionalisierung, nicht einmal die der Anomalie, sichert nach Luhmann die Autonomie der Kunst, sondern die Selbstprogrammierung und damit die Autonomie des Kunstwerks. Darauf wird sogleich zurückzukommen sein. Zunächst aber erhebt sich hier die Frage, wo das Soziale steckt bzw. wie sich die Brücke zwischen Form und System schlagen lässt.

Wie also kommt man vom Kunstwerk zum Kunstsystem – und zurück? Die Antwort lautet: über Wahrnehmung, Beobachtung und Kommunikation. Das soziale Moment steckt bei Luhmann nicht in der Institution Kunst, sondern in den

---

371 Luhmann 1996, S. 331.
372 So Andreas Reckwitz in: Die Logik der Grenzerhaltung und die Logik der Grenzüberschreitungen: Niklas Luhmann und die Kulturtheorien, in: Günter Burkhart u. Gunter Runkel (Hrsg.): Luhmann und die Kulturtheorie, Suhrkamp 2004, S. 213-240, hier S.232, oder auch Horst Baier, Die Geburt der Systeme aus dem Geist der Institution, in: Zur geisteswissenschaftlichen Bedeutung Arnold Gehlens, hrsg. v. Helmut Klages u. Helmut Quaritsch, Berlin: Duncker & Humblot 1994, S. 69-74.

3. Grundbausteine des Kunstsystems: Form, Wahrnehmung, Kommunikation

an die Kunst als Form gekoppelten Operationen der Beobachtung und der Kommunikation. Luhmann unterscheidet bekanntlich zwischen Beobachtungen erster und zweiter Ordnung. Mit der Differenzierung des Beobachterbegriffs gelangt man von der Objektebene auf die Modalitäts- bzw. die Vergleichsebene. Während die Beobachtung erster Ordnung nur das einzelne Ding erfasst, bedarf es für die Beobachtung zweiter Ordnung der Pluralität, so dass sich ein Raum der Wahl, des Vergleichs und der Kritik öffnet. Als vergleichende Instanz deckt die Beobachtung zweiter Ordnung das auf, was die Beobachtung erster Ordnung zum Verschwinden bringt. Bezüglich des einzelnen Kunstwerks offenbart die Beobachtung zweiter Ordnung überhaupt erst das Kunstwerk als Resultat von Formentscheidung, d.h. als eine mögliche Variante innerhalb eines Raums von Alternativen. In diesem Sinne begreift Luhmann jedes Kunstwerk „als Rahmen für die Beobachtung dessen, was mit Hilfe von Unterscheidungen an Beobachtungsmöglichkeiten eingeschlossen bzw. ausgeschlossen wird"[373].

Der Begriff des Rahmens wird dabei weit gefasst. Als „framing" geht er in seiner Bedeutung über den Bilderrahmen hinaus und meint Leitunterscheidungen, also jede Form der Grenzziehung, die, sei es als Bühne, Museum, Galerie oder Literaturbeilage von Zeitschriften, die Kunst als solche kenntlich macht und somit die Erwartungen eines Beobachters verdichtet.[374] Georg Simmel, einer der Pioniere der Kultursoziologie, hatte bereits 1902 auf die besondere Leistung des Rahmens für das Kunstwerk verwiesen und dessen „Doppelfunktion" herausgestellt, die darin besteht, dass er die Grenze des Kunstwerks gleichzeitig symbolisiert und verstärkt. Erst der Rahmen schließt „alle Umgebung und also auch den Betrachter vom Kunstwerk" aus und sichert so die für eine ästhetische Wahrnehmung nötige Distanz.[375] Gehlen nimmt mehr als sechzig Jahre später diesen Gedanken auf und erweitert ihn um das Moment der Kommentarbedürftigkeit. Kommentare, wir erinnern uns, legen sich nach Gehlen „wie ein zweiter Rahmen um die Bilder herum" und werden, eben weil sich das Kunstwerk sprachlich nicht erreichen lässt, wortreich, dichterisch – und uferlos.[376] Luhmann übernimmt die Überlegungen zur Formgebung als Rahmung und zur Kunstkommunikation als einer Art zweiter Rah-

---

373 Luhmann 1996, S. 335.
374 Ebd., S. 249f.
375 Georg Simmel, Der Bildrahmen. Ein ästhetischer Versuch, in: Der Tag, Nr. 541, 18. November 1902 (Berlin), erneut abgedruckt in: Georg Simmel, Aufsätze und Abhandlungen 1901-1908, Gesamtausgabe, Bd.7, Frankfurt a. M.: Suhrkamp 1995, S. 101-108, hier S. 101f. Plumpe spricht für die Avantgarde unter Bezugnahme auf Simmel von regelrechten „Rahmenattacken", mit denen die Kunst, indem sie die Differenz von Medium und Form zu invisibilisieren versucht, aus dem Rahmen fallen möchte. Vgl. Plumpe, Avantgarde, in: Basislexikon Literaturwissenschaft (online).
376 Arnold Gehlen, Zeit-Bilder. Zur Soziologie und Ästhetik der modernen Malerei. (3. Auflage) Hrsg. v. Karl-Siegbert Rehberg, Frankfurt am Main: Vittorio Klostermann 1986, S. 162f. und 9.

mung, gibt ihnen jedoch in seiner Diskussion des Kunstwerks eine kultursoziologisch neue, die Kommunikation selbst zum Ausgangspunkt machende Wendung.[377] Wie ist das zu verstehen? Luhmann zufolge setzt jede Kommunikation grundsätzlich Formbildung voraus. Das Kunstwerk aber benutzt, betrachtet man es aus systemtheoretischer Perspektive, Wahrnehmung nur, um Beobachter an der Kommunikation von Formerfindungen teilnehmen zu lassen.[378] Die Besonderheit des Kunstsystems liegt in dieser Ausschließlichkeit: Die Kunst qua Kunstwerk tut nichts anderes, als die Beobachtung zweiter Ordnung im Bereich des Wahrnehmbaren herzustellen.[379] Indem sich das Kunstwerk als beliebig Gemachtes und damit bewusst als Resultat von Formentscheidungen zu erkennen gibt, zwingt sie zur Wahrnehmung dieser Entscheidungen und eröffnet, da es sich um einen symbolischen Raum handelt, die Möglichkeit einer von Konsens befreiten Kommunikation.

Dieser Gedanke kann nicht deutlich genug herausgestrichen werden. Anders als andere Kommunikationssysteme nimmt die Kunstkommunikation durch sie selbst präparierte Wahrnehmung in Anspruch und realisiert damit besondere, die Differenz von Selbst- und Fremdreflexion reflektierende Formen struktureller Kopplung von Bewusstsein und Gesellschaft.[380] Die Kopplung selbst erfolgt über die Form; sie leistet die strukturelle Kopplung von Bewusstseinssystemen und Kommunikationssystemen, indem sie zwischen wahrnehmendem Bewusstsein und kommunizierendem Sozialsystem vermittelt. Die Form der Kunst aber ist das Kunstwerk. Das Kunstwerk selbst steht damit an der „Nahtstelle psychischer und sozialer Systeme".[381] Als Form stellt es Beobachtungsmöglichkeiten bereit, die angenommen oder abgelehnt werden können. So verstanden, ist das Kunstsystem selbst ein symbolisch generalisiertes Kommunikationssystem – ein Spielraum, in dem die Grenzen und Möglichkeiten von Grenzziehungen thematisiert und erprobt werden. Luhmann spricht in diesem Zusammenhang von der „Liberalisierung des Urteils bei festgehaltenem Dingbezug".[382] Kunst ermöglicht ein „gleichsam spielerisches Verhältnis zu Fragen des vernünftigen Konsenses oder Dissenses".[383] Dieses Entlastungsmoment macht gewissermaßen den Reiz der Kunst aus. Ob es als

---

377 Wie Regine Anacker bereits bemerkt hat, übernimmt Luhmann in *Die Kunst der Gesellschaft* die von Gehlen skizzierte Theorie sekundärer Institutionalisierung bis in den Wortlaut – ohne Gehlen allerdings auch nur zu erwähnen. Vgl. hierzu Regine Anacker, Aspekte einer Anthropologie in Gottfried Benns Werk, Würzburg: Königshausen & Neumann 2004, S. 421. Zur Diskussion des Kunstbetriebs bei Luhmann siehe vor allem: Luhmann 1996, S. 249ff.
378 Luhmann 1996, S. 27.
379 Ebd., S. 124.
380 Ebd., S. 89.
381 Ebd., S. 36 u. 83.
382 Ebd., S. 124.
383 Ebd., S. 126.

3. Grundbausteine des Kunstsystems: Form, Wahrnehmung, Kommunikation

Anreiz fortlaufender Anschlusskommunikationen zu überzeugen vermag, muss dahingestellt bleiben.

Entscheidend ist hier, dass das von Bürger unterstrichene und von Bourdieu auf nur drei Seiten thematisierte Primat der Form bei Luhmann zum Schlüssel zur Kunst wird. Kunstwerke, so die Kernthese, werden ausschließlich als Mittel zur Kommunikation hergestellt.[384] Die Kunst sucht das irritierende Verhältnis von Wahrnehmung und Kommunikation und ermöglicht „Kompaktkommunikation", indem sie mittels der Form Wahrnehmung für Kommunikation verfügbar macht.[385] Sie tut gewissermaßen nichts anderes, als über die Vorführung von Unterscheidungen Kommunikation freizusetzen.

Um das radikal Neue der Luhmannschen Theorie moderner Kunst zu erfassen, muss die *Theorie der Avantgarde* genauer in Erinnerung gerufen werden. Nach Bürger folgte dem durch die Avantgarde auf Seiten der Produktion als solchen markierten Sinnverzicht die Suspendierung der Sinnsuche auf Seiten der Rezeption. Er sah die Besonderheit des avantgardistischen Kunstwerks darin, dass sich dieses selbst als künstlerisches Gebilde, als Artefakt zu erkennen gibt. Mit der demonstrativen Zerstörung organischer Formen sei die Zerstörung der Institution Kunst „paradoxerweise im Kunstwerk selbst realisiert" worden.[386] Zugrunde lag dieser Zerstörung die Annahme einer sinnfreien, vom Zufall gezeichneten Realität, was wiederum das bewusste Produzieren des Zufälligen im Kunstwerk provozierte.

Dieser, von Bürger als Bruch verstandene Abschied von Sinndeutung nun lässt sich mit Luhmann als Aufbruch in eine „Welt als ‚unmarked state'" weiterdenken.[387] Die Suche nach Regeln, wie sie Bürger für die moderne Kunst in den siebziger Jahren noch einmal anstieß und wie sie von Bourdieu in den neunziger Jahren konsequent weiterverfolgt wird, verdeckt nach Luhmann nur, worum es bei der Kunst eigentlich geht: das Ziehen und das Markieren der „Grenze zum unmarked space der Welt".[388] Das von Bürger der Ideologiekritik unterzogene Moment des Zufalls wird bei Luhmann zu einer theoretisch nachvollzogenen und damit legitimierten künstlerischen Praxis, welche „nur als Bilden und Löschen von Formen, aber nicht als Anwendung von Prinzipien oder Regeln" begriffen werden kann.[389] Das ebenfalls von Bürger aufgerissene Problem der Form wird damit zur Bedingung der Möglichkeit des Kunstsystems überhaupt: „Der Unerreichbarkeit der Welt

---

384 Ebd., S. 41.
385 Ebd., S. 63.
386 Bürger 1974, S. 98.
387 Luhmann 1996, S. 51.
388 Ebd., S. 340.
389 Ebd., S. 59.

entspricht die Schließung des Kunstwerks – schließlich des Kunstsystem".[390] Die Besonderheit des Kunstsystems liegt nicht in den spezifischen Formen der Kunstwerke, sondern in der mit jeder Form vollzogenen Unterscheidung von „marked und unmarked space".[391] Der Sinnverzicht der Avantgarde, von Bürger unter Hinweis auf menschliche Kommunikationszusammenhänge kritisch konstatiert, wird von Luhmann als Möglichkeit der Kommunikation über Fragen der Sinnbildung positiv gewendet. Künstlerische Formen, wie auch und gerade die offen willkürlichen Formbildungen der Surrealisten, nehmen als Unterscheidungen teil an der Welt, indem sie durch „Symmetriebruch" eine als asymmetrisch und kontingent wahrgenommene Welt provokativ in die Formbildung der Kunst einspielen.[392] Die Paradoxie der Form, welche von Bürger lediglich erwähnt wurde, wird so zum Drehpunkt zwischen Form- und Evolutionstheorie. Ist es doch nach Luhmann gerade die „Merkwürdigkeit, dass die Frage des Kunstbegriffs und das Ausprobieren seiner Grenze die Kunst der Avantgarde, also die Formensuche auf der Ebene der Kunstwerke selbst, zu beeinflussen begann".[393] Genau diese Merkwürdigkeit beobachtet Luhmann genauer, fasst sie begrifflich als „Rekonstruktion der Kontingenzen und ihrer wechselseitigen Reduktionen" und liest sie schließlich als Semantik der modernen Kunst, ja als Semantik der modernen Gesellschaft insgesamt.[394]

Fassen wir zusammen: Was Luhmann – aus der Perspektive der Theorie und damit einer Beobachtung dritter Ordnung – sieht, ist die grundsätzliche Kontingenz der Welt.[395] „Die Selbstprogrammierung des Kunstwerks", so Luhmann, „ist dann die Form, in der zum Ausdruck kommt, dass dies so ist und dass die Welt als Bedingung der Einführung von Unterscheidungen unsichtbar bleibt – welche operativen Anweisungen auch immer durch die Programme gegeben werden".[396] Nichts als Formen, so könnte man zugespitzt sagen, Formen, denen die Beobachtung die Form der Kontingenz verleiht. Dass es anders möglich wäre, dass eine Auswahl getroffen wurde, die anders hätte ausfallen können, dies zeigt sich mit der Beobachtung der Kunst, und zwar insbesondere in ihrer avantgardistischen Spielart. Der von Luhmann aus der Beobachtung der Kunst gezogene Schluss einer Unbe-

---

390 Ebd.
391 Ebd., S. 54.
392 Ebd., S. 51.
393 Ebd., S. 91.
394 Ebd., S. 54. Kunst wird so bei Luhmann auch zum Ausgangspunkt einer Revision vorläufiger Erklärungsmodelle des Gesellschaftlichen. „Vielleicht", so Luhmann in *Die Wissenschaft der Gesellschaft*, „gerade das Kunstsystem ein geeigneter Ausgangspunkt für eine solche Revision" (Luhmann 1990: 164).
395 Der Beobachter dritter Ordnung sucht nach Luhmann theoretische Formulierungen. Vgl. dazu Luhmann 1996, S. 336. Zum Kunstwerk als Knotenpunkt zweier Ebenen der Beobachtung siehe Luhmann 1996, S. 115.
396 Ebd., S. 335.

obachtbarkeit der Welt trennt ihn von den hier bereits vorgestellten Theoretikern
– und nähert ihn der Kunst. An ihrer Seite geht Luhmann den Weg der Sinnkritik
entschieden weiter als Bürger und Bourdieu. Bleibt die Frage, ob er sich damit aus
dem Bereich der Wissenschaft verabschiedet, oder, anders formuliert, ob nicht auch
Luhmann als Konstrukteur einer Welt beobachtet werden kann, die nur ihm so erscheint, als generiere sie Formen und mithin Ordnungen durch Kommunikation?

4. Kunsttheorie als radikaler Konstruktivismus

Der Versuch einer Einordnung der Luhmannschen Kunsttheorie wie seiner Theorie insgesamt ist kein einfaches Unterfangen. Der Horizont möglicher Interpretationen soll daher zunächst durch eine kurze Diskussion ausgewählter, bereits vorliegender kritischer Kommentare aufgerissen werden. Schauen wir zuerst auf Luhmanns eigene Disziplin, also die Soziologie, und hier wiederum auf den Theorievergleich zwischen Gehlen und Luhmann. Gehlen berief sich bereits in den sechziger Jahren auf den amerikanischen Soziologen Parsons und sah dessen Bedeutung in dem Versuch, „das schwierige Phänomen der Werte von gesellschaftlichen Erwartungen her in den Griff zu bekommen".[397] An diesem Punkt der Erwartungsstrukturen setzt auch Luhmann an.[398] Zwar errichtet Luhmann um das von Gehlen zentrierte Phänomen der Wertschöpfung ein gänzlich anderes Theoriegebäude, doch bleibt die

---

397 Gehlen, 2004 , S. 35.
398 Zur Verbindung zwischen Gehlen und Luhmann siehe auch Rehberg: „Es gibt [...] eine theoriegeschichtlich und biographisch eindeutige Genealogie von Gehlen zu Luhmann, eine Überbietung des Gehlenschen Ordnungskonzeptes durch die moderne, hoch reflektierte Theorie sozialer Systeme. Das ist ein neues Niveau der Ordnungsbeschreibung, die ohne jeden normativen Gestus auftritt." (Karl-Siegbert Rehberg, Institutionen als symbolische Ordnungen. Leitfragen zur Theorie und Analyse institutioneller Mechanismen, in: Die Eigenart der Institutionen. Zum Profil politischer Institutionentheorie, hrsg. v. Gerhard Göhler, Baden-Baden: Nomos 1994, S. 47-84, hier S. 81).
Und an anderer Stelle weiter: „Und es ist eben nicht nur eine biographische Nebensächlichkeit, dass es dieser prominente Nachkriegssoziologe war („Freyer-Assistent und Gehlen-Habilitand Helmut Schelsky", CM), der Niklas Luhmann (auf den Vorschlag von Heinz Hartmann hin) 1965 an die Sozialforschungsstelle Dortmund holt und ein Jahr später innerhalb zweier Monate in Münster promovieren und habilitieren, um ihn dann vier Jahre später als Ordinarius in Bielefeld zu installieren." (Rehberg, Konservatismus in postmodernen Zeiten: Niklas Luhmann, in: Funktionssysteme der Gesellschaft. Beiträge zur Systemtheorie von Niklas Luhmann, hrsg. v. Gunter Runkel u. Günter Burkart, Wiesbaden: VS 2005, S. 285-309, hier S. 300). Zwar war, so Rehberg, Luhmann nachhaltig durch sein „Parsons-Erlebnis" in Harvard geprägt, doch sind die „Quellen und Anregungsgeschichten aus der Denktradition von Arnold Gehlen und Helmut Schelsky"; „wenngleich er diesen Ursprung seiner Problemauffassung zunehmend in die Unsichtbarkeit verbannte, um die inzwischen erreichte Eigengeltung nicht zu gefährden und wohl auch, um sich politisch nicht zu kompromittieren" (300). Dabei sieht Rehberg vor allem in Luhmanns Annahme, dass die überlasteten Individuen der „rettenden Ordnung" bedürfen, den „Kern aller Spielarten eines Konservatismus" (301).

Verbindung kenntlich – eine Verbindung, die Horst Baier als „Geburt der sozialen Systeme aus dem Geist der Institution" bezeichnet und wie folgt charakterisiert hat: „Das letzte Wort der Leipziger Schule war das Verschwinden der Menschen in den Strukturen, das erste Niklas Luhmanns die Selbstbewegung und Selbsterzeugung der Strukturen – ohne Menschen".[399] Mit dem Menschen aber verschwindet der Handlungsbegriff und mithin jene Analyse, auf deren Grundlage Parsons die Systematik der Soziologie zu begründen versuchte. Nicht soziale Handlung, wie bei Gehlen, sondern Kommunikation wird bei Luhmann zur Grundkategorie der Soziologie.[400] Mit dem Wegfall der Handlungskategorie nun entfällt bei Luhmann auch die Kategorie der Wirklichkeit. Von daher, so Wolfgang Lipp, sei Luhmann ein „Möglichkeitstheoretiker katexochen", bei dem die Kategorie des Wirklichen, eben als Handeln, total verkürzt sei und bei dem man daher, anders als bei Gehlen, „den Blick für die Wirklichkeit, für das Dramatische, das handlungsdramatische, und Tragische an der Wirklichkeit" vermisse.[401]

Auf Gehlens Blick für die Wirklichkeit, insbesondere auf die handlungsdramatische Wirklichkeit der Künstler in postavantgardistischen Zeiten, wird im nachfolgenden Kapitel zurückzukommen sein. Doch bleiben wir hier bei Lipps Charakterisierung Luhmanns als einem Möglichkeitstheoretiker schlechthin; eine Einschätzung, der Luhmann selbst wohl kaum widersprochen hätte, ist seine Theorie doch erklärtermaßen eine Möglichkeitstheorie in dem Sinne, dass sie die Welt nicht nur als eine mögliche Kopplung endloser möglicher Formen begreift, sondern auch sich selbst als eine mögliche Form der Beschreibung dieser Welt. Von daher lässt sich die Theorie mit Rehberg als „ein neues Niveau der Ordnungsbeschreibung" verstehen; eine Ordnungsbeschreibung, „die ohne jeden normativen Gestus auftritt".[402] Dem Schwinden der Vorstellung einer einheitlichen, in ihren Organisationsprinzipien zu fassenden Welt folgt auf der Ebene theoretischer Reflexion die Verabschiedung des Einheitsmodells und die Verschränkung von form- und evolutionstheoretischen Erklärungsversuchen. Beide, Form- und Evolutionstheorie, antworten auf eine Welt, „die sehr viele verschiedene Möglichkeiten hat, sich selbst zu beobachten, ohne eine dieser Möglichkeiten als die beste, die einzig richtige auszuzeichnen".[403] In diesem Sinne hält der Soziologe Luhmann der Philosophie entgegen, Minerva habe mehr als nur eine Eule fliegen lassen und jeder

---

399 Baier 1994, S. 74.
400 Ebd., S. 72f. Gehlen versuchte dagegen, „um die Funktionen zu verstehen, die sich in dem Gesamtgebilde ‚Gesellschaft' abspielen", die menschliche Verhaltensweisen zu klassifizieren. (Gehlen 2004, S. 35)
401 Wolfgang Lipp, Diskussion, in: Zur geisteswissenschaftlichen Bedeutung Arnold Gehlens, hrsg. v. Helmut Klages u. Helmut Quaritsch, Berlin: Duncker & Humblot 1994, S. 77.
402 Rehberg 1994, S. 47-84, hier S. 81.
403 Luhmann 2004, S. 96.

4. Kunsttheorie als radikaler Konstruktivismus

Beobachter kann „als Konstrukteur einer Welt" beobachtet werden, die nur ihm so erscheint, als ob sie das sei, als was sie erscheint.[404]

Dieser Modus des Als Ob aber ist der spezifische Modus der Kunst. Indem Luhmann ihn unter der Annahme einer grundsätzlichen Unbeobachtbarkeit der Welt auf die Gesellschaft als Ganze überträgt, bewegt er sich vom Wirklichkeits- in den Möglichkeitsbereich und damit in den Raum der Kunst. So gesehen, ist es die Kunst selbst, die der Luhmannschen Möglichkeitstheorie ihre Form verleiht. Den einleitenden Worten des Kunstbuchs jedenfalls, nach denen der Verfasser mit der Behandlung der Kunst nicht etwa „besonderen Neigungen" für den Gegenstand nachgeht, sondern lediglich dem Vollständigkeitsanspruch einer auf Universalität abzielenden Gesellschaftstheorie Rechnung trägt, sollte man mit Misstrauen begegnen.[405] Das mit Luhmann erreichte neue Niveau der Ordnungsbeschreibung innerhalb der Sozialtheorie verdankt sich der Beobachtung der modernen Kunst. „Mehr und vor allem deutlicher als in anderen Funktionssystemen", so Luhmann auf den letzten Seiten, „kann in der Kunst vorgeführt werden, daß die moderne Gesellschaft und, von ihr aus gesehen, die Welt nur noch polykontextural beschrieben werden kann".[406]

Mit dieser, der modernen Kunst abgeschauten Einsicht aber verabschiedet sich Luhmann nicht aus der Wissenschaft, sondern trägt sie als elaborierte avantgardistische Theorie in die Wissenschaft zurück. Weniger ein normativer, sehr wohl aber ein innovativer Gestus ist es dann auch, mit dem Luhmann seine Perspektive in den Theoriediskurs einführt. Dies gilt insbesondere bezüglich der von Gehlen bereits in den sechziger Jahren in die Vergangenheit verabschiedeten Ästhetik. Sie wird von Luhmann gut dreißig Jahre später mit jenem Begriffsrepertoire von Unterscheidung, Form und Beobachter konfrontiert, mit dem wir, „was Ästhetik als akademische Disziplin betrifft, Neuland (betreten)".[407] Mit ihm antwortet Luhmann auf seine eigene Voraussetzung, d.h. auf die Annahme einer unbestimmten und unbestimmt bleibenden Welt. Noch deutlicher wird der innovative Anspruch, wenn Luhmann auf die von ihm selbst aufgeworfene Frage, was der Begriff des Beobachtens (erster und zweiter Ordnung) eigentlich Neues bringt, antwortet, dass dieser alle Fragen nach Einheit auf die Letztform der Paradoxie zurückführe, was, so Luhmann weiter, „die Tradition bei aller Sensibilität für Unterscheidungen und bei allem Schwanken zwischen einem eher skeptischen, weltmännischen und einem eher idealistischen, philosophischen Theoriegeschmack nicht gewagt" hatte.[408]

---

404 Luhmann 1990, S. 468.
405 Luhmann 1996, S. 10.
406 Ebd., S. 494.
407 Ebd., S. 29.
408 Ebd., S. 158.

Indem Luhmann dies wagt, operiert er selbst an der Grenze zwischen Wissenschaft und Kunst. Das als Paradox gefasste Konzept der Form steht im Zentrum des radikalen Konstruktivismus, verstanden als ein Schmelztiegel von Kunst und Theorie, an dem noch die letzten „Reste von Weltsicherheit" aufgelöst werden.[409] Stark erhitzt wurde dieser in den achtziger Jahren. So erinnerte der vom Kommunikationswissenschaftler Siegfried J. Schmidt 1984 herausgegebene Band *Der Diskurs des Radikalen Konstruktivismus* die deutschsprachige Leserschaft an die wissenschaftlichen und philosophischen Grundlagen des radikalen Konstruktivismus und motivierte zu dessen Weiterentwicklung in den verschiedenen Disziplinen. Mit dem Kunstbuch setzt Luhmann dies für die Ästhetik um, und zwar in einer Weise, die die Ästhetik als philosophische Teildisziplin in ihrer traditionellen Form gleichsam desavouiert. Luhmann selbst unterstreicht diese Abgrenzung, wenn er festhält, dass sich die Reflexionstheorie des Kunstsystems „selber mit Hilfe von Kunstwerken – also nicht mehr nur (wenn überhaupt noch) als Ästhetik" demonstriert.[410]

Die Allianz zwischen Kunst und Theorie aber, wie sie Luhmann gewissermaßen hinter dem Rücken der Ästhetik zu schmieden versucht, um seiner eigenen Theorie zu Evidenz zu verhelfen, suggeriert eine Trennung von kreativ-künstlerischem Prozess und reflektierender Theoriearbeit, die es spätestens seit der Avantgarde nicht mehr gibt. Wie Luhmann selbst vor dem Hintergrund der von ihm skizzierten Geschichte der Kunst herausstellt, fällt für das 20. Jahrhundert vor allem eins auf, dass nämlich „die interne Grenze zwischen der Selbstreflexion, also der Theorie des Systems, und seinen produktiven Operationen zusammengebrochen ist".[411] Genau darum aber, weil es seit der Kunst des 20. Jahrhunderts keine klare Grenzziehung zwischen Kunst und Theorie mehr gibt, kann Luhmann seine Kunsttheorie allein mit Hilfe von Kunstwerken demonstrieren – Kunstwerke, denen, und das unterschlägt Luhmann, die theoretische Reflexion bis hin zur tiefgehenden Diskussion des Formbegriffs bereits eingeschrieben ist.

Zu denken ist hier insbesondere an jenen radikalen Konstruktivismus der ersten beiden Jahrzehnte des 20. Jahrhunderts, der als avantgardistische Sammelbewegung von der Malerei bis zur Architektur reichte und als wissenschaftliche, auf Kongressen sich ihrer selbst versichernde Position bis in die Hochschulen hinein wirkte und sogar eigene Akademien hervorbrachte.[412] Die Rekonstruktion des We-

---

409 Ebd., S. 139. Siehe hierzu auch Siegfried J. Schmidt (Hrsg.), Der Diskurs des Radikalen Konstruktivismus. Frankfurt a.M.: Suhrkamp 1984.
410 Luhmann 1996, S. 495.
411 Ebd., S. 494.
412 Siehe hierzu: Willy Rotzler, Konstruktive Konzepte. Eine Geschichte der konstruktiven Kunst vom Kubismus bis heute, Zürich 1995. Zum Surrealismus als „eine der Inkubationsphasen performativer Trans-Disziplinarität, geleitet von der Vision einer neuen Wissenschaftskultur" siehe: Karlheinz Barck, Surrealistische Visionen des Politischen, in: Asholt/Fähnders 2000, S. 525-544.

4. Kunsttheorie als radikaler Konstruktivismus

ges vom radikalen Konstruktivismus der Kunst in die Wissenschaft (und zurück) bedürfte einer eigenen Darstellung. Hier muss der Hinweis genügen, um deutlich zu machen, dass das von Luhmann evozierte Bild des Zusammenbruchs der Grenze zwischen Kunst und Theorie irreführend ist. Kein Ereignis hat die Barriere zusammenbrechen lassen, sondern ein mehr oder weniger kontinuierliches, sich bis in die Romantik zurückverfolgen lassendes, mit den Avantgarden jedoch ein neues Niveau erreichendes Experimentieren mit formalen Möglichkeiten – begleitet von Kommentaren und theoretischen Reflexionen, zu denen letztlich auch *Die Kunst der Gesellschaft* zählt.[413] Insofern handelt es sich auch beim Kunstbuch Luhmanns und dem mit ihm vertretenen radikalen Konstruktivismus um das, was der ungarische Literaturwissenschaftler Miklós Szabolcsi als „Interdependenz" künstlerischer Richtungen und wissenschaftlicher Theorien bezeichnete.[414] So gesehen, ist *Die Kunst der Gesellschaft* im doppelten Sinne eine Theorie der Avantgarde: Sie übernimmt den Anspruch der modernen Kunst auf Innovation und Überbietung, macht diesen jedoch, und zwar als avancierte, auflösungsstarke begriffliche Reflexion eben dieser Kunst, im Bereich der Wissenschaft geltend. Indem Luhmann seine Ausführungen mit den Worten beschließt, dass die Avantgarde das Problem nur gestellt und in Form gebracht habe, verwischt er noch im Verweis die Spuren, die vom avantgardistischen Spiel mit Konstruktion und Form zur konstruktivistischen Theorie Luhmanns führen.

Diese Spuren sichtbar zu machen, ist auch und nicht zuletzt mit Sicht auf die Entwicklung einer kritischen Kulturwissenschaft von Relevanz, wie sie Bürger 1974 mit seiner *Theorie der Avantgarde* zu begründen beabsichtigte und wie sie heute wieder zur Diskussion steht. Bourdieu kann dieser Intention zugeordnet werden, wenn er den zweiten und eigentlich theoretischen Teil von *Die Regeln der Kunst* mit „Grundlagen einer Wissenschaft von den Kulturprodukten" überschreibt. Und Luhmann? Trotz oder vielleicht sogar wegen seiner Skepsis dem Kul-

---

Als Beispiel sind hier zu nennen das 1925 von Artaud gegründete Bureau de Recherches Surréalistes (ein frühes Zentrum performativer Kunstpraxis), das Bauhaus und die an der Universität von Toronto in den fünfziger Jahren von Marshall McLuhan und Edmund Carpenter gegründete trans-disziplinäre Forschergruppe Explorations in Communications. (Ebd., S. 532-535)

413 So verorten Philippe Lacoue-Labarthe und Jean-Luc Nancy das Zusammenfallen von Kunst und Theorie in der Jenaer Romantik und definieren die deutsche Romantik als „first of all a theory. And the invention of literature. More precisely, it constitutes the inaugural moment of literature as production of its own theory – and of theory that thinks itself as literature. With its gesture, it opens the critical age to which we still belong." Vgl. Philippe Lacoue-Labarthe u. Jean-Luc Nancy, The Literary Absolute. The Theory of Literature in German Romanticism. Albany: State University of New York Press 1988, S. xxii.

414 Miklos Szabolcsi, Avantgarde, Neoavantgarde, Modernismus. In: Künstlerische Avantgarde. Annäherungen an ein unabgeschlossenes Kapitel, hrsg. v. Karlheinz Barck, Dieter Schlenstedt u. Wolfgang Thierse, Berlin 1979, S. 33.

turbegriff gegenüber kann *Die Kunst der Gesellschaft* auch als eine Anleitung zur Kulturtheorie gelesen werden, und dies gleich in zwei Richtungen: Einerseits, so konnte gezeigt werden, erweitert Kunst nach Luhmann den Blick für Formen, die in der Welt möglich sind.[415] Spätestens seit dem ausgehenden 19. Jahrhundert richtet die Kunst diesen Blick gewissermaßen auf sich selbst und nimmt damit „eine *vergleichende*, vor allem eine *historisierende* Perspektive" ein – eine Perspektive also, wie sie sich mit dem Kulturbegriff verbindet.[416] Die Kunst, so könnte man über Luhmann hinaus sagen, wird damit kulturalisiert. Auch sie stellt auf die Beobachtung zweiter Ordnung um, sichtet sich selbst und prüft sich kritisch. Andererseits aber lässt sich die Kultur, eben als eine vergleichende und historisierende Perspektive, mit der sich alles überziehen lässt und unter der sich alles in Unterscheidungen und Relationen auflöst, als eine Ausweitung der spezifisch künstlerischen Operation verstehen. „Kultur", so Luhmann in seiner historischen Analyse des Kulturbegriffs, „ermöglicht die Dekomposition aller Phänomene mit offenen Rekompositionshorizonten".[417] Genau das aber tut auch die Kunst. Beide, Kunst und Kultur, entstehen immer dann, wenn der Blick zu anderen Formen und Möglichkeiten abschweift. Beide sind mit dem „Geburtsfehler der Kontingenz" belastet.[418]

Angesichts der hier nur angerissenen Verwobenheit von Kunst- und Kulturbegriff innerhalb der Luhmannschen Theorie muss es überraschen, dass, während die Soziologie in Luhmann vor allem einen Möglichkeitstheoretiker sieht, die Kulturwissenschaften sein Theoriedesign als „prinzipiell institutionalistisch" klassifizieren.[419] Die formalistisch-konstruktivistische Orientierung und die Kontingenzperspektive der Systemtheorie werden dadurch verdeckt und lassen ihr Potential gerade für kulturwissenschaftliche Fragestellungen übersehen. Dabei berührt – versteht man unter Kulturwissenschaften ein Forschungsprogramm, das die Kontingenz und die Historizität von symbolischen Ordnungen, kulturellen Codes und Sinnhorizonten zu demonstrieren beabsichtigt – das von Luhmann betretene kunsttheoretische Neuland das Territorium der Kulturwissenschaften.[420] Keine Institution, kein Kunstbetrieb, ja nicht einmal ein Habitus sichert hier das Fortlaufen der Geschichte der Kunst, sondern eine zwanglose Kommunikation mittels

---

415 Luhmann 1996, S. 242.
416 Luhmann, Kultur als historischer Begriff, in: Ders., Gesellschaftsstruktur und Semantik, Bd.4, Frankfurt a.M.: Suhrkamp, S. 31-54, hier S. 35.
417 Ebd., S. 42.
418 Ebd., S. 48.
419 Andreas Reckwitz, Die Logik der Grenzerhaltung und die Logik der Grenzüberschreitungen: Niklas Luhmann und die Kulturtheorien, in: Burkhart/Runkel 2004, S. 213-240, hier S. 232. Zur engen Verbindung von Kunst- und Kulturbegriff siehe auch Zahner 2006, S. 52f.
420 Siehe zu den Kulturwissenschaften als Forschungsprogramm: Andreas Reckwitz, Unscharfe Grenzen. Perspektiven der Kultursoziologie, Bielefeld: transcript 2008, S. 15-19.

4. Kunsttheorie als radikaler Konstruktivismus

symbolisch generalisierter Formen. So verstanden, ist Kunst der Schlüssel für ein Verständnis arbiträrer soziokultureller Gebilde insgesamt. Von daher wäre etwa Andreas Reckwitz zu widersprechen, wenn er Luhmann jenem wirkungsmächtigen Kern der Soziologie zuordnet, welcher dem Ästhetischen einen konstitutiven Stellenwert für die Moderne wie auch für Sozialität bestreitet.[421] Das Gegenteil ist der Fall: Wenn kulturalistische Sicht bedeutet, dass kulturelle Codierungen verstanden werden „als ein unendlicher Prozeß der symbolischen Schließung und Öffnung, eine Arbeit an und ein Kampf um Sinngrenzen" – dann entstammt *Die Kunst der Gesellschaft* einer kulturalistischen Perspektive.[422] Mit den Konzepten von Form, Beobachtung und Kommunikation folgt Luhmann – ganz in der Tradition des kultursoziologischen Diskurses seit Simmel – gerade nicht der „Logik der Trennung, der eindeutigen Grenzen und Grenzerhaltung", sondern der „Logik der Überschreitung" und „der uneindeutigen und umstrittenen Grenzziehungen".[423]

Die Logik der Überschreitung und der umstrittenen Grenzziehungen wurde wohl nie deutlicher vorexerziert als im Experiment der künstlerischen und literarischen Avantgarde.[424] Verstanden als eine der „*radikalästhetische(n) Bewegungen*", wie sie innerhalb des Komplexes moderner Praktiken und Diskurse an bestimmten Punkten und Orten auftreten, beruft sich auf sie auch das Forschungsprogramm Kulturwissenschaft, und zwar beim Versuch der Grundlegung einer Soziologie des Ästhetischen.[425] Solch ein Versuch aber hat selbst eine Geschichte, die bis zu der Zeit um 1900 zurückreicht und in der Bürger, Bourdieu und Luhmann nicht fehlen dürfen. Alle drei Theoretiker, soviel sollte deutlich geworden sein, sind soziologisch geschulte Beobachter radikalästhetischer Bewegungen, deren Beobachtungen sich innerhalb des wissenschaftlichen Theoriediskurses selbst wieder als radikale Innovationen lesen lassen. Insofern sind ihre Theorien notwendig einerseits eine Verlängerung der Kunst in das Wissenschaftssystem und andererseits eine wissenschaftliche Antwort auf das vom Gegenstand aufgeworfene Problem des Funktionierens eben dieser Kunst. Die Nähe der jeweiligen Theorie zum beobachteten Objekt näher zu bestimmen, wäre die Aufgabe einer auch in der Kunstkritik bewanderten Geschichtsschreibung; eine Kunstkritik, die von Luhmann, nicht anders als von Bourdieu, auf wenigen Seiten und, das ist auffäl-

---

[421] Siehe dazu: Reckwitz 2008, S. 261. Während Reckwitz an dieser Stelle Parsons, Habermas und Luhmann in der Tradition des klassischen, das Ästhetische weitgehend ausblendenden soziologischen Diskurses sieht, verortet er die Soziologie Bourdieus unter den seit den achtziger Jahren zu beobachtenden „verstreuten Versuche(n) einer Neufokussierung des Ästhetischen" (ebd., S. 262f.).
[422] Reckwitz 2004, S. 235.
[423] Ebd.
[424] Plumpe, Avantgarde, in: Basislexikon Literaturwissenschaft (online).
[425] Reckwitz 2008, S. 273.

lig, ohne Berücksichtigung der Avantgarden abgehandelt wird.[426] Eine solche Geschichtsschreibung müsste theoretisch informiert sein, ohne aber, um mit Luhmann zu sprechen, nur auf der von der Theorie markierten Seite der Unterscheidung zu bleiben. Auch wäre in diesem Rahmen eine weiterführende Kontextualisierung der Systemtheorie zu leisten. Schließlich ist Luhmanns Diktum, dass sich die Gesellschaft gerade in Umbruchszeiten selbst auf „Konsenssuche" schickt, nur die halbe Wahrheit.[427] Sowohl die künstlerischen Avantgarden wie auch die Anfänge der Luhmannschen Systemtheorie fallen in unruhige Zeiten und sind, soviel scheint sicher, die Resultate eines sich in ihnen freisetzenden Spiels mit neuen und gewagten Ordnungsmöglichkeiten.

Von daher wäre die Systemtheorie entgegen der Annahme von Reckwitz vielleicht weniger in die Nähe der Denk- und Ordnungsmuster der Neuen Sachlichkeit zu rücken, sondern eher (und nach den vorliegenden Ausführungen vielleicht überzeugender) das spielerisch-formalistische Moment der Luhmannschen Theorie und ihre Nähe zu explizit konstruktivistischen Kunstrichtungen wie dem Dadaismus herauszustreichen.[428] Doch wie schon in der Kunst greifen auch in der Wissenschaft dekonstruktive und konstruktive Momente ineinander: Dass die Rahmenattacken der Dadaisten letztlich scheiterten bzw. von den Institutionen moderner Kunst absorbiert wurden, bestätigt nur, was Luhmann theoretisch einholt, dass nämlich selbst im scheinbar unendlich geöffneten Raum des Möglichen noch das Gesetz der Form und damit Ordnungszwänge herrschen. Insofern hätte man es auch nicht, wie Reckwitz meint, mit einer „theoriegeschichtliche(n) Ironie" zu tun, wenn von Luhmann nicht die handliche Formel der funktionalen Differenzierung oder das Konzept des autopoietischen sozialen Systems bliebe, sondern der mit dem Beobachterkonzept verbundene „Konstruktivismus (und damit ein Element, das Luhmann jener Tradition des modernen Denkens entnimmt, die er mit den Kulturtheorien teilt)".[429] Der Ironie, auch dies sollte deutlich geworden sein, bedarf es nicht, um Luhmann als einen ausgewiesenen Konstruktivisten in die Theoriegeschichte eingehen zu lassen.

---

426 Luhmann 1996, S. 162-164.
427 Ebd., S. 125.
428 Reckwitz 2004, S. 224. Zur Kontingenzthematik bei den Dadaisten siehe Iris Foster, Die Fülle des Nichts. Wie Dada die Kontingenz zur Weltanschauung macht, München: Meidenbauer 2005. Zur „Exposition bloßer Kontingenz" bei den Dadaisten siehe auch: Plumpe, Avantgarde, in: Basislexikon Literaturwissenschaft (online).
429 Reckwitz 2004, S. 237.

V. Neue Herausforderungen: Postavantgarde und Kunstindustrie

1. Kultur- und Medienindustrie als Autonomieverlust

> „*Die Bedrohungen der Autonomie* resultieren aus der zunehmenden gegenseitigen Durchdringung der Welt der Kunst und des Geldes."
>
> Bourdieu[430]

Die Avantgarde, so Luhmann 1995, habe das Problem nur gestellt, weshalb es für die Theorie darum gehen müsse, das Kunstsystem bei seiner Lösung zu beobachten.[431] Luhmann selbst leistet dies nicht, sondern verfolgt die Evolution der Kunst nur bis zum avantgardistischen Grenzspiel, um der Kunst ihre spezifische, die eigene Existenz gefährdende Situation vor Augen zu führen. Aber ist das von Luhmann herausgestellte Problem der Kunst in der Mitte der neunziger Jahre überhaupt noch relevant, oder, anders gefragt, hat die Kunst 1995 nicht längst das von der Avantgarde gestellte Problem gelöst? Und wie verhält es sich mit dem von Bourdieu ebenfalls in den neunziger Jahren im Rückgriff auf die risiko- und kampfesfreudige Kunst der Moderne entwickelten Modell des Feldes? Lässt sich die zeitgenössische Kunst mit ihm noch einfangen, oder beschränkt sich seine Erklärungskraft auf jene die Feldtheorie regelrecht vorstrukturierende Arena, in der einstmals – man glaubt es kaum noch – mit allen Mitteln um die Definitionsoberhoheit der wahren Kunst gestritten wurde? Und Bürgers Institution Kunst, kann sie bestehen angesichts der zunehmenden Pluralisierung der Formen künstlerischer Produktion, Distribution und Rezeption? Grundsätzlicher gefragt, vermögen die hier vorgestellten Theorien die Kunst ihrer eigenen Zeit zu erfassen oder sind sie nur noch als theoretische Zeugnisse dessen von Interesse, was sich mit Peter Wagner als organisierte Moderne bezeichnen lässt?[432] Um eine Antwort zu finden, brauchen wir eine zumindest skizzenhafte Vorstellung von der postmodernen Kunstwelt.

---

430 Bourdieu 1999, S. 530.
431 Luhmann 1996, S. 506.
432 Peter Wagner, Soziologie der Moderne, Frankfurt a. M./New York: Campus 1995. Zwar widmet sich Wagner der Gesellschaft, doch lässt sich seine Bilanz einer von ermöglichenden und zugleich beschränkenden, befreienden und zugleich disziplinierenden Institutionen und Diskursen

Folgt man Max Hollein, so lässt sich seit dem Ende des Zweiten Weltkriegs ein unaufhörliches Wachstum der Anzahl der Künstler, Galerien, Museen, Ausstellungshäuser, Kunstmessen und Kunstzeitschriften beobachten; ein Anstieg, der in der Mitte der siebziger Jahre in eine regelrecht „explosionsartige Entwicklung" mündet.[433] Wurden bereits der abstrakte Expressionismus und die Pop Art in den USA zuallererst vom Kunsthandel und nicht durch die Ausstellungshäuser etabliert, so kommt es in den achtziger Jahren zu einer weiteren drastischen Ausweitung des Kunst- und Mediensystems, einem regelrechten Kunstmarktboom. Mit der Yuppi-Generation tritt ein neuer, ausgesprochen risikobereiter, bald auch jüngste und zeitgenössische Kunst kaufender Akteur in Erscheinung. Die so ausgelöste Expansion des Kunstmarkts drängt die alten Institutionen der Kunst – Kunstkritik, Museen und Ausstellungshäuser – an den Rand, während die Geschehnisse im Feld der Kunst ganz vom Enthusiasmus des Marktes bestimmt werden.[434] Wie Dirk Boll gezeigt hat, fließen in den späten achtziger Jahren Kunst und Lifestyle, das autonome Kunstwerk und die populäre Werbe- und Warenästhetik zusammen. Gleichzeitig bewegen sich Kunst und Künstler in das Zentrum der Informationsgesellschaft und sehen sich hier einer bis dahin in ihrer Breite, Popularität, Professionalität und Internationalität nicht gekannten Plattform gegenüber.[435] Insgesamt konstatiert Boll dann auch, dass sich der Kunstmarkt, bis in die siebziger Jahre hinein als Nischenveranstaltung von Liebhabern betrieben, in der nachfolgenden Zeit den sonstigen Gesetzmäßigkeiten des Marktgeschehens und seinen konjunkturellen Zyklen unterwirft.[436] Jürgen Tabor spricht für die Kunst seit den achtziger Jahren gar von einer „institutionellen Erfolgskarriere von Kunst als der *Industrie aus Massenkultur und Massenmedien*".[437]

Für die Literatur lässt sich eine vergleichbare Tendenz ausmachen. Auch hier kam es seit den siebziger Jahren zu einer ungeheuren Expansion des Marktes, der Literaturpreise, der Messen, Zeitschriften und Literatur-Events. Wie Walter Grasskamp festhält, galt es seit Anfang der achtziger Jahre als offizielle Errungenschaft, wenn ein literarisches Werk wie etwa Umberto Eccos Roman *Der Name der Rose* Erfolg auf dem Massenmarkt erzielte – solange es noch den Respekt amüsierter

---

geprägten organisierten Moderne durchaus auf die Kunst bzw. auf die künstlerische Moderne übertragen.
433 Max Hollein, Unternehmen Kunst. Entwicklungen und Verwicklungen, Regensburg: Lindinger & Schmid 2006, S. 208.
434 Siehe hierzu Hollein, S. 204.
435 Dirk Boll, Kunst ist käuflich. Freie Sicht auf den Kunstmarkt, Zürich: rüffer & rub 2009, S. 30-35, insb. S. 34.
436 Ebd., S. 117.
437 Jürgen Tabor, Zur sozialen Logik der Kunstindustrie. In: Kunstgeschichte. Texte zur Diskussion, 2009-50 (urn:nbn:de:0009-23-20915), S. 5 (Abruf: 10.12.2010).

1. Kultur- und Medienindustrie als Autonomieverlust

Intellektueller zu gewinnen verstand. „Statt nur für die Nischenmärkte der Kunst zu produzieren", so Grasskamp, „wurde es zur Doppelstrategie, Massenmärkte clever zu bedienen und sich davon zugleich ironisch zu distanzieren".[438] Grasskamp sieht darin die „zynische Versöhnung von Kapitalismus und Kultur" und verweist auf die zunehmende Vermischung von Kunst, Mode und Produkt-Design.

Die wohl schillernsten Beispiele für die Annäherung von Kunst, Medien und Industrie in den neunziger Jahren sind die Verleihung des Hugo-Boss-Kunstpreises an den Medienkünstler Douglas Gordon im New York Guggenheim Museum oder die Ausstellung „The Art of Motorcycle", welche 1998 ebenfalls im Guggenheim Museum New York stattfand und bei der BMW gleichzeitig als Sponsor und Aussteller fungierte. Hollein beschreibt Künstler wie Jeff Koons, Damien Hirst oder Andreas Gursky gar als „große Inszenierer inmitten der Konsumwelt" und die idealen Kunstwerke unserer Zeit als die „perfekten Arrangements, Altäre und Ensembles inmitten unserer warenorientierten, vom Lifestyle geprägten Überflussgesellschaft".[439] Daneben wird eine zunehmende Ästhetisierung selbst der profansten Alltagsprodukte attestiert, wobei Hollein eine Linie von den Arkaden des späten 19. Jahrhunderts über das Warenhaus zu den riesigen Einkaufszentren unserer Gegenwart zieht und betont, dass es sich hierbei nicht nur um eine die Gesellschaft des 20. Jahrhunderts prägende Entwicklung handelt, sondern auch um eine Tendenz mit bleibender Wirkung auf die Kunst.[440]

Was bedeutet all das nun für die hier interessierenden Theorien der Kunst? Folgt man Akteuren wie Hollein, die, kunsthistorisch geschult, in leitenden Positionen der führenden Institutionen der modernen Kunst tätig sind, so setzte die Expansion des Kunstmarktes Mitte der siebziger Jahre ein und erreicht im Jahr 1990 mit den großen Mai-Auktionen bei Sotheby's und Christie's ihren vorerst letzten Höhepunkt. Auf unseren Ausschnitt der Theoriegeschichte bezogen, heißt dies, dass Bürger und mehr noch Bourdieu und Luhmann ihre Theorien zu einer Zeit verfassten, in der das Anwachsen des Kunstmarktes, ja die Herausbildung einer regelrechten Kunstindustrie nicht mehr zu übersehen war. Umso mehr muss erstaunen, dass davon insbesondere bei den beiden letzteren kaum die Rede ist. Doch tritt der Charakter von Theorien bekanntlich auch und nicht zuletzt durch das zutage, was sie nicht thematisieren. Sehen wir uns also die Theorien unter dem Gesichtspunkt der Kultur- und Kunstindustrie noch einmal an und gehen dabei den Weg zurück – von Luhmann über Bourdieu und Bürger bis zu Gehlen.

---

438 Walter Grasskamp, Werbemutanten, in: Hilmar Hoffmann (Hrsg.), Das Guggenheim Prinzip, Köln: DuMont 1999, S. 151-159, hier S. 152.
439 Hollein, S. 171 u. 179.
440 Ebd., S. 167.

Betrachtet man *Die Kunst der Gesellschaft* unter dem Aspekt der Massenkultur und der Massenmedien, so erscheint die Kunsttheorie Luhmanns geradezu als eine Theorie der reinen Kunst. Ihr liegt ein Kunstbegriff zugrunde, der enger kaum sein könnte. Massenkunst wie etwa der Film wird von Luhmann aus dem System ausgeschieden; sie zählt nicht zum Kunstsystem, allerdings auch nicht zum Wirtschaftssystem, sondern wird dem System der Massenmedien zugeordnet.[441] Kunst, dies wird im vergleichenden Blick auf kunst- und medienbetriebsnahe Beobachtungen noch deutlicher, ist für Luhmann eine hochgradig abstrakte Angelegenheit. Und tatsächlich muss man, wie der Medienwissenschaftler Karl Prümm festhält, das Abstraktionsniveau der Luhmannschen Theorie entschieden verlassen, wenn man jene kulturelle Dynamik erfassen möchte, welche von der künstlerischen Auseinandersetzung mit den neuen Medien ausgeht.[442] Dass Prümm diese Kritik im Rahmen einer Auseinandersetzung mit dem Auftauchen des neuen Mediums Film während der Weimarer Republik formulierte, ist dabei kein Zufall.[443] Erstaunlich ist vielmehr, dass Luhmann, der sich, wie wir gesehen haben, um das Sonderproblem der Kunst zu benennen, gezielt zur Avantgarde hinbewegt, genau an dem Punkt ausblendet, an dem die Kunst mithilfe der Unterhaltungsindustrie eben dieses Problem zu lösen sucht.[444]

Gehen wir kurz zurück: Das Problem der Kunst bestand Luhmann zufolge in der Unwahrscheinlichkeit ihres kommunikativen Erfolgs. Als Medium beruht sie, dem Geld, der Liebe oder der Macht vergleichbar, auf Kommunikation, steht jedoch in den Chancen auf Anschlusskommunikation zurück. Die Ursachen dafür liegen in der Kontingenz ihres Zustandekommens und dem Umstand, dass die

---

441 Niklas Luhmann, Die Realität der Massenmedien. Opladen: Westdeutscher Verlag 1996, Kapitel 7.
442 Karl Prümm, Neue Räume, neue Blicke. Die Wahrnehmung des Mediums Film als Modernität in der Literatur der Weimarer Republik, in: Sabina Becker u. Helmuth Kiesel (Hrsg.), Literarische Moderne. Begriff und Phänomen. Berlin: De Gruyter 2007. S. 473 – 485, hier S. 474.
443 In diesem Zusammenhang wäre der gesamte Komplex des Performativen mit Sicht auf die Avantgarden näher zu untersuchen. Der Ereignis-, Aufführungs- und Vollzugscharakter der postmodernen Kunst weist zurück auf die futuristischen und vor allem dadaistischen Experimente der ersten Jahrzehnte des 20. Jahrhunderts. Wenn performative Prozesse definiert werden als „Transformationsprozesse, die prinzipiell nicht vollkommen planbar, kontrollierbar und verfügbar sind" und in denen „Intention und Kontingenz, Planung und Emergenz" untrennbar miteinander verbunden sind – dann waren die gezielt provozierten Bühnenschlachten der Futuristen und die regelmäßig außer Kontrolle geratenden Aktionen im Cabarett Voltaire „performative Prozesse" par excellence. Vgl. zur Definition von Performativität die Seiten des Sonderforschungsbereichs: www.sfb-performativ.de/seiten/frame_gesa.html.
444 Zum Wirken der „Eigenlogik der Unterhaltungsindustrie" und dem Einbruch der Technik in Form des Films in die Sphäre der Kunst siehe auch Georg Bollenbeck, Tradition, Avantgarde, Reaktion. Deutsche Kontroversen um die kulturelle Moderne 1880-1945, Frankfurt a. M.: Fischer 1999, S. 245-262.

1. Kultur- und Medienindustrie als Autonomieverlust

Kunst immer eine kontingente Ordnung vorführt und damit gewissermaßen von sich aus die Frage aufwirft, wie sie *trotzdem* kommunikativen Erfolg wahrscheinlich machen und ihren Fortbestand sichern kann. Die Entscheidung für eine kultur- und medienindustrielle Ausweitung der Kunst, wie sie in Ansätzen bereits von der Avantgarde, vollends jedoch von der Kunst seit den siebziger Jahren unternommen wurde, ließe sich als Antwort der Kunst auf ihr Problem des kommunikativen Erfolgs lesen. Luhmann tut dies nicht. Für ihn bleibt es bei den Ungewissheiten und Schwierigkeiten, in die sich das Kunstsystem mit der Avantgarde selbst gebracht hat. Sie werden als eine „Selbstherausforderung" der Kunst an die Kunst verstanden, die sich solange meistern lässt, wie die Autonomie des Systems erhalten bleibt.[445] Dass es diese Autonomie 1995 noch gibt, daran hat der Systemtheoretiker keinen Zweifel, zumal mit der Einführung des neuen Systems der Massenmedien das Auftauchen neuer Kommunikationsformen theoretisch so verarbeitet wurde, dass die anderen Systeme intakt bleiben. Auch die Kunst bleibt damit trotz Massenmedien und -kultur als autonomes System erhalten – wenn und solange sie über ihre Unterscheidbarkeit von anderen Systemen wacht. Von daher gibt die Theorie der Kunst auf den Weg, dass die Auswahl des Zulässigen und Möglichen bei der Suche nach überzeugenden Formen in Zukunft schärfer ausfallen müsse, da es auf die Dauer wenig befriedigen werde, wenn statt einer Auswahl nur noch „Jahresfahrkarten" ausgeben werden.[446] Nur die Überwindung ihrer Schwierigkeiten könne der Kunst Bedeutung geben, so Luhmann abschließend an die Adresse der Kunst inmitten einer Zeit, in der diese neue Höchstpreise erzielte und sich zugleich weitflächig als kultureller Bestandteil des Alltags etablierte.

Hat Luhmann seine Kunsttheorie also an der Kunst vorbei geschrieben? Ist Kritikern wie dem Politikwissenschaftler Klaus von Beyme zuzustimmen, die die „Terminologienetze" der *Kunst der Gesellschaft* noch für weit gegenstandsferner halten, als es die Erörterungen der Lukács-, Adorno- oder Habermas-Adepten je gewesen sind?[447] Sicher scheint, dass der seit den siebziger Jahren intensivierte Versuch der Kunst, ihre Schwierigkeiten mittels kulturindustrieller Ausweitung zu überwinden, eine auf strengen Grenzerhalt setzende Theorie in Schwierigkeiten bringt. Und doch trifft ein Vorwurf wie der von Beymes, dass Luhmanns Kunstsoziologie gar keinen Informationsgehalt über den behandelten Gegenstand mehr anstrebe, meines Erachtens nicht zu.[448] Wie in dieser Studie ausgeführt wurde,

---

445 Luhmann 1996, S. 506.
446 Ebd., S. 507.
447 Klaus von Beyme, Das Zeitalter der Avantgarden. Kunst und Gesellschaft 1905-1955, München: Beck 2005, S. 17.
448 Ebd. Die überaus informative, an Detailkenntnissen reiche und umfassende Studie von Beymes setzt bei der beispiellosen Theoretisierung der Avantgarde an und versucht, aus ihr komplementär

besteht der besondere Informationsgehalt der Luhmannschen Theorie darin, aufzuzeigen, dass sich Kunst als das Bilden und Löschen von Formen und damit als ein exemplarischer Zugang zum Verständnis unserer kontingenten Welt verstehen lässt. Dieser Definition muss man nicht folgen. So weit und vielfältig wie die Kunstwelt ist auch das Theoriefeld. Das aber schließt nicht aus, dass auch in Luhmanns Terminologienetzen gegenstandsnahes Wissen hängen bleibt. Zu ihm zählt zweifelsfrei die Aktualisierung des Wissens um die Bedeutung der Form für die Kunst; eine Bedeutung, der Jahresfahrkarten auf Dauer schlicht nicht gerecht zu werden vermögen. Ob und inwiefern die Arbeiten eines Koons, Hirst, Gursky oder auch Ecco dies können, wäre eine letztlich nur normativ zu beantwortende Frage.

Wir bleiben beim Verhältnis der Theorien zur Kultur- und Kunstindustrie und richten den Blick auf *Die Regeln der Kunst*. Ebenso wie Luhmann thematisiert Bourdieu den Zustand der Gegenwartskunst nur kurz am Ende seiner umfangreichen Ausführungen, allerdings in ungleich kritischer Weise. Durch Kommerzialisierung und Medialisierung ist die Kunst nach Bourdieu vom Autonomieverlust bedroht. Beide greifen die Kunst gewissermaßen von Außen an. Zwar, so Bourdieu, erwachsen der Kunst die „*Bedrohungen der Autonomie*" aus der „zunehmenden gegenseitigen Durchdringung der Welt der Kunst und der des Geldes".[449] Doch geht er in seiner Kritik nur einer Seite dieser Durchdringung nach: Neue Formen des Kultursponsoring und neue Allianzen zwischen Kulturproduzenten und Wirtschaftsunternehmen ließen die kulturellen Produktions- und Distributionsmittel unter „die Herrschaft der Wirtschaft" und damit unter die „Logik der kommerziellen Produktion" geraten.[450] Die Spaltung zwischen dem Markt der eingeschränkten Produktion und dem der Massenproduktion drohe damit zu schwinden; die Grenze zwischen dem experimentellen Werk und dem Bestseller sei noch nie so unscharf gewesen. Vergleichbar mit der von der Frankfurter Schule formulierten Kritik an der Kulturindustrie sieht Bourdieu die größte Bedrohung für die kulturelle Produktion in den Medienproduzenten. Als trojanisches Pferd halten mit ihnen Markt, Mode, Staat, Politik und Journalismus ihren Einzug in das Feld der Kulturproduktion.[451] Die Konsequenzen dieser Entwicklung hinsichtlich der Reichweite

---

zur politischen Theoriegeschichte eine Theorie der Veränderung von Kunst und Gesellschaft zu entwickeln. Dabei wählt auch von Beyme einen sozialhistorischen Ansatz, konzentriert sich jedoch ganz auf den Zusammenhang von Theoriebildung in der Kunst und Gestaltungsversuchen in Politik und Gesellschaft. Untersucht wird das „pluralistische Großaggregat" (37ff.) Avantgarde mithilfe einer Netzwerkanalyse bzw. einer genauen Untersuchung der internationalen Netzwerkbildung und der internationalen Kommunikation. Dabei versteht auch Beyme, Luhmann durchaus vergleichbar, die Avantgarde als „Radikalisierung der Moderne" (31f.).

449 Bourdieu 1999, S. 530.
450 Ebd., S. 530f.
451 Ebd., S. 533f.

1. Kultur- und Medienindustrie als Autonomieverlust

seiner eigenen Theorie werden dabei von Bourdieu ebenso wenig thematisiert wie die Frage nach möglichen Kontinuitäten in der Genese der Kunst seit dem späten 19. Jahrhundert. Stattdessen ruft Bourdieu die Kulturproduzenten zum kollektiven Kampf um die Verfügungsgewalt über Produktions- und Konsekrationsmittel und zur Vertretung der mit der Autonomie der Kunst verbundenen Werte auf.

Der von Bourdieu vernachlässigten Frage nach den Konsequenzen der jüngeren Entwicklungen für die eigene Theorie widmet sich Nina Tessa Zahner in ihrer 2006 vorgelegten Arbeit *Die neuen Regeln der Kunst. Andy Warhol und der Umbau des Kunstbetriebs im 20. Jahrhundert*. Da Zahner nicht nur ausführlich die Frage diskutiert, inwiefern die neuere Kunst noch nach den Regeln Bourdieus funktioniert, sondern darüber hinaus, der Titel sagt es, das Regelwerk angesichts der jüngeren Entwicklungsgeschichte der Kunst auch umzuschreiben versucht, lohnt es sich, die Studie näher zu betrachten, um herauszufinden, ob und inwiefern sich ein an der Moderne geschultes Theoriemodell auf die Postmoderne übertragen lässt. Sehen wir also genauer hin: Grundsätzlich übernimmt Zahner von Bourdieu das Verständnis von Kunst als Ergebnis eines per Definitions- bzw. Machtkämpfen verlaufenden institutionellen Definitionsprozesses und analysiert, „welche gesellschaftlichen Gruppen, repräsentiert durch welche Institution, welche Rolle bei der Festlegung und Anwendung jenes Regelwerks spielen, nach dem eine Gesellschaft entscheidet, was als *Kunst* anerkannt wird und was nicht".[452] Das Ergebnis der Analyse lautet im Kern, dass in der in den sechziger Jahren in den USA ihren vorläufigen Höhepunkt erreichenden Konsumgesellschaft eine neue, junge, der Mittelschicht entstammende Künstlerschaft im New Yorker Feld der Kunst auftauchte, hier auf ein sich ebenfalls neu im Feld etablierendes, in seinem Rezeptionsverhalten konsumfreundlich ausgerichtetes Mittelklassepublikum traf und, unterstützt durch den weiteren Eintritt eines neuen investitionsorientierten Sammlertyps, einer neuen Definition von Kunst zum Durchbruch verhalf – eben der auf das Auffallende und Unterhaltende setzenden Popart.

Folgt man Zahner, so verschiebt sich damit das gesamte Regelwerk der Kunst: Mit der Behandlung von Themenkomplexen der Konsumwelt und der Massenmedien wird der Kunstbegriff revolutioniert und eine egalitäre, demokratische Kunstauffassung tritt an die Stelle der modernen, elitären, auf Autonomie setzenden Definition von Kunst.[453] Eine neue, postmoderne Kunstkritik fordert zudem

---

452 Nina Tessa Zahner, Die neuen Regeln der Kunst. Andy Warhol und der Umbau des Kunstbetriebs im 20. Jahrhundert, Franfurt/New York: Campus 2006, S. 86f. u. 55. Zur Anwendung der Bourdieuschen Theorie auf die Funktionsbestimmung des Künstlers siehe auch Beatrice von Bismarck, Auftritt als Künstler – Funktionen eines Mythos. Köln: König 2010.

453 Zur Gegenüberstellung egalitärer Definition der Kunst in der Popart und elitärer Kunst der Moderne vgl. Schulz-Hoffmann 1996, S. 11 und Zahner 2006, S. 92. Dabei wird m. E. von

die Aufhebung der Trennung von Kunst und Leben und steht mit dieser Forderung im Einklang mit der Welt- und Kunstsicht der in das Kunstfeld drängenden konsumorientierten oberen Mittelschicht.[454] So kommt es nicht nur zu einer maßgeblichen Erweiterung des Kunstpublikums und des Kunstmarktes, sondern mit dem Eintritt des neuen investitionsorientiertes Sammlertyps und des Kunstagenten auch zur Bildung gänzlich neuer Institutionen im Feld der Kunst.[455] Kurz, die zentralen Kunstdefinitionsinstanzen der Moderne – Kunsthandel, Kunstkritik und Museum – werden durch ein stärker ausdifferenziertes institutionelles Gefüge ersetzt.[456] Dies hat nach Zahner erhebliche Konsequenzen hinsichtlich der Frage, wer innerhalb der Gesellschaft darüber entscheidet, was Kunst ist und was nicht, da der Ausgangspunkt für den Konsekrationsprozess nicht länger das engere Subfeld der Kunstproduktion ist, sondern das kommerzialisierte und medialisierte Feld der Inszenierung von Kunst mit einer unterstützenden Rolle der Massenmedien und der ausdrücklich vertriebsorientierten Institutionen. In diesem Bedeutungsverlust des ästhetischen Kapitals gegenüber dem ökonomischen innerhalb des gesellschaftlichen Kunstkonsekrationsprozess sieht Zahner einen radikalen Wandel.[457]

Und doch fallen die Veränderungen, welche Zahner angesichts dieses Umbaus des Feldes an der Bourdieuschen Theorie vornimmt, keineswegs radikal aus, sondern gleichen eher einem Aus- als einem Umbau. Konkret wird das Modell des Feldes um einen Baustein – das Subfeld der erweiterten Produktion – ergänzt. Da sich die Konstruktion des Feldes in Form zweier antagonistischer Felder überlebt habe, schiebt Zahner den Raum der erweiterten Produktion gewissermaßen zwischen das Subfeld der eingeschränkten Produktion und das der Massenproduktion und vereint in ihm die Logiken beider: eine Art kreativ-künstlerischer Pol des Subfeldes der Massenproduktion wie auch eine Art ökonomisch-gewinnorientierter Pol des Subfeldes der reinen Produktion.[458]Dabei beruht das Subfeld der erweiterten Produktion als Vermittlungsebene zwischen Hochkultur und Kulturindustrie ganz auf der makrostrukturellen Grundlage der Konsumgesellschaft. Entscheidend ist dabei, dass das Subfeld der erweiterten Produktion, wie es von der Pop Art etabliert wurde, in der Lage ist, unter Zuhilfenahme von Praktiken der Massenproduktion legitime Kunst zu produzieren und so nicht nur die ideologischen Grundlagen

---

beiden übersehen, dass die Moderne eben nicht in der elitären Kunstauffassung des l'art pour l'art aufgeht, sondern viele Gesichter hat, zu denen neben dem l'art pour l'art zwingend auch konkurrierende Kunstdefinitionen zu zählen sind.
454 Zahner, S. 206.
455 Ebd., S. 182-199.
456 Ebd., S. 17.
457 Ebd., S. 291.
458 Ebd., S. 285.

1. Kultur- und Medienindustrie als Autonomieverlust

der autonomen Kunst der Moderne aufzudecken, sondern auch die etablierten Regeln des Kunstfeldes in Frage zu stellen.[459]

Umso bemerkenswerter ist, dass *Die Regeln der Kunst* durch *Die neuen Regeln der Kunst* eben nicht grundsätzlich in Frage gestellt werden. Dies umso mehr, als Zahner in gleich drei Punkten einen Überarbeitungsbedarf der Soziologie Bourdieus sieht: die überholte Dichotomie der Subfelder der reinen Produktion und der Massenproduktion, die Fokussierung der Theorie auf Klassenstrukturen und die Bourdieusche Rezeptionstheorie.[460] Dem ersten Punkt nimmt sich Zahner an, während die beiden anderen vergleichsweise kurz abgehandelt werden. Insbesondere hinsichtlich des zweiten Punktes, also der Fokussierung der Bourdieuschen Theorie auf Klassenstrukturen, scheint mir diese Zurückhaltung auf ein tiefer liegendes Problem zu verweisen, nämlich das Desiderat einer kohärenten Sozialtheorie für die Gegenwartsgesellschaft. So hält Zahner zwar fest, dass die Klassenkonzeption Bourdieus heute nicht mehr tragbar sei, arbeitet jedoch nicht nur weiterhin mit Begriffen wie Mittelklasse, sondern erklärt letztlich die Emergenz einer neuen Position wie der Pop-Art aus dem Auftauchen und Zusammenwirken von Akteuren aus einer neuen Schicht – eben der gehobenen, gemessen am bürgerlichen Bildungskanon jedoch bildungsschwachen, bislang im Feld der Kunst nicht aktiven Mittelklasse.[461] Auch finden sich bei Zahner, sieht man von Begriffen wie Konsum- und Erlebnisgesellschaft ab, keinerlei Hinweise darauf, welche Gesellschaftstheorie als Ersatz denkbar wäre. Doch sind Konsum- oder auch Erlebnisgesellschaft – die Rede ist bei Zahner von einer „umfassende(n) *Kultur-Erlebniswelt*" – zwar eingängige Begriffe, aber keine Theorien, aus deren Grundelementen und Strukturen sich systematische Beobachtungsmethoden bzw. Beschreibungsverfahren für bestimmte gesellschaftliche Bereiche ableiten ließen.[462] Was attestiert wird, ist somit ein Wandel, von dem man nicht weiß, wie man ihn theoretisch fassen soll, ja streng genommen nicht einmal, ob er bislang tatsächlich etwas Neues in Kunst und Gesellschaft hervorgebracht hat. Denn was genau ist eigentlich das Neue an der Pop Art?

Zahner antwortet, dass es seit der Pop Art eine anhaltende Expansion des Kunstfeldes, eine zunehmende gesellschaftliche Individualisierung und ein in zunehmendem Maße ausdifferenziertes Kunstpublikum gibt.[463] Zudem gäbe es seit

---

459 Ebd., S. 285 u. 292. Folgt man Bolls *Kunst ist käuflich*, so wäre auch diese Ergänzung um einen weiteren Baustein nicht länger haltbar, da sich die Grenzen auf dem Kunstmarkt stark verwischt und sich vor allem der kommerzielle und der nicht-kommerzielle Teil des Geschehens durch die Wirtschaftlichkeitszwänge der Museen stark angenähert haben.
460 Zahner, S. 292.
461 Ebd., 287.
462 Ebd., S. 267-277, hier S. 276.
463 Ebd., 285.

der Pop Art keine lineare Entwicklung der Kunst mehr, sondern nur noch eine unüberschaubare Vielzahl künstlerischer Geschmacksfelder nebeneinander, weshalb sich festhalten lasse, „dass seit der Pop Art eine Kunstrichtung nicht mehr durch eine andere abgelöst, sondern durch sich neu etablierende Richtungen ergänzt wird".[464] Das aber ist nicht neu, sondern traf schon für die Kunst im Paris des späten 19. Jahrhunderts zu, andernfalls hätte Bourdieu anhand ihrer Beobachtung keine Theorie entwickeln können, deren Grundstruktur – eben das Modell des Feldes – auf dem Nebeneinander, d.h. der Gleichzeitigkeit opponierender Positionen gründet. Denn das ist ja gerade die Leistung der Theorie Bourdieus, dass sie vom zeitlichen Nacheinander auf ein räumliches Nebeneinander – das dynamische Schlachtfeld des Feldes – umstellt und einen ganzen Werkzeugkasten für die Untersuchung eben dieser neuen Konstellation bereitstellt. So gesehen, wäre die Pop-Art nur eine weitere, sich neben bereits existierenden Kunstrichtungen etablierende, das Feld ergänzende Position.

Mehr noch, Zahners Definition der vermeintlich neuen, durch Warhol popularisierten Kunst weist geradezu auffallende Ähnlichkeiten mit der Avantgarde auf und entspricht – insbesondere bezüglich der Forderung nach Aufhebung der Trennung von Kunst und Leben – exakt der Bürgerschen Definition der Avantgarde. Da mit der Pop-Art aber nicht nur von Paris nach New York, sondern zudem vom späten 19. Jahrhundert in die sechziger Jahre des 20. Jahrhunderts gesprungen wird, verwischen sich die Linien, die von der Genese des Feldes über den Angriff auf die Institution zur jüngeren Kunst führen. Gerade die Bedeutung der kurzen, abrupt unterbrochenen Geschichte der Avantgarde für die nachfolgende Entwicklung wird dabei trotz der Bezeichnung Neoavantgarde häufig unterschätzt. Dabei war es, wie wir gesehen haben, die europäische Avantgarde der Zwischenkriegszeit, welche die Idee der Autonomie der Kunst schon einmal in Frage stellte und in gezielter Opposition zur elitären eine allgemein zugängliche, demokratische Kunstauffassung repräsentierte. Nahezu alles, was die Pop-Art laut Definition ausmacht, war mit der Avantgarde schon da: die Beschäftigung mit den Phänomenen der Massenkultur und Massenmedien, die intendierte Aufhebung der Trennung zwischen Hoch- und Populärkultur, das Prinzip Zitat oder auch die Integration von Alltagsobjekten.[465] Auch muss an dieser Stelle zumindest erwähnt werden, dass Vertreter der britischen Pop-Art wie Richard Hamilton bereits Ende der vierziger Jahre, also unmittelbar nach dem Krieg, in direkter Fortsetzung der Avantgardebewegungen ihre ersten Collagen vorlegten und im industriellen Sieb-

---

464 Ebd., S. 286f.
465 Siehe hierzu den Eintrag „Pop-Art" in: Hubert van den Berg u. Walter Fähnders (Hrsg.), Metzler Lexikon Avantgarde, Stuttgart/Weimar: Metzler 2009, S. 257.

1. Kultur- und Medienindustrie als Autonomieverlust 133

druckverfahren vervielfältigen. Auch rangierte die stark vom Altvater der Avantgarde, Duchamp, beeinflusste Pop-Art in den USA anfänglich nicht grundlos unter dem Begriff Neo-Dada.

Heißt das nun, dass es sich bei der Pop-Art nicht um etwas Neues, sondern um eine weitere, wenngleich intensivierte Etappe der in ihren Anfängen von Bourdieu untersuchten künstlerischen Moderne handelt? Ist die Theorie also noch tragbar und muss nur, wie Zahner es tut, in Teilen ergänzt und modifiziert werden, oder werden mit der Ausbildung des Feldes der erweiterten Produktion doch „zugleich die Grenzen einer Theoriekonzeption augenscheinlich, die von Bourdieu historisch, anhand der Ausbildung des Feldes der autonomen Kunst entwickelt wurde"?[466] Noch einmal anders gefragt: Haben wir es noch immer mit einem Feld der Kunst zu tun, indem über die Definitionsoberhoheit gestritten wird, oder haben die von Zahner aufgeführten Kriterien – Pluralisierung und Differenzierung der künstlerischen Produktion, Demokratisierung des Prozesses der Kunstzuweisung und damit letztlich Heterogenisierung der Produktion – die Grenzen des Feldes derart ausgedehnt, dass sie die Theoriekonzeption überschreiten?[467] Dass man in der Kritik an Bourdieu auch weiter gehen und behaupten kann, dass es schlicht kein autonomes Feld der Kunst mehr gibt, zeigt ein kurzer Blick auf die neuere Literatur. Für sie lässt sich von einem regelrechten Rückzug vor allem jüngerer Autoren vom antagonistischen Funktionieren des Feldes sprechen. So sieht David Roberts für Deutschland in der Gruppe 47 den Anfang vom Ende des Funktionierens des literarischen Feldes und attestiert eine „Entleerung des Raumes, des Feldes der literarischen Auseinandersetzung".[468] Und ein literarischer Akteur wie Hanns-Josef Ortheil erklärt zur Kultur der achtziger Jahre, dass die jungen deutschen Literaten sich bewusst gegen die Selbstverständlichkeiten der Traditionen und die Zugehörigkeit zu Schulen und Gruppen wehren. Viele, so Ortheil, hätten zudem das Gefühl, in einer Zeit der Transformation zu leben.[469]

Ein ganz ähnliches Gefühl stellt sich ein, wenn man, wie hier unternommen, die Entwicklung im Theoriefeld beobachtet. Kreist doch die Frage nach der Zeitgemäßheit einer Theorie wie der des Feldes letztlich um das Unterscheidungsproblem Moderne/Postmoderne; ein Problem, wie es nahezu gleichzeitig mit dem Auftauchen der Neoavantgarde den Theoriediskurs im Wissenschaftsfeld zu do-

---

466 Ebd., S. 284.
467 Zu den genannten Kriterien vgl. Zahner, S. 291.
468 David Roberts, Erzählungen der Modernisierung. Die Studentenbewegung und der gesellschaftliche Wandel in Deutschland, in: Rainer Rosenberg, Inge Münz-Koenen, Petra Boden (Hrsg.), Der Geist der Unruhe. 1968 im Vergleich. Wissenschaft – Literatur – Medien. Berlin: Akademie Verlag 2000, S. 61-82, hier S. 80f.
469 Siehe dazu auch Hanns-Josef Ortheil, Schauprozesse. Beiträge zur Kultur der achtziger Jahre, München 1990, S. 179.

minieren begann. Es spricht also einiges dafür, die bis heute den theorieinteressierten Teil der Geistes- und Sozialwissenschaften umtreibende Postmodernedebatte auf das Phänomen der Avantgarde zuzuspitzen und zu fragen, ob es sich bei ihrem Angriff auf die Autonomie der Kunst um den Beginn eines Neuen, eben der Postmoderne, oder um den Abschluss und gleichsam den Höhepunkt der künstlerischen Moderne handelt. Oder markiert der Angriff der Avantgarde auf die Autonomie des eigenen Produktionsbereichs, gerade weil er gescheitert ist, vielleicht nur den Beginn einer neuen Position innerhalb des Feldes, welche, durch externe Kräfte beeinflusst, erst in den sechziger Jahren die Deutungshoheit im Feld übernehmen und den Angriff fortführen konnte? Sicher ist nur, dass, bleibt man bei Bourdieu und sieht im Ahistorismus das Haupthindernis für eine Analyse nicht nur der Kunst, sondern der soziokulturellen Wirklichkeit insgesamt, nur die Geschichte eine verbindliche Antwort geben kann.[470] Von daher soll nun noch einmal in das Jahr 1974 zurückgegangen und mit Bürger gewissermaßen einem Zeitzeugen der Neoavantgarde das Wort gegeben werden.

Tatsächlich eröffnet sich hier bezüglich der Autonomiefrage eine andere Perspektive. Bürger sieht in der Existenz der Neoavantgarde auch und nicht zuletzt ein Anzeichen für die „Widersprüchlichkeit des avantgardistischen Unterfangens".[471] Inwiefern? Fassen wir die Resultate des Angriffs der Avantgarde auf den Autonomiestatus der Kunst mit Bürger kurz zusammen: Da ist zunächst das Problematischwerden des Verwendungszwecks der Kunst. Mit der Aufhebung der Kunst in Lebenspraxis entfalle die Abgehobenheit des Werks und mit ihr die Möglichkeit, das Kunstwerk als Selbstzweck zu setzen. Und auch wenn die Aufhebung nicht vollzogen wurde, so haben die Avantgarden nach Bürger die Kategorie des Kunstwerks doch in einer Weise erschüttert, die nachfolgenden Versuchen der Neubestimmung des Verwendungszwecks von Kunst einen weiten Spielraum eröffnet. Neben der Kategorie des Kunstwerks habe die Avantgarde zudem die Kategorie der individuellen Produktion negiert. Indem Duchamp 1913 dem Serienprodukt des Urinoirs seine Signatur verlieh und es auf Kunstausstellungen schickte, sei die Signatur selbst „zum Zeichen des Hohns gegenüber allen Ansprüchen individuellen Schöpfertums" geworden.[472] Nicht allein der Kunstmarkt werde durch diese Provokation als fragwürdige Institution entlarvt, sondern die Kunst selbst radikal in Frage gestellt. Doch handle es sich um eine Provokation, die sich nicht beliebig oft wiederholen lässt. Einmal als museumswürdiger Gegenstand akzep-

---

470 Zum Elend des Ahistorismus siehe Bourdieu 1999, S. 480-485.
471 Bürger 1974, S. 68.
472 Ebd., S. 71.

1. Kultur- und Medienindustrie als Autonomieverlust 135

tiert, fällt jeder weitere Versuch, den Kunstmarkt zu denunzieren, ins Leere und verkehrt sich ins Gegenteil:

> Da inzwischen der Protest der historischen Avantgarde gegen die Institution Kunst *als Kunst* rezipierbar geworden ist, verfällt die Protestgeste der Neoavantgarde der Inauthentizität. Ihr Anspruch, Protest zu sein, ist nicht mehr aufrechtzuerhalten, nachdem er sich als nicht einlösbar erwiesen hat. Daher rührt der Eindruck des Kunstgewerblichen, den neoavantgardistische Werke nicht selten hervorrufen.[473]

Damit haben wir eine Auflösung sowohl der Kategorie des Kunstwerks wie auch des Künstlers als schöpferisches Individuum. Dazu kommt laut Bürger die Auflösung der dritten von der Avantgarde radikal in Frage gestellten Kategorie, nämlich die der individuellen Rezeption. Neben den kollektiven Publikumsreaktionen bei Dada-Veranstaltungen verweist Bürger hier auf die dadaistische Anweisung zur Herstellung von Gedichten und die surrealistischen Anleitungen zum Verfassen automatischer Texte. Beide dienen als Beispiele für die Aufhebung des Gegensatzes zwischen Produzenten und Rezipienten, da in ihrem „Rezeptcharakter" zum einen eine Polemik gegen das individuelle Schöpfertum des Künstlers und zum anderen der Hinweis auf mögliche Aktivitäten des Rezipienten stecke. Verstanden werden dürfe diese Aktivität dann aber nicht als Kunstproduktion, sondern als „Teil einer befreienden Lebenspraxis".[474] Mit der Negation aller für die autonome Kunst wesentlichen Kategorien, das steht außer Zweifel, hat die Avantgarde die Kunst als Institution schwer erschüttert.

Und doch hat die Institution nach Bürger überlebt, sonst hätte er die Kategorie nicht ins Zentrum seiner Theorie moderner Kunst stellen können. Der Grund für das Scheitern der Avantgarde liegt nach Bürger nun aber nicht, oder zumindest nicht allein, in der Abwehrkraft der Institution, sondern eben in der Widersprüchlichkeit des avantgardistischen Unterfangens: Zwar wurden die Kategorien autonomer Kunst ausgehöhlt, doch blieb es bei der Signatur, dem Kontakt zu Kunstausstellungen und dem Schreiben von Gedichten. Weil dem so war, weil man einerseits die Institution abschaffen wollte, sich andererseits aber weiterhin, und sei es in der Negation, an den Regeln des Spiels orientierte, konnte es überhaupt zu einer Neo- oder auch Postavantgarde kommen, welche nach Bürger nun in den sechziger Jahren dazu anhebt, die Werkkategorie zu restaurieren und die von der Avantgarde in antikünstlerischer Absicht ersonnenen Verfahrensweisen zu künstlerischen Zwecken zu gebrauchen. Möglich und legitim wird dies, weil der ge-

---

473 Ebd., S. 71.
474 Ebd., S. 72.

scheiterte Angriff der Avantgarde auf die Institution Kunst die „Folgenlosigkeit der Kunst in der bürgerlichen Gesellschaft als deren Prinzip" erkennbar gemacht hat.[475] Folgt man Bürger weiter, so eröffnet die Erkenntnis der Folgenlosigkeit der nachavantgardistischen Kunst wiederum zwei Möglichkeiten: sie kann sich entweder mit ihrem Autonomie-Status abfinden oder „Veranstaltungen unternehmen, um den Status zu durchbrechen".[476] Was sie nicht kann, ist den Autonomie-Status leugnen und die Möglichkeiten unmittelbarer Wirkung unterstellen. Zu den Veranstaltungen nun, die unternommen werden, um den Autonomiestatus zu durchbrechen, zählt Bürger auch die Annäherung von Kunst und Kulturindustrie. Von ihr führt eine Linie zur Avantgarde, denn auch sie ist ein Versuch der „Aufhebung der Distanz zwischen Kunst und Leben" – aber ein falscher. Ganz im Geiste der Kritischen Theorie der Frankfurter Schule sieht Bürger Mitte der siebziger Jahre in der Unterhaltungsliteratur und der Warenästhetik zwar ein Praktischwerden der Kunst, „aber als unterwerfende".[477] Auch Unterhaltungskunst und Warenästhetik seien von der Theorie der Avantgarde her fassbar, aber als „Formen der falschen Aufhebung der Institution Kunst", d.h. als Verwirklichung der Intentionen der historischen Avantgardebewegungen „mit umgekehrtem Vorzeichen".[478]

Zieht man die Ideologiekritik ab, so bleibt die These, dass es sich bei der neoavantgardistischen Annäherung von Kunst und Kulturindustrie um eine Fortsetzung des von Beginn an widersprüchlichen Unterfangens der Avantgarde handelt, Kunst und Leben zu versöhnen. Unterfüttern lässt sich diese über Bürger hinaus mit den Selbstbeobachtungen der Avantgardisten. So bescheinigt ein Dadaist wie Raoul Hausmann bereits dem Verleger und Galeristen Herwarth Walden, einem der wichtigsten Förderer der deutschen Avantgarde des frühen 20. Jahrhunderts, besondere „kaufmännische Machinationen" und „Geschäftsgenie". In Kurt Schwitters, der sich mit MERZ gewissermaßen selbst zur Bewegung erklärte, sieht Hausmann gar einen „Reklamekünstler ersten Ranges", welcher es zudem gut verstand, „die beste Reklame [...] für sich selbst zu machen".[479] Auch habe sogar der Club DADA in Berlin ein eigenes Reklamebüro unterhalten, welches allerdings praktisch nie funktionierte – im Gegensatz zum „NeoDADAismus, wie er von den Allzuvielen ausgeübt" und „an seiner ‚kaufmännischen' Spekulation zugrundegehen wird".[480] Noch deutlicher wird die Kontinuität, wenn man auf die Anfänge

---

475 Ebd., S. 78.
476 Ebd.
477 Ebd., S. 73.
478 Ebd., S. 73.
479 Raoul Hausmann, Am Anfang war Dada. Hrsg. v. Karl Riha u. Günter Kämpf, Steinach/Gießen: Anabas 1972, S. 69.
480 Hausmann 1972, S. 79f. u. 155.

1. Kultur- und Medienindustrie als Autonomieverlust

des „Kunstimperiums" Guggenheim schaut.[481] Hilla von Rebay, die in den Künstlerkreisen von Paris, München, Zürich und Berlin verkehrte, bevor sie 1927 nach New York ging, um dort ein Jahr darauf Gründungsdirektorin der Guggenheim Foundation zu werden, versuchte noch 1939 in Paris auf Vermittlung Nelly van Doesburgs, der Witwe von Theo van Doesburg, dem Mitbegründer der Künstlerbewegung De Stijl, den Avantgardekünstler Hans Richter zum Pariser Vertreter der Guggenheim-Foundation zu ernennen.[482] Dazu kam es nicht mehr. Nichtsdestoweniger aber zeigt allein dieser kurze Ausschnitt die Verbindungslinie vom internationalen Netzwerk der Avantgardebewegungen zu Guggenheim – einer Marke, die heute für „global, international, weltoffen, fabelhaft, reich" steht.[483] Wenn Hollein festhält, dass es Guggenheim mit seinen verschiedenartigen Standpunkten wie keine andere vergleichbare Institution geschafft habe, sich durch „eine Konstellation von vernetzten Institutionen und strategischen Partnerschaften das Image einer global agierenden und präsenten Kunstrichtung anzuheften", so müsste man ergänzen, dass ihr diese Fähigkeit durch die Inkorporation der Avantgarden von Beginn an innewohnte.[484]

Fasst man die bisherigen Ausführungen zusammen, so ergibt sich folgendes Bild: Luhmann und Bourdieu raten der Kunst zur Wahrung ihrer Autonomie; Luhmann, indem er, wenngleich verhalten, die Einstellung des seit der Avantgarde betriebenen Grenzspiels und die Festlegung schärferer Wertmaßstäbe anmahnt, und Bourdieu, indem er die Kunst offen zum Widerstand gegen eine ihr aufgenötigte Medialisierung und Kommerzialisierung aufruft. Bürger hingegen, getragen von der Sympathie für die Intention der Avantgarde, Kunst und Leben zu versöhnen, sieht im Autonomieverlust kein grundsätzliches Problem, lehnt jedoch die neoavantgardistische Annäherung der Kunst an die Kulturindustrie als falsche Aufhebung ab. Bei aller Differenz im Einzelnen ist den drei Theoretikern damit die Fokussierung auf das Autonomiekonzept und die Kritik an der kulturindustriellen Öffnung der Kunst gemeinsam. Der Triumph der kulturellen Moderne über eine erschöpfte künstlerische Moderne, wie er von Daniel Bell 1976 beschrieben wurde, wird in den hier untersuchten Theorien allein auf den industriell-kommerziellen Aspekt reduziert und letztlich eine Rückkehr zur künstlerischen Moderne

---

481 Hoffmann, S. 11.
482 Nachzulesen unter „Der Bauer und die Baronesse", in: Hans Richter 1973, S. 162-185. Auch sei in diesem Zusammenhang daran erinnert, dass Peggy Guggenheim die Galerie „Art of this Century" 1942 mit Marcel Duchamp als kompetentem Fachmann gründete, unterstützt von Piet Mondrian und ihrem zeitweiligen Ehemann Max Ernst.
483 Zu den Strategien Guggenheims siehe: Christoph Graf Douglas, Wäre weniger mehr?, in: Hoffmann, S. 160-164, hier S. 162.
484 Hollein, S. 13.

gefordert.[485] Wie widersprüchlich sich die künstlerische Moderne bezüglich der Autonomiefrage bereits während ihrer Hochkonjunktur, also in der Zeit der Avantgarden verhielt, scheint nur bei Bürger durch und wird auch von ihm eher beiläufig thematisiert. Der Abschied der Kunst von der Autonomie, so scheint es, führt auch in der Kultursoziologie nicht zu einem Abschied von der Autonomieästhetik.

Oder doch? Wie der nochmalige Blick auf Gehlen zeigen soll, konnte man die Dinge schon in den siebziger Jahren auch ganz anders sehen und argumentieren, dass es gerade nicht die Autonomie ist, die das Überleben eines arbiträren Gebildes wie der Kunst sichert, sondern eben die Verschmelzung von Kunst, Kultur und Medien. Der Angriff der Avantgarde auf die Institution erweist sich in dieser Lesart nicht als gescheitert, sondern als durchaus erfolgreich und gerade darin als eine Art Bestandsschutz der Kunst, welcher sie – flankiert durch die Verankerung an öffentlichen Stützpfeilern – letztlich in den „Zustand der Unaufhörlichkeit" überführt.[486]

2. Geborgen zwischen Kommerz und öffentlicher Hand – Kunst im „Zustand der Unaufhörlichkeit" (Gehlen)

Bei Gehlen, so hatte Wolfgang Lipp betont, finde sich jener „Blick für die Wirklichkeit, für das Dramatische, das handlungsdramatische, und Tragische an der Wirklichkeit", den man bei einem Theoretiker wie Luhmann vermisse.[487] Tatsächlich lassen sich bei Gehlen ein auffallend stärkerer Gegenwartsbezug und eine intensivere Auseinandersetzung mit Fragen der Produktion, Distribution und Rezeption von Literatur und Kunst beobachten. Vor allem aber trennt die Theoretiker ein entscheidender Punkt: der Umgang mit der Autonomiefrage. Zwar attestieren beide für die postavantgardistische Kunst einen Autonomieverlust, doch sieht Gehlen darin im Unterschied zu Luhmann wie auch zu Bourdieu nicht etwa das Problem der Gegenwartskunst – sondern vielmehr die Lösung. Um die Argumentation Gehlens nachvollziehen zu können, soll etwas weiter ausgeholt und zunächst die Wirklichkeit der Kunst jener Jahre ein Stück weit vergegenwärtigt werden. Dafür bieten sich Ausschnitte aus dem in *Merkur* und *Neue Rundschau* festgehaltenen Literatur- und Kunstdiskurs an. Unternehmen wir also einen kleinen Streifzug durch die Kulturkritik, bevor wir uns Gehlen und seiner Diagnose der Kunst im „Zustand der Unaufhörlichkeit" zuwenden.

---

485 Bell 1976.
486 Gehlen 2004, S. 522.
487 Lipp 1994, S. 77.

2. Geborgen zwischen Kommerz und öffentlicher Hand 139

Beginnen wir mit der Literatur. Hier löste der 1972 im Rowohlt Verlag veröffentlichte Autorenreport von Karla Fohrbeck und Andreas J. Wiesand öffentliche Reaktionen und Reflexionen über die veränderten Arbeitsbedingungen der Schriftsteller aus. So fragte Ingeborg Drewitz 1973 im *Merkur*, ob es sich bei der Vorstellung vom „freien Autor" nicht um eine Fiktion handle, da, wie der Autorenreport gezeigt hätte, die deutschen Autoren zumeist aus der „mittleren und oberen Mittelschicht" stammen, so dass es den Anschein habe, „als wäre die Lust am intellektuellen Risiko des Schreibens dem sozialen Aufstieg vorbehalten, der Bildungskarrieren nicht mehr nehmen muss und – sozial anerkannt, wenn auch nicht reich – vom Existenzkampf unverbraucht den Absprung aus der gesicherten Schicht wagt, weil Bildung und sozialer Aufstieg seine Zielvorstellungen nicht mehr decken und die Wert-Kategorien seiner Schicht nicht mehr befriedigen".[488] Neben dem „fast völlige[n] Fehlen von Autoren aus der unteren Mittelschicht und der Arbeiterschaft" hält Drewitz hinsichtlich der organisatorischen Ebene fest, dass der 1969 gegründete Verband deutscher Schriftsteller nun, also 1973, beschlossen habe, der IG Druck und Papier als Fachgruppe beizutreten, womit laut Drewitz die Entwicklung einer großen Mediengewerkschaft innerhalb des DGB ausgelöst werden sollte, um „den sozialen Ort aller im Kulturbereich Tätigen kenntlich [zu] machen".[489] Ein Jahr später fragt Drewitz, ob dies nicht ein Fehler war.[490] Die Euphorie des Schriftstellerverbandes darüber, Mitglied einer Gewerkschaft zu werden, sei verflogen. Man habe sich vor einem Jahr gegen die Gewerkschaft Kunst und für die IG Druck und Papier, „also für eine straff organisierte Industriegewerkschaft" entschieden, wobei das Ganze als Weg in eine Mediengewerkschaft (als Gruppe innerhalb der IG) gedacht war. Genau davon aber sei nun kaum noch die Rede – jedenfalls nicht in der IG Druck und Papier. Rechtfertigend fügt Drewitz, selbst Initiatorin des Gewerkschaftsbeitritts des Schriftstellerverbands, hinzu, dass die Idee von der Mediengewerkschaft bereits in den sechziger Jahren und damit in einem Augenblick aufgekommen sei, „als sich Künstler und Intellektuelle viel engagierter als heute in Übereinstimmung mit der Gesellschaft glaubten".[491]

Dass die Annahme einer solchen Übereinstimmung zwischen Künstlern und Gesellschaft in den siebziger Jahren in der Tat nicht mehr von allen geteilt wird, lässt sich den Beiträgen von Autoren wie Horst Krüger oder Alfred Andersch ent-

---

488 Ingeborg Drewitz, Der freie Autor – eine Fiktion?, in: Merkur, Heft 1, 27 Jg., Januar 1973, S. 98-105, hier S. 100.
489 Ebd., S. 98.
490 Was wird mit dem Schriftstellerverband? Interview mit Ingeborg Drewitz, in: Merkur, Heft 2, 29. Jg., Februar 1975, S. 191-196, hier S. 192. Interview geführt von Roland H. Wiegenstein im Dezember 1974.
491 Ebd., S. 195.

nehmen. Krüger plädierte 1973 für den „Einzelnen und sein Recht auf sich selbst und sein Stück unaufbrechlicher Einsamkeit".[492] Genau dieses nämlich drohe inmitten „dieser Epoche eines fröhlich rotierenden Soziologismus" abhanden zu kommen.[493] Ungeachtet des Autorenreports oder dem unverkennbaren Bestreben der Schriftsteller nach gewerkschaftlicher Gruppenabsicherung steht für Krüger fest, dass die Schriftsteller in der Gesellschaft „extrem anders als die anderen" leben, und genau diesem, zum Schriftstellerdasein gehörenden Individualismus sei die Zeit „nicht hold".[494] Gleich im Anschluss attestiert Alfred Andersch nicht nur eine kunstfeindliche Zeit, sondern einen ebensolchen Ort. Weil die deutschen Städte – wohlgemerkt „[n]ach dem Kriege" – laut Andersch „zu ausgesprochen kunst-feindlichen Umgebungen geworden" sind, in denen sich die „Ausbreitung einer schrecklichen Nüchternheit, einer vordergründigen Zweckmäßigkeit und eines vollständigen Mangels an Poesie" beobachten lasse, verließen die Autoren das Land und zögen in die südlichen Alpen, in die Toskana, nach Cornwall, Devonshire oder Smaland.[495] „Diese Entwicklung", so Andersch, „hat ganz einfache soziologische Ursachen, und ich wundere mich, dass unsere heute so sehr aufs Soziologische gerichtete Ästhetik sie nicht längst zum Gegenstand von Felduntersuchungen gemacht hat."[496]

Tatsächlich fand die Ausrichtung der Ästhetik an der Soziologie oder zumindest eine eher pragmatische Annäherung an Fragen der Literatur auch in der Kritik jener Jahre ihren unübersehbaren Eintrag. Zunehmend rücken Zusammenhänge wie die zwischen Autor, Verlag und Öffentlichkeit ins Zentrum der Diskussion, so wenn Hans Altenhein 1973 daran erinnert, dass zur Welt der Literatur auch die

---

492 Horst Krüger, Jeder schreibt für sich allein, in: Merkur, Heft 1, 27 Jg., Januar 1973, S. 106-108, hier S. 108.
493 Ebd., S. 106.
494 Ebd., S. 108.
495 Alfred Andersch, Über das Wohnen von Künstlern heute, in: Merkur, Heft 1, 27 Jg., Januar 1973, S. 108-110, hier S. 109f.
496 Ebd. Andersch selbst hat ein Haus im Tessin erworben und beschreibt dies – der soziologischen Felduntersuchung gewissermaßen zuvorkommend und in einer zu zitieren sich lohnenden Weise – wie folgt: „Die Wanderungsbewegung der Künstler hat ihre Tücken. Als wir vor fünfzehn Jahren für einen geringfügigen Betrag ein dreihundert Jahre altes Granithaus kauften und begannen, es ein wenig auszubauen, ahnten wir nicht, dass wir damit an einem image arbeiteten, das jetzt unter der Bezeichnung Tessin in aller Deutschen Munde ist. Dagegen ist nichts zu machen. Wir haben uns damit abgefunden, dass wir unter Begriffen wie Ascona, Millionäre und Steuervorteile subsumiert werden. Wir kommen manchmal nach Ascona, wir kennen zwei oder drei Millionäre – sympathische und kluge Leute – Steuervorteile haben wir keine. Von solchen Dingen abgesehen, leben wir in diesem alten neuen Haus. Das architektonisch (wenn ich von dem durch Lucia und Henrik Hartsuyker aus Amsterdam erbauten Atelierhaus meiner Frau absehe) nichts Besonderes bietet, in einem abgelegenen Tal, das in italienischen Bergen endet und noch immer etwas Verwunschenes hat. Es war einmal ein Tal von Strohflechtern." (Ebd., S. 110)

2. Geborgen zwischen Kommerz und öffentlicher Hand 141

Geschäftskorrespondenz Hugo von Hofmannsthals, die Wirtschaftsgeschichte der Verlagsindustrie seit Johann Friedrich von Cotta oder die gerade wieder bestätigte Preisbindung für Bücher gehöre. Obwohl diese Erkenntnis nicht neu sei, würden die Beteiligten erst in den letzten Jahren beginnen, „sich offener und öffentlich an die materiellen Bedingungen ihrer Existenz zu erinnern".[497] Erst jetzt sei das „Sozialbewusstsein eines der individuellsten Berufe" erwacht.[498] Interessant ist dabei, dass Altenhein dieses Erwachen auf den Zerfall der „‚geschlossene[n]' Öffentlichkeit der bürgerlichen Lesekultur" zurückführt und zu sofortigen Anstrengungen aufruft, ihre „demokratische Entsprechung" zu gestalten.[499] Wie der Literaturbetrieb dieser Entwicklung zu entsprechen versuchte, lässt sich Helmut Heißenbüttels Beobachtungen der Frankfurter Buchmesse im Jahr 1973 entnehmen.[500] Der Schriftsteller und Kritiker sieht eine „Allianz von statischem Denken, mittlerem Konsens und handfesten ökonomischen Interessen" und fragt nach deren Konsequenzen für die Literatur als ästhetisches Phänomen.[501] Dabei steht nach Heißenbüttel in der Mitte der siebziger Jahre die Funktion der Literatur grundsätzlich zur Disposition, gehe es doch „um die Frage, was Literatur heute überhaupt noch bedeuten kann, welche Literatur, welche literarischen Methoden, wo angesetzt werden kann, und welche Art der Einsicht Literatur noch immer zu vermitteln vermag".[502]

In der *Neuen Rundschau* wird 1975 mit Blick auf den Umbau des Literaturbetriebs bereits von einer „Krise der Neuen Literatur" gesprochen: „Personalabbau bei Fischer-Athenäum, ‚Programm-Verschlankung' bei Luchterhand, Reduzierung der Reihe ‚Das neue Rowohlt Buch' in Hamburg."[503] Die Arbeitsplätze der literarischen Lektoren seien zu Schleudersitzen geworden und es vergehe kein Tag, an dem sich nicht einer der Lektoren zurückziehe „in die Windstille germanistischer Seminare, wo man wie einst im Mai der Konkreten Poesie über die Strukturen einer Literatur nachsinnt, die es alsbald nicht mehr geben dürfte".[504] Viele Leser, vornehmlich kleinbürgerliche Angestellte, konsumierten nur triviale Unterhaltungsliteratur und selbst unter den Intellektuellen würden nur wenige Neue Literatur lesen. Der Verfasser dieses düsteren Szenarios, der Schriftsteller und Drehbuchautor Wolf-

---

497 Hans Altenhein, Autor, Verlag, Öffentlichkeit, in: Merkur, Heft 11, 27 Jg., November 1973, S. 1025-1033, hier S. 1025.
498 Ebd., S. 1026.
499 Ebd., S. 1032.
500 Helmut Heißenbüttel, Surrealismus in der Bundesrepublik. Der Verlag Rogner & Bernhard und die Buchmesse 1973, in: Merkur, Heft 12, 27 Jg., Dezember 1973, S. 1178-1183.
501 Ebd., S. 1178.
502 Ebd., S. 1138.
503 Wolfgang Körner, Zur Krise der Neuen Literatur, in: Neue Rundschau. 86. Jg. 1975, Erstes Heft, S. 174-178, hier S. 174.
504 Ebd.

gang Körner, bindet die Krise der Literatur an die „Bildungsmisere" und wettert gegen ein Publikum, „das bestenfalls dazu befähigt wurde, die Regenbogenpresse zu rezipieren".[505] Angesichts dessen prophezeit Körner eine staatliche Subventionierung der Literatur, wie sie in Deutschland ja der Musik-, Theater- und Filmkultur bereits zukomme. Nötig sei ein solcher staatlicher Eingriff nicht zuletzt, weil die Vorstellung immer wahrscheinlicher werde, „dass ein zerstörerisches, weil alles dem Kapitalinteresse unterordnendes Gesellschaftssystem sich einmal auch dort deutlich erkennbar als zerstörerisch erweisen könnte, wo das Bürgertum noch immer seine unverzichtbaren Werte sieht: im Bereich der Kultur!"[506] Zur Ausgestaltung einer staatlichen Förderung der neuesten Literatur hatte ein Jahr zuvor an gleicher Stelle bereits Ernst Jandl konkrete Vorschläge unterbreitet. Weit ausholend die „Problematik des freien Schriftstellers" erörternd, votiert Jandl letztlich für eine Schriftsteller-Gewerkschaft, um „eine andere Art der Verteilung des Geldes, das der Staat für Schriftsteller aufwendet, zu erreichen".[507] Als Vorbild dient ihm Holland, wo es seit 1956 für Schriftsteller neben der obligatorischen Staatsbürgerversicherung auch Zuschüsse zu jeder publizierten Seite sowie Arbeitsstipendien und, für umfassendere Werke, sogar Pensionen in Höhe des Stipendiums ab dem 60. Lebensjahr gibt – ein, wie Jandl findet, „schönes und einfaches Programm".[508]

Das Blatt übrigens, indem sich diese Zeugnisse einer Literatur finden, die angesichts drohender Kommerzialisierung zunehmend ihren Autonomieanspruch aufgab und die Nähe zum Staat suchte, hatte Mitte der siebziger Jahre selbst sein Erscheinungsbild verändert und ganzseitige Werbung wie etwa von Degussa („Wer macht sogar aus Abfall Gold?") oder der Deutschen Bank („Wertpapiere auch für Sie") eingeschoben.[509] Während hinsichtlich der Organisationsformen der Schriftsteller und möglicher staatlicher Stützen also noch Diskussionsbedarf zu bestehen schien, schritt die marktwirtschaftliche Umgestaltung des Literaturbetriebs unübersehbar voran. Und während die eigentlichen Produzenten noch über die Funktion von Literatur in einer sich wandelnden Gesellschaft nachsannen, veränderte sich der Betrieb derart rasant, dass eine zentrale Steuerung zunehmend unmöglich erscheinen musste. Die von Heinrich Vormweg im Oktober 1975 bezüglich der Revolutionierung des Buchmarkts, der Kaufgewohnheiten und des Leseverhaltens aufgeworfene Frage „wozu oder wohin?", ist schlicht nicht mehr zu beantworten.[510]

---

505 Ebd., S. 176.
506 Ebd., S. 178.
507 Ernst Jandl, Zur Problematik des freien Schriftstellers, in: Neue Rundschau. 85. Jg. 1974, Erstes Heft, S.54-67, hier S. 67.
508 Ebd., S. 67.
509 Hier zitiert nach: Neue Rundschau. 86. Jg. 1975, Zweites Heft.
510 Heinrich Vormweg, 25 Jahre Taschenbuch, in: Merkur, Heft 10, 29. Jg., Oktober 1975. S. 979-985, hier S. 979.

2. Geborgen zwischen Kommerz und öffentlicher Hand 143

Statt eines neuen Konzepts präsentiert Vorweg dann auch eine postmoderne Kondition, die sich besser kaum beschreiben ließe: Was sich zeigt, sei „ein erstaunliches, nicht länger nach traditionellen Wertvorstellungen gegliedertes, sondern laut variablen Bedürfnissen, Interessen, Herausforderungen und auch Angeboten sich unablässig verschiebendes Nebeneinander".[511]

Und die Kunst? „Welche Rolle wird die Kunst in Zukunft noch spielen?", so fragt 1973 Georg Jappe und antwortet resigniert, dass die Kunst sich gründlich verfahren habe.[512] Beim „Stichwort ‚gesellschaftliche Erwartungen'" seien alle, die mit Kunst zu tun haben, fasch abgebogen und fänden sich nun vereinsamt und unverstanden wieder.[513] Von daher rät Jappe den Künstlern dazu, sich zusammenzutun und „die einzelnen Aufgaben einer gemeinsamen Strategie aufeinander abstimmen, statt sich einzeln schlagen zu lassen".[514] Auch hier also das Gefühl des Funktionsverlustes und das Bedürfnis nach gemeinsamer Abstimmung und Organisation. Hinzu tritt im Kunstdiskurs ein offensiver, sich bewusst in die Tradition der Avantgarde stellender Umgang mit dem Zerfall der traditionellen Kunstwelt. So prüft Dieter Wellershoff 1975 in seiner zweiteiligen Auseinandersetzung unter dem Titel „Die Auflösung des Kunstbegriffs" die in den sechziger Jahren von der Kunst vorgebrachte These, dass es zwischen Kunst und Leben keine Kluft mehr gebe.[515] Wellershoff richtet seinen Blick auf das Theater und geht in die Zwanziger Jahre zurück, um das Bemühen um „neue Unmittelbarkeit" im Sinne Bürgers als einen sehr komplexen, widerspruchsvollen Vorgang zu beschreiben.[516] Dabei wird wie folgt argumentiert: Die Aufführung des Stücks von Pirandello *Sechs Personen suchen einen Autor* im Mai 1921 in Rom provozierte einen Skandal, weil es sich hier um eine doppelte Fiktion und damit um eine Fiktionalisierung der Wirklichkeit handelte. Dieser Effekt nun wirkt nach Wellershoff noch in Peter Handkes *Publikumsbeschimpfung* von 1965 nach. Die Frage ist, ob dies alles „falscher Zauber, falsche Ästhetisierung der Wirklichkeit" sei oder ob mit dieser Kunst nicht vielmehr „ein neues Realitätsprinzip antizipiert werde, in dessen Geltungsbereich spielerische Freiheit, Spontaneität, Sinnlichkeit, Schönheit allgemeine Lebensqualitäten wären".[517] Fiktion und Praxis würden sich zunehmend durchdringen, was sich in irritierenden Werken, aber auch in der Irritiertheit der Künstler, der Autoren und

---

511 Ebd., S. 982.
512 Georg Jappe, Wozu braucht die Kunst auf einmal Strategien?, in: Merkur, Heft 2, 27 Jg., Februar 1973, S. 143-156, hier S. 145.
513 Ebd., S. 147.
514 Ebd., S. 156.
515 Dieter Wellershoff, Die Auflösung des Kunstbegriffs (I), in: Merkur, Heft 7, 29. Jg., Juli 1975, S. 627-640.
516 Ebd., S. 627ff.
517 Ebd., S. 640.

ihres Publikums zeige, die nicht mehr wissen, wie ihre Rollen aufeinander bezogen sind. Betont wird dabei, dass „eine eigensinnige stolze Isolierung" der Kunst nur für den Preis des Verlusts ihrer gesellschaftlichen Kompetenz zu haben sei.[518]

Bemerkenswert sind diese Ausführungen für unseren Zusammenhang vor allem insofern, als Wellershoff mit dem „neuen Realitätsprinzip" eine postmoderne Kondition beschreibt, die er letztlich auf die künstlerische Avantgarde zurückführt. Das Gemeinte wird noch deutlicher, wenn er festhält, dass sich die Gegenposition der Kunst gegenüber dem Leben in Auflösung befinde und als Indikatoren die grenzenlose Erweiterung des Darstellungswürdigen sowie die Ablösung der künstlerischen Gestaltung durch die Reproduktionstechnik oder das einfache Annektieren vorgefundener Realitäten nennt.[519] Der Prozess des Stilwechsels habe sich in unserem Jahrhundert so beschleunigt und radikalisiert, dass man darüber streiten könne, ob es sich hier um „eine explosionsartige Expansion der Kunst – ihres Begriffs, ihres Geltungsbereiches, ihrer Methoden, Materialien und Gegenstände – handelt, oder ob man von ihrer Selbstaufhebung in einem uferlosen Machen" sprechen müsse.[520] Mit anderen Worten, die Situation der Kunst in den siebziger Jahren lässt zwei Deutungen zu: Die Kunst hat sich selbst abgeschafft oder alles ist Kunst. In jedem Fall dominiert noch immer, und zwar verstärkt, das von der Avantgarde provozierte Unterscheidungsproblem von Kunst und Nichtkunst. Nicht zufällig ist es Duchamp, an dem Wellershoff geradezu allegorisch die Entwicklung einer Kunst darstellt, die zunächst gegen traditionelle Selektionskriterien wie Geschmack oder pseudosakrales Kunstverständnis protestierte und damit alles für möglich und prinzipiell schon überholt erklärte, um dann unter genauer Angabe der Erscheinungstermine für Readymades die Kunst ostentativ in den Bereich der Planung zu rücken und schließlich mit der Kunst ganz aufzuhören.

Dennoch sah man schon damals, dass sich die Kunst keineswegs selbst abschaffte, sondern vielmehr mit kommerzieller und staatlicher Hilfe ihr Überleben recht erfolgreich zu sichern vermochte. Das, was Wellershoff als Auflösung des Kunstbegriffs bezeichnet, wird dabei begleitet von der Konstituierung eines umfassenden, die Kunst gewissermaßen vereinnahmenden Kulturbegriffs. Dieser wurde bereits 1975 geradezu offiziell verortet, nachdem Karla Fohrbeck und Andreas Wiesand vom Institut für Projektstudien in ihrem Künstlerbericht nachgewiesen hatten, dass Künstler, weit davon entfernt „frei" zu sein, zumeist in abhängigen Positionen arbeiteten, wobei der Hauptauftraggeber nicht etwa die Kultur- und Medienindustrie, sondern Bund, Länder und Gemeinden seien. Die Bundesregierung

---

518 Ebd., S. 640.
519 Dieter Wellershoff, Die Auflösung des Kunstbegriffs (II), in: Merkur, Heft 8, 29. Jg., August 1975, S. 740-753, hier S. 740.
520 Ebd., S. 743.

2. Geborgen zwischen Kommerz und öffentlicher Hand

selbst hatte den Bericht nach Aufforderung des Bundestags 1971 in Auftrag gegeben. Empfohlen wird in ihm ein neuer Kulturbegriff, beruhend auf einem Kulturverständnis, das „den legitimen Anspruch breiter Bevölkerungsgruppen einschließt, die eigene Kreativität entfalten zu lernen".[521] Kunst als integraler Bestandteil offizieller Kulturpolitik – das ist der zweite Pfeiler, auf den sich die Kunst seit den siebziger Jahren stützt. Von Bürger, Bourdieu und Luhmann nicht einmal erwähnt, rückt er bei Gehlen in den Fokus und wird hier zu einer tragenden Säule einer auf Dauer gestellten Kunst.

Sehen wir uns also an, wie der Kultursoziologe die Handlungsdramatik dieser Transitionszeit der Kunst von einem vermeintlich gefährdeten Gebilde zu dessen Unaufhörlichkeit gleichsam zeitnah und theoriefern einzufangen versucht. Beginnen wir von hinten, mit Gehlens 1975 vorgelegten Ausführungen zum „Ende der Geschichte", in denen sich die Worte von der Kunst im „Zustand der Unaufhörlichkeit" finden.[522] Dass die Kunst diesen Zustand erreichen kann, verdankt sie nach Gehlen einem sich ständig ausdehnenden Kunst- und Medienmarkt. Kultur- und Medienindustrie werden hier nicht wie von Bürger, Bourdieu und Luhmann als Bedrohung für die Autonomie und damit letztlich für die Existenz der Kunst verstanden, sondern vielmehr zu deren Anker. Inwiefern dies eine völlige Umwertung der Autonomiefrage impliziert, soll uns später beschäftigen. Lassen wir Gehlen selbst zunächst ausführlicher zum Thema Kultur- und Medienindustrie zu Wort kommen:

> Es hängen, kurz gesagt, zu viele Existenzen an diesen Sektoren, um sie je aufzugeben. Der ungemeine Bedarf an Zeitungen, Zeitschriften, Sendern und Buchreihen, die Tag und Nacht Stoff anfordern, macht ein Leben als Schriftsteller möglich, das Produktionsmittel sehr vieler Existenzen ist die Schreibmaschine. Und was die Bildende Kunst betrifft, so scheint ihre Fortsetzung auf unabsehbare Zeit gesichert zu sein, denn sie haben einen eigenen institutionellen Unterbau gefunden, und dies auf internationaler Ebene. Die Kunsthändler, die Museen, die Städte mit ihrer Mäzenaten-Bürokratie und ihren Kunstmessen und Ausstellungen, die Kritiker und Kunstschriftsteller, nicht zu vergessen die Geldflüchtlinge, die investieren wollen – sie alle geben einen stabilen Unterbau her, der die Garantien für die Unaufhörlichkeit dessen zu bieten scheint, was nicht existieren würde, wenn es heute zu erfinden wäre und nicht schon bestünde.[523]

Deutliche Worte in Richtung einer Kunst, die ihre soziale Funktion verloren hat und aus mehrheitlich institutionellen, in jedem Fall jedoch kunstfernen Gründen erhalten bleibt. Dabei sieht Gehlen die eigentliche Bedingung der Möglichkeit einer solchen, marktwirtschaftlich betriebenen Selbsterhaltung der Kunst in ihrer

---
521 Zum Künstlerbericht und seiner zeitgenössischen Rezeption siehe: Günter Scholz, Was unsere Künstler verdienen, in: Merkur, Heft 9, 29. Jg., September 1975, S. 867-870.
522 Gehlen 2004, S. 348.
523 Ebd., S. 349.

Anpassung an die Demokratisierung, insbesondere durch den Einzug der Kunst in das „Repertoire der Bildung".[524] Auf sie wird die Mäzenatenbürokratie der Länder und der Stadtregierungen zurückgeführt, ihr verdanken sich die Imperative „Kultur soll sein" und „Kunst soll sein", ihretwegen wachsen die Besucherzahlen der Ausstellungen und Kunstmessen und mit ihnen die Kunstproduktion. Die Idee der Gleichheit und der ihr folgende Abbau von Bildungsprivilegien bedeutet für den Kulturbereich, dass „jedermann mitmachen darf, und folglich ist Künstler, wer es sein will".[525] Die daraus erwachsende Freude am Selbermachen wird von Gehlen durchaus attestiert. Doch was, so fragt der Kunstliebhaber und Kenner der künstlerischen Moderne, sind die Konsequenzen für die Kunst? Die Antwort ist ebenso kurz wie ernüchternd – Devaluation:

> Wer in Filz, Fett, alter Pappe, in Schokolade engagieren will, begeht einen dreifachen Fehler: er sitzt nach, denn Dada entstand um 1913; er begibt sich an die Stelle der größtmöglichen Konkurrenz, denn jeder kann das; und er rückt in die moralisch dubiose Front ein, wo man ernten will, ohne gesät zu haben.[526]

Die Neoavantgarde, daran lässt Gehlen keinen Zweifel, ist für ihn nicht mehr als eine „enorme Erbschleicherei".[527] Dass sie durchgeht, ist auf die Unwissenheit eines massenhaft angestiegenen Publikums und auf den Umstand zurückzuführen, dass dieses dank Demokratisierung, spekulativem Kapital und Massenmedien überhaupt ein Interesse an Kunst entwickelt.[528]

Dann war also alles, was sich dem Beobachter der Kunst in den sechziger und siebziger Jahren darbietet, mit der Avantgarde schon da? Keineswegs, doch muss man bei Gehlen, eben weil er keine geschlossene Kunsttheorie vorgelegt hat, in den verstreuten Betrachtungen genauer suchen. Erst dann wird auch ersichtlich, wie sehr sich der Theoretiker von der Wirklichkeit der Kunst irritieren ließ. In den nachträglich den *Zeit Bildern* hinzugefügten Schlusserörterungen spricht er in den siebziger Jahren von dem „Bild eines Durcheinanders der Abwechslung" und der „Richtungslosigkeit des Beliebigen".[529] Das Bemühen, diesem Bild dennoch eine Systematik und Prognose abzugewinnen, ist den späten Schriften Gehlens regelrecht eingeschrieben, und tatsächlich gehen sie von der handlungsdramatischen Wirklichkeit der Kunst aus. So findet sich bereits 1966 die Diskussion der Frage, welche konkreten Handlungsoptionen sich den zeitgenössischen Künstlern angesichts

---

524 Gehlen 1986, S. 231.
525 Ebd., S. 231f.
526 Ebd., S. 232.
527 Gehlen 2004, S. 347.
528 Gehlen 1986, S. 227.
529 Ebd., S. 226.

2. Geborgen zwischen Kommerz und öffentlicher Hand   147

der „tiefe[n] Kluft zwischen der Kunst und dem Publikum" eröffnen. Die Antwort wirft ein erstes Licht auf das, was man die Theorie der zwei Wege nennen könnte:

> Im Augenblick kann man sich die Vorstellung bilden, dass der junge Künstler zwei Wege vor sich sieht: entweder in der Richtung jener in die Öffentlichkeit strebenden Veranstaltungen, bzw. der Versuche, sich in die Außenarchitektur oder gar Stadtgestaltung einzuschalten, jedenfalls dahin, wo bloß noch öffentliche Mittel als Auftraggeber in Frage kommen. Oder er behält die Bildform und die allgemeine Form der übersehbaren Plastik bei und rechnet noch mit der überkommenen Beziehung des individuellen Liebhabers zum Kunstwerk. Dann darf er aber den Kontakt mit eben diesem Publikum nicht verlieren, sonst ist er wieder auf öffentliche Hilfe angewiesen wie im Dänemark-Plan oder in Berlin.[530]

Gehlen hat hinsichtlich des zweiten Weges zum einen die Formen staatlich subventionierter Kunst, wie etwa das seit 1951 existierende Notstandsprogramm für Künstler des West-Berliner Senats oder den 1964 in Dänemark eingerichteten staatlichen Kunstfond vor Augen, und anderseits die „Reform des Kunstmarktes", wie sie etwa der niederländische Kunsthändler Louis Gans unternommen hat, indem er neue Käuferschichten durch wechselnde Verkaufsausstellungen in bislang kunstfremder Umgebung, beispielsweise in Personalräumen oder auch Kantinen, zu gewinnen versuchte.[531] Entscheidend ist, dass eine solche Reform des Kunstmarktes nach Gehlen nur möglich ist, wenn sich die Kunst an die Wünsche und Geschmacksneigungen des Publikums anpasst, und genau dieser Anpassung stehe noch immer die „Ideologie von der künstlerischen Autonomie" bzw. die „Ideologie der Autonomie der schöpferischen Persönlichkeit" im Wege.[532] Will man aber mit modernen Methoden verkaufen, so lasse sich „die Diktatur des Künstlers über das, was gefallen soll, nicht halten".[533] Dabei wird der Blick ins Ausland gelenkt und die Künstlerschaft dazu aufgerufen, sich zu informieren, was in anderen Kontinenten auf dem Gebiet der Kunst geschieht.[534] Vor allem die Pop-Art stelle im Unterschied zum deutschen Neo-Dada durchaus etwas Neues und Bemerkenswertes dar:

> Die Außenwelt rehabilitiert und damit dem Sinnbedürfnis wieder eine Stütze geboten zu haben, kann sich die Pop-Art rühmen. Sie entstand in der Mitte der fünfziger Jahre in Amerika, und sie kehrte insofern zur klassischen Auffassung zurück, als die Künstler das wiedergaben, was man um sich sieht - in diesem Jahrhundert Plakate, Sex, Autos, Konservendosen, Signale. Die oft riesigen Formate erwecken das Gefühl gesteigerter Wahrnehmungsfähigkeit, aber mit anderen Mitteln, als dasselbe früher gelang [...]. Das Bekannte aus dem realen Zusammenhang zu lösen, es durch Isolation zugleich zu verengen und zu steigern, darin hatte doch immer einer der

---

530   Gehlen 1966, S. 89 u. 93.
531   Gehlens Auseinandersetzung mit den Versuchen, das breitere Publikum für die moderne Kunst zurück zu gewinnen, beginnt bereits in den Zeit-Bildern. Siehe ebd., S. 210.
532   Ebd., S. 91.
533   Gehlen 1966, S. 90.
534   Ebd., S. 97.

ästhetischen Kunstgriffe bestanden [...]. Die Pop-Sachen sind aufwändig und sorgfältig gearbeitet, man investiert und will in dem Sinne etwas herausholen, sie spielen freudig mit der Gegenwart herum.[535]

Dass Pop-Art bei vielen Kunstkritikern und Intellektuellen auf Kritik stößt, führt Gehlen, der, wir erinnern uns, die Kommentarbedürftigkeit moderner Kunst herausgestellt und begründet hat, nicht auf mangelnde Qualität sondern vielmehr auf die mangelnde Kulturkritik der Pop-Art zurück. Entscheidend ist, dass es nach Gehlen durchaus innovative Entwicklungen in der postavantgardistischen Kunst gibt – allerdings nicht in Europa.

Dies gilt auch für den anderen, sich den Akteuren angesichts der Kluft zwischen Kunst und Publikum eröffnenden Weg. Auch die neue kollektivistische Kunst weist mit Formen wie Kino, „Environments" oder elektronischer Musik nach Amerika und hier „weiter zu den Happenings oder um die Ecke ins Disneyland".[536] In jedem Fall aber sind Kunstwerke dieser Art nach Gehlen „in einem bisher nicht überlieferten Sinne kollektivistisch": Sie sind auf anonyme Zuschauermassen bezogen, in Privaträumen undenkbar, dagegen als Architekturteile oder in öffentlichen Aufführungen möglich und nicht selten, wie bei Schoeffer, mit Hilfe von Philips-Ingenieuren konstruiert oder, im Fall der „Elektronenmusik", von Technikern.[537] Schon am Ende der fünfziger Jahre hatte Gehlen seine Hoffnungen bezüglich einer Weiterentwicklung der Kunst auf den Film, das Kunstgewerbe und den elektronisch produzierten Ton gesetzt. Hier sah er neue Möglichkeiten, wie sie sich für die traditionellen Kunstformen nicht mehr eröffnen.[538] Mitte der sechziger Jahre beschreibt er diesen technisch-medial geprägten Bereich als „eine eigene neue Kategorie öffentlicher Spiele", da es sich um Objekte handelt, in die der Betrachter einbezogen ist.[539] Mit ihnen falle „das letztes Apriori der alten Kunsttradition, das der Avantgardismus noch festhielt", ließ dieser doch das Bild an der Wand und die Plastik im Raum und schuf so weiterhin „das *einzelne* Kunstwerk" für „den *einzelnen* Liebhaber und Käufer.[540] In *Zeit Bilder* führt Gehlen diese Entwicklung weiter, indem er auf die Abkehr von der Objektkunst und das In-Bewegung-Setzen des Kunstwerks durch audiovisuelle Medien verweist.[541]

Der Begriff der neuen kollektivistischen Kunst nun, wie er von Gehlen in den sechziger und siebziger Jahren in den Theoriediskurs eingeführt wurde, erweist

---
535 Gehlen 1986, S. 228.
536 Gehlen 1966, S. 90-93.
537 Ebd., S. 91f.
538 Gehlen 2004, S. 419.
539 Gehlen 1966, S. 92.
540 Ebd., S. 85.
541 Gehlen 1986, S. 229f.

2. Geborgen zwischen Kommerz und öffentlicher Hand 149

sich meines Erachtens heute als ebenso anschlussfähig wie seine Überlegungen zum neuen, exemplarisch an der Pop-Art zu studierenden Kunstmarkt. Zu denken ist in diesem Zusammenhang etwa an die von Richard Florida oder Paul H. Ray beschriebene Kreativindustrie. Ebenso wie die Avantgarde auf einer Bohème basierend, handelt es sich bei der Kreativindustrie jedoch nicht um eine von Kapitalismuskritik getragene Gegenkultur mit sozialer Randstellung, sondern um eine affirmative Kultur; eine Kultur, die eine zentrale Stellung in der postindustriellen Gesellschaft einnimmt oder diese zumindest einzunehmen beansprucht. Ob sie als eine Art Verlängerung oder womöglich gar als Vollzug des mit der ersten Bohème um 1900 einsetzenden Projekts der Avantgarden verstanden werden kann, ist sicher eine der interessantesten Fragen für die Kulturgeschichtsschreibung. Bejaht man sie, wie David Roberts dies tut, so lässt sich wie folgt argumentieren: In den sechziger Jahren wurde aus einer vergleichsweise kleinen antibürgerlichen Gegenkultur eine affirmative Kreativindustrie, weil sich mit dem Jahr 1968 – verstanden als Schlüsselmoment oder auch Umschlagstelle – nicht nur eine neue Form des Kapitalismus, eben die postindustrielle Gesellschaft, sondern auch eine neue, kollektivistisch organisierte Kunst verbindet, welche als Visionär und Zulieferer der neuen Industrie fungiert. Der neue Kunstbegriff setzt danach nicht länger auf Künstler, Inspiration oder Kunstwerk, sondern auf Kollektiv, Projekt und Kreativität, wobei diese affirmative Kreativität nicht vom Projekt zu trennen ist, also in erster Linie jene kommunikativ-organisatorischen Fähigkeiten beschreibt, die den idealen Networker auszeichnen. Dass ein derartiger, die Spannung zwischen Kunst und Gesellschaft endgültig in die Vergangenheit verabschiedender Kunstbegriff überhaupt Wirkungsmacht entfalten konnte, ist nach Roberts insofern allein vor dem Hintergrund der Kulturrevolution der sechziger Jahre zu verstehen, als erst hier eine Generalisierung der vormals marginalen Bohème-Existenz einsetzte.[542]

Stimmt man dieser Version der Kunst- und Kulturgeschichte zu, so hätte Gehlen, wie auch Bürger, als Zeitzeuge seine Gedanken zur avantgardistischen und postavantgardistischen Kunst exakt an dieser Umschlagstelle von erster und zweiter Bohème bzw. von der Avantgarde als Projekt zur Kreativindustrie formuliert. So verstanden, wäre ausgerechnet der konservative Gehlen ein Befürworter eben dieser Kulturrevolution. Direkt an die Adresse der Künstler gerichtet, rät er in den sechziger Jahren dringend dazu, das Dekorative nicht zu ächten und nicht

---

542 Zur Bedeutung der neuen Bohème für die Kreativindustrie siehe: David Roberts, From the Cultural Contradictions of Capitalism to the Creative Economy. Reflections on the New Spirit of Art and Capitalism (bislang nur als Manuskript), Richard Florida, The Rise of the Creative Class, Basic Books 2000, ders., Bohemia and Economic Geography, in: Journal of Economic Geography 2/2002, S. 68f., John Howkins, The Creative Economy. London: Allen Lane 2001, Paul H. Ray, The Cultural Creatives, New York: Harmony Books 2000.

zu übersehen, dass Avantgardisten wie Kandinsky, Klee oder Picasso immer auch die gewerbliche Seite der Kunst bedienten.[543] Auf die Keramik Picassos, die Teppichentwürfe von Hans Arp oder Vasarely verweisend, unterstreicht er, dass es das „Dogma, welches einen scharfen Schnitt zwischen Kunst und Kunstgewerbe zieht", so bei den Avantgarden nicht gab, und dass die „Spaltung zwischen der Sache, wie sie wirklich ist, und dem Begriff der Sache" erst die Situation der gegenwärtigen Kunst kennzeichne:

> Die moderne Kunst ist manieristisch, sie ist in vielen gelungenen Fällen dekorativ und sie bietet fließende Übergänge zum Kunstgewerbe, aber das alles darf offiziell nicht sein. Warum? Weil nach der Zeittheorie um 1900, die noch heute herrscht, das Irrationale im Vorgang der persönlichen Schöpfung, weil die Originalität als Geniebeweis überbewertet wird. An dieser Stelle müsse eine *ästhetische Überlegung* einsetzen mit dem Ziel einer Revision der *Programmatik*, die gegenüber dem erreichten Zustand widersprüchlich geworden ist, und in der Absicht, das ‚Vexierbild der Situation' allmählich lesen zu lernen.[544]

Genau damit aber – „das ‚Vexierbild der Situation'" lesen zu lernen – sind Kunst und Theorie noch heute beschäftigt. Die Frage etwa, ob es sich bei den von Gehlen in den sechziger Jahren aufgezeigten Wegen postavantgardistischer Kunst um den Abschied von der Avantgarde oder um eine Fortsetzung des avantgardistischen Projekts handelt, bleibt unbeantwortet. Sowohl die Demokratisierung des Kunstmarktes wie auch die kollektivistische, auf Technik setzende neue Kunst lassen sich als Veranstaltungen im Sinne Bürgers verstehen, den Autonomie-Status der Kunst zu durchbrechen. So gesehen, handelt es sich um eine verzögerte, erst mit der Etablierung der demokratischen Gesellschaft erfolgreich umgesetzte Überführung der Kunst ins Leben. Was mit den historischen Avantgarden begann – die Arbeit an neuen Formen nicht nur der Kunst, sondern auch der Vermarktung und Medialisierung – erreicht in den sechziger Jahren eine neue Phase. Doch ist, denken wir an Bourdieu und Luhmann, auch eine andere Lesart möglich. Sie geht vom gescheiterten Projekt der Avantgarde aus und beharrt – gleichsam mit und gegen die Kunst – auf deren Autonomie-Status. Der einmal missglückte Ausbruchsversuch wird von ihr zum Anlass genommen, die Kunst auf Dauer in der Einzäunung festzuschreiben. Zwar muss sich eine solche Deutung fragen lassen, ob nicht gerade sie aus Gründen theoretischer Handhabbarkeit die in der Selbstgesetzgebung liegende Möglichkeit einer Gesetzesreform unterschätzt und so, sei es im Modus des Feldes oder des Systems, an einer Eingrenzung festhält, die vom Gesetzgeber selbst längst nicht mehr gewünscht wird. Doch kann sich Kunst ja auch, wie

---

543 Gehlen 1966, S. 96.
544 Ebd., S. 95 u. 97.

2. Geborgen zwischen Kommerz und öffentlicher Hand   151

sie es schon oft getan hat, nach Theorie richten.[545] Womöglich aber ist alles auch noch ganz anders und es gibt, wie Bernd Hüppauf meint, weder eine Verbindung zwischen unserer heutigen Periode der schnellen und ununterbrochenen Innovationen durch die elektronische Revolution und den Bewegungen der Avantgarden, noch existiert weiterhin „ein Bedürfnis nach theoretischem Begreifen überhaupt".[546] Dann wären die Theorien der Avantgarde nicht nur gegenüber der Eigendynamik der jüngsten Entwicklungen sprachlos, sondern zukünftig ohnehin allein von historischem Interesse.[547]

Der vorliegenden Studie ging es vorrangig um eine Bestandsaufnahme jüngerer Kunsttheorien aus der Perspektive der Soziologie; einer Disziplin, die Gehlen 1976 als „Wissenschaft von den Institutionen im Zeitverlauf unter besonderer Berücksichtigung kritischer Zustände" definierte und ihr das Verdienst zusprach, den Begriff der Geisteswissenschaften ausgehöhlt zu haben.[548] Dass seine Worte „Zur Lage der Soziologie" in einer Zeit erschienen, in der die Soziologie selbst gerade die Aushöhlung ihres Begriffs von Seiten der aufziehenden Kulturwissenschaften zu spüren begann, dürfte dabei wohl kein Zufall sein. Gehlen selbst ar-

---

545 Dass sie dies, wenngleich in abgeklärter und ironisierender Weise, noch immer tut, zeigt etwa Rainer Ganahls „Erziehungskomplex", in dem Theorie explizit zum Gegenstand der Kunst wird. Seit 1995 arbeitet Ganahl an seinem gewaltigen Foto-Archiv zeitgenössischer Theoretiker und Intellektueller, besucht Seminare und Vorlesungen, nimmt als interessierter Zuschauer teil und dokumentiert Dozenten ebenso wie ihre Zuhörer.
546 Bernd Hüppauf, Das Unzeitgemäße der Avantgarden. Die Zeit, Avantgarden und die Gegenwart, in: Asholt/Fähnders 2000, S. 548-582, hier S. 551.
547 Ebd., S. 552. Hüppauf versteht die Postmoderne „als die Überwindung der Moderne" und vertritt die Position, dass mit ihr die Zeit der Avantgarden vorbei sei. Zu konfrontieren wäre diese Sicht mit einer Position, wie sie u.a. von Ottmar Ette vertreten wird. Ette glaubt, dass der „Daimon der Theorie keineswegs verschwunden oder gar erlahmt" ist und behauptet, dass die Begrifflichkeit der Postmoderne von Beginn an versucht habe, sich einer konsekutiven Abfolge zu entziehen und damit dem Paradigma der Revolutionen und der Avantgarden zu entkommen. Doch trage eben auch die Inszenierung eines Abgangs „Manifestcharakter". Zudem sprächen drei Gründe für die Verbindung von Avantgarde und Postmoderne: Erstens habe sich die Postmoderne die historisch akkumulierten Verfahren, Theorien und symbolischen Güter der Avantgarde verfügbar gemacht und halte sie verfügbar; zweitens benötige die Postmoderne „den avantgardistischen Input als Serum ihrer eigenen Beweglichkeit jenseits einer Ästhetik des Bruchs" und, drittens, sei es die Avantgarde gewesen, die eine „Situation jenseits des Schismas von Elitekultur und Massenkultur" errichtet" habe, von der aus die Postmoderne lebt. Darüber hinaus gebe Ette noch einen Hinweis, der hier nicht weiterverfolgt werden kann, dem jedoch in einer umfassenderen Studie zu jüngeren Kunst- und Kulturtheorien nachzugehen wäre. Die Rede ist von den „französischen Theorie-Avantgarden der fünfziger und sechziger Jahre", namentlich Maurice Blanchot und Michel Foucault, welche nach Ette eindeutig eine Verbindung zu den Avantgarden, etwa Borges *Ficciones*, aufweisen, so dass sich bei genauerer Untersuchung „eine Entwicklungslinie hin zur Konstituierung einer postmodernen Ästhetik und einer dieser nachfolgenden Theorie ergäbe". Vgl. Ottmar Ette, Avantgarde – Postavantgarde – Postmoderne. Die avantgardistische Impfung, in: Asholt/Fähnders 2000, S. 671-718, hier S. 701 u. 704-710.
548 Gehlen 2004, S. 622f.

beitete der Konkurrenz übrigens durchaus zu, so wenn er seinem Fach eben 1976 den Abschied vom „fast gespensterhafte[n] Begriff ‚Gesellschaft'" nahe legt und dazu rät, auf Spannungen und Strukturen umzustellen.[549] Gleich aber, ob unter dem Mantel der Soziologie, Kultursoziologie oder Kulturwissenschaften – die von Bürger 1974 aufgeworfene Frage nach den Möglichkeiten ästhetischer Theoriebildung bleibt. Vielleicht ist sie nicht mehr positiv zu beantworten. Vielleicht werden Kunst- und Gesellschaftsbegriff ein Schicksal teilen und, eben weil sie selbst in der Kritik noch jene Ganzheitsvorstellung und Integrationsidee voraussetzen, die von der pluralistischen Gesellschaft und ihrer Kunst täglich widerlegt werden, mit ihrer Verabschiedung in die Vergangenheit rechnen müssen. Eine selbst aus der Kulturrevolution hervorgegangene Kulturwissenschaft jedenfalls wird dem weiter nachgehen und überzeugende Alternativen erarbeiten müssen, wenn sie die wissenschaftliche Beobachtung kulturellen Wandels für sich reklamieren will.[550]

---

549 Ebd., S. 631.
550 David Roberts spricht in diesem Zusammenhang von der „Mutation der Kulturrevolution zur Kulturwissenschaft" und beschreibt damit jene von den Anfängen der Studentenbewegung bis zur Tendenzwende in der Mitte der siebziger Jahre sich vollziehende „Dialektik des Kulturkampfes", in deren Folge das vertikale Schema von Kultur entwertet wird. Auf dieser Entwertung beruht gewissermaßen die kritische Kulturwissenschaft. Mit ihr trat die Desintegration der Struktur der gesellschaftlichen Distinktionen, die das symbolische Kapital im Feld der kulturellen Produktion regulieren, zutage und konnte zum Gegenstand wissenschaftlicher Beobachtung werden. Dieser Prozess entbehrt hinsichtlich unserer Fragestellung nicht einer gewissen Ironie, war es nach Roberts doch die Idee der Kulturrevolution, welche „als radikalster Ausdruck der Avantgarde das letzte häretische Manifest des bürgerlich/antibürgerlichen Traums einer ästhetischen Utopie" verkörperte. Vgl. Roberts 2000, S. 61-82, hier S. 77f.

Literaturverzeichnis

Altenhein, Hans, 1973, Autor, Verlag, Öffentlichkeit, in: Merkur, 11/1973, S. 1025-1033.
Anacker, Regine, 2004, Aspekte einer Anthropologie in Gottfried Benns Werk, Würzburg: Königshausen & Neumann.
Andersch, Alfred, 1973, Über das Wohnen von Künstlern heute, in: Merkur, 1/1973, S. 108-110.
Asholt, Wolfgang u. Wolfgang Fähnders (Hrsg.), 2000, Der Blick vom Wolkenkratzer. Avantgarde – Avantgardekritik – Avantgardeforschung. Amsterdam-Atlanta: Rodopi.
Baier, Horst, 1994, Die Geburt der Systeme aus dem Geist der Institution, in: Zur geisteswissenschaftlichen Bedeutung Arnold Gehlens, hrsg. v. Helmut Klages u. Helmut Quaritsch, Berlin: Duncker & Humblot, S. 69-74.
Barck, Karlheinz, Dieter Schlenstedt u. Wolfgang Thierse (Hrsg.), 1979, Künstlerische Avantgarde. Annäherungen an ein unabgeschlossenes Kapitel, Berlin.
Bell, Daniel, 1976, The Cultural Contradictions of Capitalism. Basic Books.
Berg, Hubert van den u. Walter Fähnders (Hrsg.), 2009, Metzler Lexikon Avantgarde, Stuttgart/Weimar: Metzler.
Beyme, Klaus von, 2005, Das Zeitalter der Avantgarden. Kunst und Gesellschaft 1905-1955, München: Beck.
Bismarck, Beatrice von, 2010, Auftritt als Künstler – Funktionen eines Mythos. Köln: König.
Bohrer, Karl Heinz, 1969, Surrealismus und Terror, in: Merkur, 10/1969, S. 921-940.
Boll, Dirk, 2009, Kunst ist käuflich. Freie Sicht auf den Kunstmarkt, Zürich: rüffer & rub.
Bollenbeck, Georg, 1994, Bildung und Kultur. Glanz und Elend eines deutschen Deutungsmusters. Frankfurt a. M.: Fischer.
– , 1999, Tradition, Avantgarde, Reaktion. Deutsche Kontroversen um die kulturelle Moderne 1880-1945, Frankfurt a. M.: Fischer.
– , 2000, Der negative Resonanzboden. Avantgarde und Antiavantgardismus in Deutschland, in: Der Blick vom Wolkenkratzer. Avantgarde – Avantgardekritik – Avantgardeforschung, hrsg. v. Wolfgang Asholt u. Walter Fähnders, Amsterdam-Atlanta: Rodopi, S. 467-504.
Bondy, Francois, 1968, Der Surrealismus und die späteren Pariser ‚Avantgarden', in: Neue Rundschau, 1/1968, S. 121-131.
Bourdieu, Pierre, 1974, Zur Soziologie der symbolischen Formen. Frankfurt a. M.: Suhrkamp.
– , 1993, Soziologische Fragen. Frankfurt a. M.: Suhrkamp.
– , 1998, Praktische Vernunft. Zur Theorie des Handelns. Frankfurt a. M.: Suhrkamp.
– , 1999, Die Regeln der Kunst. Genese und Struktur des literarischen Feldes. Frankfurt a. M.: Suhrkamp.
Bürger, Christa, 1987, Das Verschwinden der Kunst. Die Postmoderne-Debatte in den USA, in: Christa u. Peter Bürger (Hrsg.), Postmoderne. Alltag, Allegorie und Avantgarde, Frankfurt a. M.: Suhrkamp, S. 34-55.
Bürger, Peter, 1971, Der französische Surrealismus. Studien zum Problem der avantgardistischen Literatur. Frankfurt a. M.: Suhrkamp.

–, 1974, Theorie der Avantgarde, Frankfurt a. M.: Suhrkamp.
–, (Hrsg.), 1975, Vom Ästhetizismus zum Nouveau Roman. Versuche kritischer Literaturwissenschaft, Frankfurt a. M.: Athenäum Fischer.
–, 1977, Aktualität und Geschichtlichkeit. Studien zum gesellschaftlichen Funktionswandel der Literatur, Frankfurt a. M.: Suhrkamp.
–, (Hrsg.), 1978, Seminar: Literatur- und Kultursoziologie, Frankfurt a.M.: Suhrkamp.
–, 1983, Zur Kritik bürgerlicher Ästhetik, Frankfurt a. M.: Suhrkamp.
–, (Hrsg.), 1983, Zum Funktionswandel der Literatur, Frankfurt a.M.: Suhrkamp.
–, (Hrsg.), 1987, Postmoderne. Alltag, Allegorie und Avantgarde, Frankfurt a.m.: Suhrkamp.
–, 2000, Das Denken der Unmittelbarkeit und die Krise der Moderne. Zum Verhältnis von Avantgarde und Postmoderne, in: Der Blick vom Wolkenkratzer. Avantgarde – Avantgardekritik – Avantgardeforschung, hrsg. v. Wolfgang Asholt u. Walter Fähnders, Amsterdam-Atlanta: Rodopi, S. 31-50.

Burkhart, Günter u. Gunter Runkel (Hrsg.), 2004, Luhmann und die Kulturtheorie, Frankfurt a. M.: Suhrkamp.

Calinescu, Matei, 1987, Five Faces of Modernity. Modernism, Avant-Garde, Decadence, Kitsch, Postmodernism, Durham: Duke University Press.

Danton, Arthur C., 1984, Die Verklärung des Gewöhnlichen. Eine Philosophie der Kunst, Frankfurt a. M.: Suhrkamp.
–, 1986, The Philosophical Disenfranchisement of Art. New York: Columbia Press.

Drewitz, Ingeborg, 1973, Der freie Autor – eine Fiktion?, in: Merkur, 1/1973, S. 98-105.
–, 1975, Was wird mit dem Schriftstellerverband? Interview mit Ingeborg Drewitz, in: Merkur, 2/1975, S. 191-196.

Enzensberger, Hans Magnus, (1962) 1964, Die Aporien der Avantgarde, in: Ders., Einzelheiten II. Poesie und Politik, Frankfurt a. M.: Suhrkamp, S. 50-80.

Esposito, Elena, 2004, Kulturbezug und Problembezug, in: Günter Burkhart u. Gunter Rundel (Hrsg), Luhmann und die Kulturtheorie, Frankfurt a. M.: Suhrkamp, S. 91-101.

Fischer, Joachim, Eine Reaktion zu "008 Arnold Gehlen: Zeit-Bilder". http://www.kulturwissenschaften.de/101fragen/?p=15 (Abruf: 2/14/2010).

Florida, Richard, 2000, The Rise of the Creative Class, Basic Books.
–, 2002, Bohemia and Economic Geography, in: Journal of Economic Geography 2/2002, S. 55-71.

Foster, Iris, 2005, Die Fülle des Nichts. Wie Dada die Kontingenz zur Weltanschauung macht, München: Meidenbauer.

Frank, Herbert, 1964, Die das „Neue" nicht fürchten. Manager der Kunst, Düsseldorf-Wien.

Fuchs, Max, 1997, Soziologie als Kulturpolitik? Die „feinen Unterschiede" als Herausforderung für eine engagierte Kulturarbeit und Kulturpolitik, in: Werner Heinrichs (Hrsg.), Macht Kultur Gewinn? Kulturbetrieb zwischen Nutzen und Profit, Baden-Baden: Nomos, S. 161-176.

Gehlen, Arnold, 1961, Kritik zu Roger Caillois Die Spiele und die Menschen (Stuttgart: Schwabe 1960), in: Merkur, 1/1961, S. 87-91.
–, 1966, Erörterung des Avantgardismus in der bildenden Kunst, in: Avantgarde. Geschichte und Krise einer Idee. 11. Folge des Jahrbuchs Gestalt und Gedanke, hrsg. v. der Bayrischen Akademie der Schönen Künste, Oldenbourg Verlag, S. 77-97.
–, 1986, Zeit-Bilder. Zur Soziologie und Ästhetik der modernen Malerei. (3. Auflage) Hrsg. v. Karl-Siegberg Rehberg, Frankfurt a. M.: Vittorio Klostermann.
–, 2004, Die Seele im technischen Zeitalter und andere sozialpsychologische und kulturanalytische Schriften. Gesamtausgabe. Bd. 6, hrsg. v. Karl-Siegbert Rehberg. Frankfurt a. M.: Vittorio Klostermann .

Literaturverzeichnis 155

Giesecke, Dana, Arnold Gehlen. Zur Soziologie und Ästhetik der modernen Malerei. http://www.kulturwissenschaften.de/home/8Gehlen.html (Abruf: 2/14/2010).

Grasskamp, Walter, 1999, Werbemutanten, in: Hilmar Hoffmann (Hrsg.), Das Guggenheim Prinzip, Köln: DuMont, S. 151-159.

Hausmann, Raoul, 1972, Am Anfang war Dada. Hrsg. v. Karl Riha u. Günter Kämpf, Steinach/Gießen: Anabas.

Heißenbüttel, Helmut, 1973, Surrealismus in der Bundesrepublik. Der Verlag Rogner & Bernhard und die Buchmesse 1973, in: Merkur, 12/1973, S. 1178-1183.

Hetzel, Andreas, 2006, Peinture conceptuelle – Arnold Gehlens Deutung des Kubismus, in: Sic et Non. Zeitschrift für Philosophie und Kultur. Im Netz: http://www.sicetnon.org/content/kunst/peinture_conceptuelle_hetzel.pdf, Abruf 12.08.2010.

Hoffmann-Axthelm, Dieter, 1976, Kunst, Theorie, Erfahrung, in: W. Martin Lüdke (Hrsg.), „Theorie der Avantgarde". Antworten auf Peter Bürgers Bestimmung von Kunst und bürgerlicher Gesellschaft, Frankfurt a. M.: Suhrkamp, S. 190-208.

Hoffmann, Hilmar (Hrsg.), 1999, Das Guggenheim Prinzip, Köln: DuMont.

Hollein, Max, 2006, Unternehmen Kunst. Entwicklungen und Verwicklungen, Regensburg: Lindinger & Schmid.

Howkins, John, 2001, The Creative Economy. London: Allen Lane.

Iser, Wolfgang, 1969, Überlegungen zu einem literaturwissenschaftlichen Studienmodell, in: Linguistische Berichte, 2/1969, S. 77-87.

Jandl, Ernst, 1974, Zur Problematik des freien Schriftstellers, in: Neue Rundschau, 1/1974, S.54-67.

Jappe, Georg, 1973, Wozu braucht die Kunst auf einmal Strategien?, in: Merkur, 2/1973, S. 143-156.

Körner, Wolfgang, 1975, Zur Krise der Neuen Literatur, in: Neue Rundschau, 1/1975, S. 174-178.

Kreuzer, Helmut, 1964, Zum Begriff der Bohème, in: DVjS, 10/1964, S.170-207.

– , 1973, Einleitung, in: Interpretation – Theorie und reflektierte Praxis, LiLi, 12/1973.

– , 1975, Einleitung, in: LiLi, Phänomenologie und Hermeneutik, 17/1975, S. 7-9.

Krüger, Horst, 1973, Jeder schreibt für sich allein, in: Merkur, 1/1973, S. 106-108.

Lacoue-Labarthe, Philippe u. Jean-Luc Nancy, 1988, The Literary Absolute. The Theory of Literature in German Romanticism. Albany: State University of New York Press.

Lange, Wolfgang, 1993, Avantgarde als Phantom, in: Akzente, Nr. 40, S. 507-527.

Lindner, Burkhardt, 1976, Aufhebung der Kunst in Lebenspraxis? Über die Aktualität der Auseinandersetzung mit den historischen Avantgardebewegungen, in: W. Martin Lüdke (Hrsg.), „Theorie der Avantgarde". Antworten auf Peter Bürgers Bestimmung von Kunst und bürgerlicher Gesellschaft, Frankfurt a. M.: Suhrkamp, S. 72-104.

Linfert, Carl, 1961, Bilder haben ihre Zeit (Kritik zu Arnold Gehlens Zur Soziologie und Ästhetik der modernen Malerei. Athenäum-Verlag, Frankfurt a.M./Bonn 1960), in: Merkur, 9/1961, S. 872-882.

Lipp, Wolfgang, 1994, Diskussion, in: Zur geisteswissenschaftlichen Bedeutung Arnold Gehlens, hrsg. v. Helmut Klages u. Helmut Quaritsch, Berlin: Duncker & Humblot.

Lüdke, W. Martin, (Hrsg.), 1976, „Theorie der Avantgarde". Antworten auf Peter Bürgers Bestimmung von Kunst und bürgerlicher Gesellschaft, Frankfurt a. M.: Suhrkamp.

– , 1976, Die Aporien der materialistischen Ästhetik – ein Ausweg? Zur kategorialen Begründung von P. Bürgers „Theorie der Avantgarde", in: ders. (Hrsg.), „Theorie der Avantgarde". Antworten auf Peter Bürgers Bestimmung von Kunst und bürgerlicher Gesellschaft, Frankfurt a. M.: Suhrkamp, S. 27-71.

Luhmann, Niklas, 1974, Einführende Bemerkungen zu einer Theorie symbolisch generalisierter Kommunikationsmedien, in: Zeitschrift für Soziologie, 3/1974, S. 236-255.

–, 1976, Ist Kunst codierbar?, in: Siegfried J. Schmidt (Hrsg.), »schön«: Zur Diskussion eines umstrittenen Begriffs. München: Fink.
–, 1990, Die Wissenschaft der Gesellschaft. Frankfurt a. M.: Suhrkamp.
–, 1996, Die Kunst der Gesellschaft, Frankfurt a. M.: Suhrkamp.
–, 1996, Die Realität der Massenmedien. Opladen: Westdeutscher Verlag.
–, 1999, Gesellschaftsstruktur und Semantik. Studien zur Wissenssoziologie der modernen Gesellschaft, Bd. 4, Frankfurt a. M.: Suhrkamp.
–, 2009, Soziologische Aufklärung, Bd.3, Wiesbaden: VS.
Lüthy, Michael, 1997, Die innere Galeere der Freiheit. Zu einigen Motiven in Arnold Gehlens „Zeit-Bildern", in: Neue Zürcher Zeitung, 12./13. Juli 1997, Nr. 159, S. 66.
Messelken, Karlheinz, 1994, Der Reiz des Schönen. Zu Gehlens ästhetischer Theorie, in: Zur geisteswissenschaftlichen Bedeutung Arnold Gehlens, hrsg. v. Helmut Klages u. Helmut Quaritsch, Berlin: Duncker & Humblot, S.639-663.
Meyer, Leonard, 1967, Music, the Arts, and Ideas: Patterns and Predictions in Twentieth-Century Culture. Chicago: University of Chicago Press.
Murphy, Richard, 1998, Theorizing the Avant-Garde, Cambridge: University Press.
Nierlich, Edmund, 1973, Pragmatik in die Literaturwissenschaft?, in: LiLi, 12/1973, S. 9-32.
–, 1975, Wie ist eine Literaturästhetik als empirische Wissenschaft nötig und möglich?, in: LiLi, Phänomenologie und Hermeneutik, 17/1975, S. 136-161.
Nobis, Helmut, 1974, Literarische Evolution, Historizität und Geschichte. Wissenschafts- und erkenntnistheoretische Aspekte zur ‚strukturalistischen Tätigkeit', in: LiLi, 14/1974, S. 91-110.
Oppens, Kurt, 1971, Adornos Kunstphilosophie, in: Merkur, 8/1971, S. 802-805.
Ortmann, Günther, 2004, Als Ob. Fiktionen und Organisationen. Wiesbaden: VS.
Plessner, Helmuth, 1965, Über die gesellschaftlichen Bedingungen der modernen Malerei, in: DVjS Heft 1/1965, S. 1-15.
Poggioli, Renato, 1968, The Theory of the Avant-Garde, The Belknap Press of Harvard University Press.
Prümm, Karl, 2007, Neue Räume, neue Blicke. Die Wahrnehmung des Mediums Film als Modernität in der Literatur der Weimarer Republik, in: Sabina Becker u. Helmuth Kiesel (Hrsg.), Literarische Moderne. Begriff und Phänomen. Berlin: De Gruyter, S. 473 – 485.
Ray, Paul H., 2000, The Cultural Creatives, New York: Harmony Books.
Reckwitz, Andreas, 2004, Die Logik der Grenzerhaltung und die Logik der Grenzüberschreitungen: Niklas Luhmann und die Kulturtheorien, in: Günter Burkhart und Gunter Runkel (Hrsg.): Luhmann und die Kulturtheorie, Frankfurt a. M.: Suhrkamp, S. 213-240.
–, 2008, Unscharfe Grenzen. Perspektiven der Kultursoziologie, Bielefeld: transcript.
Rehberg, Karl-Siegbert, 1986, Arnold Gehlens Beitrag zur „Philosophischen Anthropologie". Einleitung zur Studienausgabe seiner Hauptwerke, Wiesbaden: VS.
–, 1994, Institutionen als symbolische Ordnungen. Leitfragen zur Theorie und Analyse institutioneller Mechanismen, in: Gerhard Göhler (Hrsg.), Die Eigenart der Institutionen. Zum Profil politischer Institutionentheorie, Baden-Baden: Nomos, S. 47-84.
–, 2005, Konservatismus in postmodernen Zeiten: Niklas Luhmann, in: Gunter Runkel u. Günter Burkhart (Hrsg.), Funktionssysteme der Gesellschaft. Beiträge zur Systemtheorie von Niklas Luhmann, Wiesbaden: VS, S. 285-309.
Richter, Hans, 1973, Begegnungen von Dada bis heute. Briefe, Dokumente, Erinnerungen, Köln: DuMont.
Roberts, David, 1987, Marat/Sade oder die Geburt der Postmoderne aus dem Geist der Avantgarde, in: Christa u. Peter Bürger (Hrsg.), Alltag, Allegorie und Avantgarde, Frankfurt a. M.: Suhrkamp, S. 170-195.

–, 1991, Art and Enlightenment. Aesthetic Theory after Adorno. Lincoln/London: University of Nebraska Press.
–, 1997, Paradox preserved: From Ontology to Autology. Reflections on Niklas Luhmann's The Art of Society, in: Thesis Eleven 51/1997, S. 53-74.
–, 1998, Von der ästhetischen Utopie der Moderne zur Kunst der Gesellschaft, in: Etho-Poietik. Ethik und Ästhetik im Dialog, hrsg. v. Bernhard Greiner u. Maria Moog-Grünewald, Bonn: Bouvier, S. 119-134.
–, 2000, Erzählungen der Modernisierung. Die Studentenbewegung und der gesellschaftliche Wandel in Deutschland, in: Rainer Rosenberg, Inge Münz-Koenen u. Petra Boden (Hrsg.), Der Geist der Unruhe. 1968 im Vergleich. Wissenschaft – Literatur – Medien. Berlin: Akademie Verlag, S. 61-82.
Rothschild, Thomas, 1974, Einleitung, in: Strukturale Literaturwissenschaft und Linguistik, LiLi, 14/1974, S. 7.
Rotzler, Willy, 1995, Konstruktive Konzepte. Eine Geschichte der konstruktiven Kunst vom Kubismus bis heute, Zürich.
Schlichting, Hans-Burkhard, 1976, Historische Avantgarde und Gegenwartsliteratur. Zu Peter Bürgers Theorie der nachavantgardistischen Moderne, in W. Martin Lüdke (Hrsg.), „Theorie der Avantgarde". Antworten auf Peter Bürgers Bestimmung von Kunst und bürgerlicher Gesellschaft, Frankfurt a. M.: Suhrkamp, S. 209-243.
Schmidt, Siegfried. J. (Hrsg.), 1976, „schön": Zur Diskussion eines umstrittenen Begriffs. München: Fink.
–, (Hrsg.), 1984, Der Diskurs des Radikalen Konstruktivismus. Frankfurt a. M.: Suhrkamp.
Scholz, Günter, 1975, Was unsere Künstler verdienen, in: Merkur, 9/1975, S. 867-870.
Schulze, Gerhard, 1992, Die Erlebnisgesellschaft. Kultursoziologie der Gegenwart, Frankfurt a. M.: Suhrkamp.
Schwingel, Markus, 1995, Pierre Bourdieu. Zur Einführung, Hamburg: Junius.
–, 1997, Kunst, Kultur und Kampf um Anerkennung. In: Internationales Archiv für Sozialgeschichte der deutschen Literatur. Hrsg. v. Georg Jäger, Dieter Langewiesche u. Alberto Martino, 22. Bd. 1997, H 2, S. 109–151.
Seel, Martin, 1991, Kunst, Wahrheit, Welterschließung, in: Franz Koppe (Hrsg.), Perspektiven der Kulturphilosophie, Frankfurt a. M.: Suhrkamp, S. 36-80.
Sill, Oliver, 2001, Literatur in der funktional differenzierten Gesellschaft. Systemtheoretische Perspektiven auf ein komplexes Phänomen, Wiesbaden: VS.
–, 2003, Kein Ende und ein Anfang. Germanistische Literaturwissenschaft der sechziger und siebziger Jahre, Bielefeld: Aisthesis.
Simmel, Georg, 1995, Aufsätze und Abhandlungen 1901-1908, Gesamtausgabe, Bd.7, Frankfurt a. M.: Suhrkamp.
Tabor, Jürgen, 2010, Zur sozialen Logik der Kunstindustrie. In: Kunstgeschichte. Texte zur Diskussion, 2009-50 (urn:nbn:de:0009-23-20915).
Vormweg, Heinrich, 1975, 25 Jahre Taschenbuch, in: Merkur, 10/1975, S. 979-985.
Wagner, Peter, 1995, Soziologie der Moderne, Frankfurt a. M./New York: Campus.
Weinrich, Harald, 1971, Abgrenzungen des Strukturalismus, in: Merkur, 8/1971, S. 1119-1122.
Weiß, Johannes, 1994, Kulturelle Kristallisation, Post-Histoire und Postmoderne, in: Zur geisteswissenschaftlichen Bedeutung Arnold Gehlens, hrsg. v. Helmut Klages u. Helmut Quaritsch, Berlin: Duncker & Humblot, S.853-864.
Wellershoff, Dieter, 1975, Die Auflösung des Kunstbegriffs (I), in: Merkur, 7/1975, S. 627-640.
–, 1975, Die Auflösung des Kunstbegriffs (II), in: Merkur, 8/1975, S. 740-753.

Wienold, Götz, 1971, Textverarbeitung. Überlegungen zur Kategorienbildung in einer strukturellen Literaturgeschichte, in: Lili, 1/1971, S. 59-89.

Zahner, Nina Tessa, 2006, Die neuen Regeln der Kunst. Andy Warhol und der Umbau des Kunstbetriebs im 20. Jahrhundert, Franfurt a. M./New York: Campus.

Žmegač, Viktor, 1991, Zur Diagnose von Moderne und Postmoderne, in: Erika Fischer-Lichte u. Klaus Schwind (Hrsg.), Avantgarde und Postmoderne. Prozesse struktureller und funktioneller Veränderungen, Tübingen: Stauffenburg, S. 17-27.

Über den zentralen Ökonomen und Soziologen Max Weber

> Zur Soziologie der Wirtschaft

Andrea Maurer (Hrsg.)
Wirtschaftssoziologie nach Max Weber
Gesellschaftstheoretische Perspektiven und Analysen der Wirtschaft

2010. 285 S. (Wirtschaft und Gesellschaft) Br.
ca. EUR 34,95
ISBN 978-3-531-16770-1

Der Band ‚Wirtschaftssoziologie nach Max Weber' bündelt die Einsichten international renommierter SozialwissenschaftlerInnen und zeigt, wie „nach" Max Weber eine theoretisch fundierte und empirisch fruchtbare Soziologie der Wirtschaft aussehen kann.

Neben methodologischen Prinzipien stehen auch die Leitbegriffe Webers auf dem Prüfstand und wird erstmals die Heuristik Webers bei der Analyse von Unternehmen, Konsum, Finanzmärkten, Religion u.a. im Lichte der neuen Wirtschaftssoziologie erprobt.

Mit Beiträgen von:
Richard Swedberg (Cornell), Zenonas Norkus (Vilnius), Mathias Erlei (Clausthal), Gertraude Mikl-Horke (Wien), Andrea Maurer (München), Jörg Rössel (Zürich), Anne Koch (München), Thomas Schwinn (Heidelberg), Uwe Schimank (Bremen) und Ingo Schulz-Schaeffer (Duisburg-Essen).

Erhältlich im Buchhandel oder beim Verlag.
Änderungen vorbehalten.
Stand: Juli 2010.

www.vs-verlag.de

VS VERLAG

Abraham-Lincoln-Straße 46
65189 Wiesbaden
Tel. 0611.7878-722
Fax 0611.7878-400

Umfassender Überblick zu den Speziellen Soziologien

> Profunde Einführung in grundlegende Themenbereiche

Georg Kneer /
Markus Schroer (Hrsg.)
**Handbuch
Spezielle Soziologien**

2010. 734 S. Geb. EUR 49,95
ISBN 978-3-531-15313-1

Erhältlich im Buchhandel
oder beim Verlag.
Änderungen vorbehalten.
Stand: Juli 2010.

Das „Handbuch Spezielle Soziologien" gibt einen umfassenden Überblick über die weit verzweigte Landschaft soziologischer Teilgebiete und Praxisfelder. Im Gegensatz zu vergleichbaren Buchprojekten versammelt der Band in über vierzig Einzelbeiträgen neben den einschlägigen Gegenstands- und Forschungsfeldern der Soziologie wie etwa der Familien-, Kultur- und Religionssoziologie auch oftmals vernachlässigte Bereiche wie etwa die Architektursoziologie, die Musiksoziologie und die Soziologie des Sterbens und des Todes.

Damit wird sowohl dem interessierten Laien, den Studierenden von Bachelor- und Masterstudiengängen als auch den professionellen Lehrern und Forschern der Soziologie ein Gesamtbild des Faches vermittelt. Die jeweiligen Artikel führen grundlegend in die einzelnen Teilbereiche der Soziologie ein und informieren über Genese, Entwicklung und den gegenwärtigen Stand des Forschungsfeldes.

Das „Handbuch Spezielle Soziologien" bietet durch die konzeptionelle Ausrichtung, die Breite der dargestellten Teilbereichssoziologien sowie die Qualität und Lesbarkeit der Einzelbeiträge bekannter Autorinnen und Autoren eine profunde Einführung in die grundlegenden Themenbereiche der Soziologie.

www.vs-verlag.de

VS VERLAG

Abraham-Lincoln-Straße 46
65189 Wiesbaden
Tel. 0611.7878-722
Fax 0611.7878-400

MIX
Papier aus verantwortungsvollen Quellen
Paper from responsible sources
FSC® C105338

If you have any concerns about our products,
you can contact us on
ProductSafety@springernature.com

In case Publisher is established outside the EU,
the EU authorized representative is:
**Springer Nature Customer Service Center GmbH
Europaplatz 3, 69115 Heidelberg, Germany**

Printed by Libri Plureos GmbH
in Hamburg, Germany